山西省高等学校人文社科重点研究基地
山西大学旅游研究中心研究成果之一

山西红色文化旅游的融合发展

郝 平 主 编
闫爱萍 张海鸥 副主编

山西出版传媒集团 山西人民出版社

图书在版编目（CIP）数据

山西红色文化旅游的融合发展 / 郝平主编；闫爱萍，张海鸥副主编． -- 太原：山西人民出版社，2024.11．
ISBN 978-7-203-13604-0

Ⅰ．F592.725

中国国家版本馆CIP数据核字第2024U1M561号

山西红色文化旅游的融合发展

主　　编：	郝　平
副 主 编：	闫爱萍　张海鸥
责任编辑：	周小龙
复　　审：	吕绘元
终　　审：	武　静

出 版 者：	山西出版传媒集团·山西人民出版社
地　　址：	太原市建设南路21号
邮　　编：	030012
发行营销：	0351-4922220　4955996　4956039　4922127（传真）
天猫官网：	http://sxrmcbs.tmall.com　电话：0351-4922159
E - mail：	sxskcb@163.com　发行部
	sxskcb@126.com　总编室
网　　址：	www.sxskcb.com
经 销 者：	山西出版传媒集团·山西人民出版社
承 印 厂：	山西基因包装印刷科技股份有限公司
开　　本：	787mm × 1092mm　1/16
印　　张：	18.75
字　　数：	290千字
版　　次：	2024年11月　第1版
印　　次：	2024年11月　第1次印刷
书　　号：	ISBN 978-7-203-13604-0
定　　价：	69.00元

如有印装质量问题请与本社联系调换

前言

红色旅游以中国革命和建设历史为主题,以红色文化和红色遗址为载体,以红色精神和红色情感为内涵开展旅游活动,具有丰富的历史文化内涵和强烈的情感共鸣力,有助于弘扬爱国主义精神、培养民族自豪感和集体荣誉感,是一种有益的精神文化旅游形式。山西拥有丰富的红色资源,为红色文化旅游的开展提供了丰富的素材。

本书编写过程中,召集了山西省内外关注红色文化旅游发展的相关学者,共同探讨红色文化旅游融合发展过程中的前沿问题,深入挖掘红色资源的内涵,通过展示革命历史、传承革命精神,增强读者对红色文化的认同感。同时,结合当地的历史文化、民俗风情等元素,丰富文化内涵,提高红色文化旅游的吸引力和竞争力。本书收录的外省学者的相关研究成果,为山西省红色旅游融合发展提供了借鉴。

全书内容一共分为五个部分,即:第一部分——革命文物与红色文化旅游,研究了革命文物资源的旅游价值,对革命文物与红色旅游的研究进行了回顾与展望;第二部分——红色文化旅游资源开发,研究了山西革命文物保护利用与红色旅游的融合发展、山西加强红色文化基因传承路径的对策、新时代山西红色文艺资源的活化传承、非遗元素在山西红色旅游资源文创设计中的应用;第三部分——红色文化旅游空间布局,研究了山西红色文化旅游资源的空间分布特征及影响因素、流动性视角下的红色旅游公路价值内涵和实践路径、山西革命纪念馆文旅融合发展、山西红色文化旅游经典线路；第四部分——红色文化旅游目的地建设，研究了山西省革命老区红绿融合发展的实践、山西长城雁门关段红色文化的形成及内涵意蕴、八路军太行纪念馆红色旅游体验情感特征及其影响因素、具身认知理论视域下黄崖洞景区红色旅游资源研学旅行产品设计；第五部分——红色文化旅游发展借鉴，包括延安红色文化旅游融合发展研究、江西省红色军旅研学发展研究、基于红色资源视角的石家庄红色城市品牌打造研究。

  本书编写内容体现了学术性与学习性，既具有促进山西红色文化旅游融合发展的理论意义和现实意义，同时还可以激发读者参与山西红色文化旅游的热情；书中丰富多视角的红色文化内涵体验，以旅游为手段，以学习中国革命史为目的，兼可提升红色文化旅游的思想政治教育功能。通过阅读本书，可以深刻了解中国革命和建设历史，增强爱国主义情感和文化自信，同时也可以了解到美丽的自然风光和人文景观。总之，红色文化旅游融合发展研究，有助于推动红色文化旅游的发展，有助于传承和弘扬红色文化，还能够促进经济发展和文化交流。

郝平

2024 年 9 月于山西大学

目录

革命文物与红色文化旅游

革命文物资源的旅游价值研究
  杨　波 ·· 002

革命文物与红色旅游研究的回顾与展望
  刘伟国　范舒雅 ··· 018

红色文化旅游资源开发

山西革命文物保护利用与红色旅游融合发展研究
  董海鹏 ·· 040

山西加强红色文化基因传承路径的对策研究
  闫爱萍 ·· 051

新时代山西红色文艺资源的活化传承
  段　俊 ·· 068

非遗元素在山西红色旅游资源文创设计中的应用研究

　　白　宁　张　煜 ·· 085

|红色文化旅游空间布局|

山西红色文化旅游资源的空间分布特征及影响因素研究

　　董洁芳 ··· 096

流动性视角下的红色旅游公路价值内涵和实践路径

　　张志亮　韩文元 ·· 115

山西革命纪念馆文旅融合发展

　　张红艳 ··· 135

山西红色文化旅游经典线路研究

　　张海鸥 ··· 158

|红色文化旅游目的地建设|

山西省革命老区红绿融合发展的实践探究——以山西省左权县为例

　　朱建民　张金瑞　高雯昊 ······································ 180

雁门关长城红色文化的形成与内涵价值研究

　　王勇鹏 ··· 193

红色旅游体验情感特征及其影响因素研究——以八路军太行纪念馆为例

  杨锋梅　杜芳芳·· 207

具身认知理论视域下红色旅游资源研学旅行产品设计研究——以黄崖洞景区为例

  刘　蒉·· 224

红色文化旅游发展借鉴

延安市红色文化旅游融合发展研究

  张　妍·· 244

江西省红色军旅研学发展研究

  刘爱华　王佳微·· 257

基于红色资源视角的石家庄红色城市品牌打造研究

  陆相林·· 276

后记·· 291

革命文物与红色文化旅游

革命文物资源的旅游价值研究①

山西大学历史文化学院　杨　波

摘　要：2018年以来，从顶层设计到政策依据，从机构建设到规划制定，从名录公布到片区建设，革命文物保护利用事业进入一个全新的历史时期。革命文物价值是革命文物保护利用工作的核心问题，旅游价值是革命文物价值体系的重要组成部分。革命文物具有鲜明的"事件性文物"特征，在文物本体方面具有日常化特征，在文物内容方面以革命文化为核心内容。革命文物的审美价值、历史价值和社会经济价值可以分别转化为观光旅游价值、研学旅游价值和文化旅游价值，旅游因素渗透在革命文物价值体系的全过程、全层面和全维度。

关键词：革命文物；旅游价值；价值体系

2018年以来，从顶层设计到政策依据，从机构建设到规划制定，从名录公布到片区建设，革命文物保护利用事业进入一个全新的历史时期。习近平总书记指出，革命文物承载党和人民英勇奋斗的光荣历史，记载中国革命的伟大历程和感人事迹，是党和国家的宝贵财富，是弘扬革命传统和革命文化、加强社会主义精神文明建设、激发爱国热情、振奋民族精神的生动教材。② 革命文物价值是革命文物保护利用工作的核心问题。《关于实施革命

---

① 作者简介：杨波，山西大学历史文化学院讲师、博士。主要从事民间文献、革命文物、社会经济史、区域社会史研究。
② 切实把革命文物保护好管理好运用好 激发广大干部群众的精神力量[EB/OL].（2021-03-31）[2024-01-19].http：//cpc.people.com.cn/n1/2021/0331/c64094-32065636.html.

文物保护利用工程（2018—2022年）的意见》指出"迫切需要深化革命文物价值挖掘阐释传播"，"着力深化革命文物价值挖掘和利用创新"，"深入挖掘革命文物的价值内涵和文化元素"。[①] 对革命文物性质和特征的把握是深入挖掘革命文物价值的前提条件。旅游价值是革命文物价值体系的重要组成部分。革命文物作为文物资源的价值可以转化为旅游价值。在革命文物价值体系中发现旅游因素，从旅游视角深入挖掘革命文物价值，这是革命文物旅游价值研究的基本思路。

一、革命文物的性质与特征

革命文物首先是一种文物资源。作为文物资源，革命文物具有和通常意义上的文物所不同的独特性质，这种性质是理解革命文物资源旅游价值的前提和基础。革命文物资源的性质决定了其形式和内容两方面的特征，这些特征进一步决定了其旅游价值的内容、维度和结构。

（一）事件性文物：革命文物的性质

革命文物具有"事件性文物"的性质。沈旸等人较早用"事件性"来概括"革命旧址"类文物保护单位的性质[②]，在革命文物概念通行之后又提出："'事件性'是革命文物的真正内涵与实质。"[③] 相睿等人又进一步区分了时间的历史性和使用的历史性[④]，革命文物的性质主要表现为后者。金磊从

---

① 中共中央办公厅、国务院办公厅.关于实施革命文物保护利用工程（2018—2022年）的意见 [EB/OL].（2018-07-29）[2023-08-09].https://www.gov.cn/gongbao/content/2018/content_5312199.htm.

② 沈旸，蔡凯臻，张剑葳."事件性"与"革命旧址"类文物保护单位保护规划：红色旅游发展视角下的全国重点文物保护规划 [J].建筑学报，2006（12）：48-51.

③ 沈旸，陈凯，相睿，等.革命文物的"事件性"属性及其保护利用的"事件途径" [J].中国文化遗产，2021，106（6）：17-26.

④ 相睿，周小棣.近现代重要史迹的"事件性"特性与"完整性"评估 [J].，建筑学报，2008，484（12）：18-20.

事件建筑学角度论述了红色建筑的事件性性质:"保护规划不仅要保护纪念建筑本体及相关纪念性物件,更要对其背后所蕴含的'事件性'特征加以保护,关键在于对事件的'真实性'与'完整性'的保护。"[1] 从革命文物这一类型文物的演变过程中能更清晰地看出其"事件性文物"的性质,也能更深入地理解这一性质。

在1961年、1982年和1988年的前三批全国重点文物保护单位名录中,"革命遗址及革命纪念建筑物"作为一种类型独立出现,体现了这一时期革命史的价值观对文物保护工作的影响。从第四批全国重点文物保护单位名录公布开始,依据文物保护法的规定,文物被分为古遗址、古墓葬、古建筑、石窟寺及石刻、近现代重要史迹及代表性建筑和其他六大类。第三次文物普查也遵循同样的分类原则。[2] 从分类原则来看,近现代重要史迹及代表性建筑明显不同于其他几种类型,其他类型都是按照文物本体特征分类的,只有近现代重要史迹及代表性建筑是兼顾了历史事件与文物本体特征。与革命文物相比,近现代重要史迹及代表性建筑这一文物分类有两点区别,一是文物本体仅仅限于建筑,不能充分反映革命文物在形式上的多样性,二是对历史事件的规定性缺少革命这一价值倾向。在强调"事件性"这一点上,两者是一致的,革命文物这一名称更充分地体现了"事件性文物"的性质。

2018年以来,革命文物这一文物类型越来越受到重视,对革命文物性质的理解也越来越清晰。国家文物局的《关于报送革命文物名录的通知》中给出了革命文物的界定:"革命文物主要是指见证近代以来中国人民抵御外来侵略、维护国家主权、捍卫民族独立和争取人民自由的英勇斗争,见证中国共产党领导中国人民进行新民主主义革命和社会主义革命的光荣历史,

---

[1] 金磊. 中国建筑文化遗产 29 中国第一代建筑师的理论与实践 奠基·谱系·贡献·比较·接力 [M]. 天津:天津大学出版社,2022.

[2] 国家文物局. 第三次全国文物普查工作手册 [M]. 北京:文物出版社,2007.

并经认定登记的实物遗存。"①这一界定有三个特点。一是明确了革命文物的物质属性是"实物遗存",这和通常所理解的文物在定性上是一致的。二是明确将革命文物与特定历史时期的特定历史事件联系在一起,也就是近代的革命活动,特别是中国共产党领导的革命活动。三是这些历史事件具有"革命"一词所规定的褒义的价值判断色彩。后两个方面的特点是在一般意义文物概念基础上增加了新的规定性范围,这种规定性范围并不是从文物本体角度出发的,而是从其所承载的历史事件角度出发的。

革命文物的"事件性文物"性质是指革命文物的核心属性是与其文物本体关联的革命历史事件,其价值主要不是建立在文物本体基础上,而是建立在历史事件基础上的。

(二)革命文物的形式与内容特征

革命文物的"事件性文物"性质决定了其在形式和内容两个方面的特征。在形式方面,革命文物的文物本体与普通日用品没有本质区别,具有明显的日常性特征。在内容方面,革命文物以革命文化为核心内容,是革命文物的物质载体和实物呈现。

从文物本体角度来说,革命文物具有日常化的特征。以山西省文物局公布的两批革命文物名录为例,这种日常化特征表现得很明显。在不可移动文物中,历史建筑是最主要的一种类型。山西本来就是文物古迹、古建筑、传统村落资源的大省,各地民居数量多、类型多、历史悠久,具有很高的文物价值。革命文物本体多为清至民国时期的民居,这些民居无论从艺术价值、技术价值,还是从稀有性和典型性来看,都不具有显著的特色。与山西丰富的古建筑资源相比,这些民居就显得很普通。可移动文物方面,山西革命文物类型有书信、报刊、服饰、农具、书籍、文书、地图、兵器、劳动工具、

---

① 国家文物局.国家文物局印发《关于报送革命文物名录的通知》[EB/OL].(2018-10-18)[2024-01-19].http://www.ncha.gov.cn/art/2018/10/18/art_722_152209.html.

家具、洗漱用品等等。①② 从文物本体角度来说，这些可移动文物可以分为两大类。一类是老百姓生活的日常用品，并不具有独特的属性和功能。且这些文物的时代大多是民国时期的，少数为清代的，在民间还有大量存世。另一类则是通常意义上的历史文献，主要是书籍、报刊和文书等，它们兼具文献和文物的意义。这些历史文献即便从文献价值角度来看也往往并非孤本、善本或珍品，存世数量并不少。

革命文物在文物本体方面的上述日常化特征是由其"事件性文物"的性质所决定的。无论是不可移动文物还是可移动文物，这些革命文物之所以被认定为文物，并不是因为其具有数量上的稀有性、特别的功能性或独特的艺术性，而是因为它们与某个革命活动的历史事件、历史人物或历史机构有关系。从文物本体角度说，革命文物与其他普通日常用品其实没有本质区别，区分普通日常物品和革命文物的最重要标准并不是其文物本体上的特征，而是与之相关联的历史事件。

革命文物的另一种类型区分能更清楚地体现出革命文物在文物本体方面的日常性特征。如前所述，在第一至第三批的全国重点文物保护单位名录中有"革命遗址及革命纪念建筑物"的类型，革命遗址毫无疑问具有文物属性，但很多革命纪念建筑物实际上并非历史时期遗留下来的文物。在革命文物中，纪念物已经不限于纪念建筑物，而是包括了纪念建筑、纪念塔、纪念碑、纪念雕塑等各种类型，这些纪念物大多不是历史事件发生过程中遗留至今的物件，而是为纪念历史事件后来兴建的。这些纪念物之所以被视作文物还是因为它与革命活动的历史事件相关，"事件性文物"的形制使得革命文

---

① 山西省文物局. 山西省文物局关于公布全省第一批革命文物名录的通知 [EB/OL]. (2021-01-01) [2024-01-19]. http://www.shanxi.gov.cn/zwgk/tzgg_31117/qtgg/202210/t20221008_7229059.shtml.

② 山西省文物局. 关于拟公布山西省第二批革命文物名录的公示 [EB/OL]. (2023-02-02) [2024-01-19]. http://www.shanxi.gov.cn/gzdt/szdt/202302/t20230202_7907765.shtml.

物的外延在某种程度上超出了通常所理解的文物范畴，将一些在文物本体上不具有文物性质的物品也纳入了革命文物范围之中。

从内容角度来说，革命文物是以革命文化为核心内容的文物。革命文物"是革命文化的物质载体"，革命文物的保护利用"以弘扬革命精神、继承革命文化为核心"，以"把革命文物利用好、革命传统弘扬好、革命文化传承好"为基本原则。[①] 从革命文物到革命事件，再到革命文化，这是一个递进的序列，革命文物是物质载体，革命事件是基本性质，革命文化是核心内容，透过革命文物讲述革命事件，通过革命事件彰显革命文化，这是革命文物保护利用工作的核心思路。

革命文物的形式与内容特征是紧密联系在一起的。新民主主义革命是人民大众的革命，是社会化的革命，新民主主义和社会主义的革命文化虽然也包括轰轰烈烈的政治大事件，但更多体现在平凡的日常生活之中。具有日常性特征的革命文物正是革命文化最好的呈现方式，革命文物这一内容正需要通过日常化的革命文物来体现。反过来，日常化的革命文化如果没有对应的革命事件，没有革命文化这一内容的支撑，它就会等同于普通的日用品，而不再具有文物属性，也不再具有保护利用价值。

总之，革命文物具有鲜明的"事件性文物"特征，与特定时空的历史事件的关联性是它的根本属性。在文物本体方面，革命文物具有日常化特征，与普通日用品没有本质区别。在文物内容方面，革命文化是革命文物的核心内容，革命文物是革命文化的物质载体。对革命文物的性质和特征的理解和把握是探讨其旅游价值的前提。旅游价值虽然是人为主观赋予革命文物的，但它确实也不是凭空产生的，它只能建立在革命文物的固有性质和特征基础之上。

---

① 中共中央办公厅、国务院办公厅.关于实施革命文物保护利用工程（2018—2022年）的意见[EB/OL].（2018-07-29）[2024-01-19].https：//www.gov.cn/gongbao/content/2018/content_5312199.htm.

二、革命文物审美价值与观光旅游

革命文物的审美价值主要体现在其情感价值方面。革命文物的审美价值可以转化为观光旅游价值,围绕革命文物的观光旅游实质上是一种审美活动,是革命历史带给游客的审美体验。观光旅游是革命文物旅游价值中最直接、最基础的部分。

(一)革命文物的审美价值

文物或文化遗产的审美价值通常被概括为艺术价值。联合国教科文组织《保护世界文化和自然遗产公约》中主要概括了文化遗产的历史、艺术和科学三个方面的价值。[①] 革命文物价值主要不是体现在艺术价值方面,而是体现为情感价值,这是由其文物本体的日常性特征决定的。革命文物在文物本体方面的日常化特征意味着革命文物不可能具有很强的艺术价值,它不是精美的艺术品,而是实用功能优先的日用品,但这并不意味着革命文物不具有审美价值。革命文物的审美价值来自革命文物所承载的革命文化。革命文物所承载的历史事件、历史故事和革命文化具有很强的感染力,这种感染力能给人们带来很强的审美体验。

革命文物的审美价值有非常明显的特色,它所带来的审美体验更多是一种由真实的历史事件而来的"壮美感",是波澜壮阔的革命历史对人内心的冲击。壮美的对象常常具有强劲挺拔的特点,具有坚忍不拔的抗争精神,具有旺盛的生命力。[②] 革命首先是一种斗争,体现着视死如归、宁死不屈、百折不挠、坚忍不拔的革命精神。

[①] 国际古迹遗址理事会国际保护中心. 国际文化遗产保护文件选编[M]. 北京:文物出版社,2007.

[②] 朱志荣. 中国审美理论[M]. 上海:上海人民出版社,2013.

（二）革命文物的观光旅游价值

革命文物的审美价值可以转化为观光旅游价值。观光旅游是一项最基本的、以参观和欣赏为特点的旅游活动，也可以说是旅游最原始、最古老的含义。旅游形式目的的多元化并不意味着对观光旅游的否定，特别是对革命文物来说，其观光旅游价值具有不可替代的基础性地位。与度假旅游追求消遣康乐不同，观光旅游的主要目标是审美求知，包括了一个从感动到心动，乃至精神升华的较为强烈的情感起伏过程。[①] 旅游是一项综合性的审美实践活动，[②] 革命文物的观光旅游实际上是一种审美体验。具体来说，革命文物的观光旅游价值主要体现在三个方面。

首先是革命文物所处的自然地理环境带来的壮美感。平型关战役遗址是抗战时期最著名的与古关隘有关的革命文物。平型关至少在明代已经建成，平型关战役发生地乔沟位于平型关城东北约5公里处，是一条仅容一辆汽车行驶的狭窄山谷，两侧山岭起伏，犹存明长城遗迹。[③] 置身于平型关战役的古战场，游客会感受到古战场带来的壮美感，体会到抗战初期在非常艰苦条件下取得抗日首胜的艰难和荣耀。很多革命文物都位于自然地理条件不太好的地区，艰苦的自然地理条件恰恰成了衬托革命精神的最佳背景板。

其次是革命文物形式上的日常化不仅不会削弱其壮美感，反而强化了这种感受。形式与内容上强烈反差反而强化了革命文物所体现的壮美感。与冀南银行相关的革命文物充分体现了"马背上的银行""扁担上的银行"的战时金融特点。[④] 当游客参观这些革命文物时，会充分感受到在如此简陋的生活条件下，利用如此简陋的生产工具，开展着今天看来很高端的金融工作。这种反差感能带给游客很强的感官和心理震撼。

[①] 谢春山. 旅游理论的多维研究 [M]. 北京：中国旅游出版社，2018.
[②] 王柯平. 旅游美学纲要 [M]. 北京：旅游教育出版社，1997.
[③] 王怀忠，马书岐. 山西关隘大观 [M]. 济南：山东画报出版社，2015.
[④] 武博山. 回忆冀南银行九年 1939—1948[M]. 北京：中国金融出版社，1993.

最后，革命文物所体现的革命者和革命烈士的人物美是其审美价值的核心。中国古代就有圣贤气象这一以人为审美对象的传统。革命文物背后体现着鲜活的历史中的人，或者是早期的革命者，或者是在革命斗争中牺牲的烈士，它们都是革命文化最生动鲜活的具体体现。

总之，革命文物的审美价值主要体现为情感价值，具有壮美的特点。革命文物的审美价值可以转化为观光旅游价值，观光旅游是一种审美活动。艰苦的自然地理条件、具有日常化特征的革命文物本体、具有革命精神的革命者和革命烈士，它们都是革命文物观光旅游价值的重要来源。

三、革命文物历史价值与研学旅游

革命文物是"事件性文物"，其历史价值是革命文物价值体系中最基本的部分。革命文物的历史价值可以转化为研学旅游价值，研学旅游实际上是一种教育活动，是革命文物带给旅游者的认知提升和重塑价值观的作用。研学旅游是革命文物旅游价值中最核心的部分。

（一）革命文物的历史价值

革命文物的历史价值也称为历史认识价值，是革命文物最基本的属性。革命文物是革命历史的实物见证，革命文化的物质载体。"以实物证史、以细节补史"是革命文物历史价值的最精炼概括，"实"和"细"是革命文物最主要的两个特点，"实"是由概念到实物，"细"是由总体到细节，它们分别体现了革命文物在证史和补史两个方面的重要价值。

证史是历史认识价值的最基本内涵。1932年9月中华苏维埃共和国临时中央政府就提出"有革命纪念意义的物品，应保存于革命陈列馆"。在次年成立的中国革命博物馆陈列品征集启事中又明确提出"关于革命的文件"、"关于革命的各种物品"等概念，在上述这些概念中，革命文物的历史认识意义已经越来越明显。①1998年，中央宣传部、国家教委、民政部、文化部、国家文物局、共青团中央颁布《关于加强革命文物工作的意见》，其中指出"革命文物作为我国各族人民长期革命斗争和中国共产党领导的新民主主义革命与社会主义革命和建设的实物见证"。②这是政府政策文件中关于革命文物历史认识价值的典型表述。在革命史、抗战史、根据地建设史和党史等基础性历史叙事之上，革命文物能够丰富相关历史内容，成为更生动活泼的"历史教材"。这就是革命文物的补史价值，补史就是丰富和完善通常意义的革命史和党史叙述中常常被忽略的细节，而这些细节有能够很好地帮助人们更好地理解历史。

（二）革命文物的研学旅游价值

革命文物的历史价值可以转化为研学旅游价值。研学旅游或研学旅行是近年来发展较快的一个领域。2016年11月，教育部等11个部委联合发布了《关于推进中小学生研学旅行的意见》③，明确要求将研学旅行纳入学校教育教学计划，加强研学旅行基地建设，该意见推动了研学旅游在全社会的发展。教育是研学旅游的本质特征，旅游是社会教育的重要组成部分。《关于实施革命文物保护利用工程（2018—2022年）的意见》中明确指出"充分发挥革命文物在开展爱国主义教育、培育社会主义核心价值观、实现中华民族伟大复兴中国梦中的重要作用"，"推动革命文物保护利用与中小学教育、干部教育相结合"。④研学旅游可以说是深入挖掘和彰显革命文物历史价值

---

① 卢丽刚.红色旅游资源的保护与开发[M].成都：西南交通大学出版社，2011.
② 国家文物局博物馆司.博物馆工作手册[M].北京：华龄出版社，2007.
③ 中华人民共和国教育部.关于推进中小学生研学旅行的意见[EB/OL].（2016-11-30）[2016-12-02].http：//www.moe.gov.cn/srcsite/A06/s3325/201612/t20161219_292354.html.
④ 中共中央办公厅、国务院办公厅.关于实施革命文物保护利用工程（2018—2022年）的意见[EB/OL].（2018-07-29）[2024-01-19].https：//www.gov.cn/gongbao/content/2018/content_5312199.htm.

的最好载体,也是实现革命文物教育功能的最好途径。以革命文物为基础的研学旅游可以重点从历史人物、历史场景和文化景观三个方面入手。

首先,革命文物能丰富革命者的人物形象,展现革命者更生动多元的侧面。山西省博物院收藏着10余封1923年高君宇写给石评梅的信。[①] 高君宇是山西最早的共产党员之一和山西党组织重要的创立者之一,也是中国共产党早期卓越的领导人之一。大革命时期,传统的婚姻制度还是束缚那一代革命者的枷锁。高君宇在写给石评梅的信中所表现出的既热烈又克制,既大胆又审慎的态度就反映了早期革命者在新的自由恋爱实践中的探索和尝试,这是一个时代的特征。[②] 这些家书为我们展示了高君宇作为普通人的另一面,丰富了高君宇的形象。讲述好革命者和革命烈士的生平故事,这是研学旅游课程的重要来源之一。

其次,历史场景是历史事件发生的时空情境。革命文物的价值并不仅仅体现在文物本体,也体现在其周边的自然人文地理环境上面。例如王家峪村何以会被选择为八路军总部的驻地呢?实地考察八路军总部王家峪旧址周边的地理环境就能更好地理解和解答这个问题。王家峪的一些自然地理条件使它成为理想的开展山地游击战的根据地。[③] 在战斗战役类的革命文物资源方面,革命文物的历史场景价值表现得更加明显。战斗战役类的革命文物资源实际上既具有地理空间的意义,同时又因为其革命文物性质而具有了文化空间的意义。通过考察战斗战役类的革命文物周边的自然地理环境能更好地理解战斗战役发生的过程,进而能更好地认识历史,感受革命者不怕牺牲、敢于斗争的精神。

---

① 山西省文物局.山西珍贵文物档案(山西博物院近现代文物卷)[M].北京:科学出版社,2019.

② 中共山西省委"不忘初心、牢记使命"主题教育领导小组办公室,中共山西省委宣传部,中共山西省委党史研究院.山西革命烈士家书[M].太原:山西教育出版社,2019.

③ 魏春洲.红色之旅[M].太原:山西人民出版社,2006.

最后，与历史场景类似，文化景观也是指革命文物的周边环境，但与历史场景不同，文化景观更加侧重于革命文物所具有的可观赏的景观意义。中国古代历来就有怀古、吊古的传统，历史事件发生的地点就天然具有了文化景观的意义。由于历史原因，山西有很多革命文物位于山区，山水风光与革命文物融为一体，具有更强的景观意义。黄崖洞兵工厂旧址位于黎城县北的左权、黎城和武乡三县交界处，这里地处太行腹地，海拔两千多米。这一地区峰峦叠嶂，是典型的嶂石岩地貌，具有很好的山水风光资源。黄崖洞位于高二十余米的绝壁之上，原为天然石洞，抗战时期曾作为兵工厂，后来虽遭到战火破坏，但旧址尚存。[①] 黄崖洞兵工厂旧址目前经过开发，已经成为山西著名的旅游景区，其文化景观意义已经得到充分认识和转化利用。

总之，革命文物的历史价值是革命文物价值体系中最基本的部分。以实物证史、以细节补史，这是革命文物历史价值的最精炼概括。革命文物的历史价值可以转化为研学旅游价值，研学旅游本质上是教育活动。历史人物、历史场景和文化景观是革命文物研学旅游价值的主要内容。

四、革命文物社会经济价值与文化旅游

革命文物的社会经济价值是革命文物价值体系中最具现实意义的部分。革命文物的社会经济价值可以转化为文化旅游价值。革命文物的核心内容是革命文化，文化旅游实际上是一种文化交流活动，是革命文物在促进社会经济发展方面的功能体现。文化旅游是革命文物的旅游价值的主要属性和主体部分。

（一）革命文物的社会经济价值

革命文物的保护利用具有很强的现实指向性，"迫切需要发挥革命文物

---

① 乔志强. 山西风物志 [M]. 太原：山西教育出版社，1985.

服务大局、资政育人和推动发展的独特作用",让"革命文物资源在促进经济社会发展、实现中华民族伟大复兴中国梦中的独特作用更好发挥,革命文物保护利用成果更多惠及人民群众"。①革命文物所起到的促进社会经济发展的作用就是它的社会经济价值。

社会经济价值是革命文物实践价值的最突出体现,具有鲜明的实践属性。革命文物的文物本体虽然是不可再生资源,其数量和核心的历史价值不能增加,只能予以科学保护。但是,革命文物的社会经济价值却不是一成不变的,革命文物服务当代社会经济越是充分,革命文物的附加价值就越大,这就会形成一种良性的历史累积效应。革命文物的价值是在服务社会经济的实践中不断丰富发展的。革命文物社会经济价值不断彰显的过程也就是我们对革命文物价值挖掘更充分、认识更深入和利用更全面的过程。伴随着革命文物的社会经济价值越来越充分地体现,革命文物活化利用的广度和深度就会不断加深。

革命文物何以能够起到促进经济社会发展的作用,何以能够具有社会经济价值呢?这仍然和革命文物所承载的革命文化分不开。革命文物的社会经济价值归根到底是其革命文化这一核心内容的体现。革命文物以实物形态存在,但其社会经济价值显然不能来自其实物本身,而是只能来自其所承载的革命文化。革命文物的社会经济价值实际上是社会主义文化对社会经济发展提供精神动力和智力支持的具体体现。革命文化是社会主义文化的组成部分,具有更鲜明的历史和价值观的属性。

(二)革命文物的文化旅游价值

革命文物的社会经济价值可以转化为文化旅游价值。"文化旅游指的是

---

① 中共中央办公厅、国务院办公厅.关于实施革命文物保护利用工程(2018—2022年)的意见[EB/OL].(2018-07-29)[2024-01-19].https://www.gov.cn/gongbao/content/2018/content_5312199.htm.

以接触、参观、体验旅游地文化为目的的旅游活动。"①文化旅游的实质是文化交流活动,旅游者与旅游目的地在旅游活动中实现了文化交流。从这个意义上来说,与革命文物有关的所有旅游均可以认为属于文化旅游,但在革命文物社会经济价值的意义上,文化旅游具有另外的含义。文化旅游本身是社会经济发展的一部分,因此,文化旅游是实现革命文物的社会经济价值的具体路径之一。

对革命文物的文化旅游价值的认识不能仅仅从内容出发,而应更多地从形式出发。《关于实施革命文物保护利用工程(2018—2022年)的意见》对革命文物的文化旅游提出了明确要求:"打造红色旅游品牌,推出一批研学旅行和体验旅游精品线路,促进革命老区振兴发展","推介一批红色旅游精品线路,开发一批革命文物宣传产品和文化产品","加强全国红色旅游经典景区和红色旅游精品线路建设"。②这里明确提及了景区、旅游线路、研学旅行、旅游产品四个方面,涵盖了革命文物的文化旅游的主要内容。《革命旧址保护利用导则(2019)》中规定"鼓励利用革命旧址开展红色文化创意、红色旅游和地方文化研究","有计划地组织公众特别是青少年到革命旧址参观学习,大力开展革命文化体验旅游、研学旅行……鼓励革命旧址管理机构采用流动博物馆等方式,出门办展览,进一步融入社会"。③这里主要涉及观光旅游、研学体验旅游等形式。《革命文物保护利用"十四五"专项规划》中对革命文物的文化旅游价值有更深入的规划:"促进革命文物保护利用与文化建设、旅游提质相结合","持续推进宣传、文化和旅游、文物部门管理使用的革命文物保护单位全面对外开放,推动有条件的重要建

---

① 彭顺生.世界旅游发展史[M].北京:中国旅游出版社,2017.
② 中共中央办公厅、国务院办公厅.关于实施革命文物保护利用工程(2018—2022年)的意见[EB/OL].(2018-07-29)[2024-01-19].https://www.gov.cn/gongbao/content/2018/content_5312199.htm.
③ 国家文物局.革命文物工作选编[M].北京:文物出版社,2021.

设工程、科学工程、国防工程面向公众开放，鼓励引导旅游景区的革命旧址对特定人群免费开放"，"推出革命文物主题游径，建设红色旅游经典景区，开发红色文化创意产品，依托革命文物开辟公共文化空间、提供公共文化服务"。① 除了前面几项内容之外，革命文物旧址收费开放或免费开放，旅游提质升级等也成为重点关注问题。总结以上政策性文件内容，革命文物的文化旅游价值主要体现在景区建设、研学基地、文创产品和文化旅游线路四个方面。

总之，革命文物所起到的促进社会经济发展的作用就是它的社会经济价值。社会经济价值是革命文物实践价值的最突出体现，具有鲜明的实践属性。革命文物的社会经济价值可以转化为文化旅游价值，文化旅游的实质是文化交流活动。革命文物的文化旅游价值主要体现在景区建设、研学基地、文创产品和文化旅游线路四个方面。

五、结论

革命文物具有鲜明的"事件性文物"特征，与特定时空的历史事件的关联性是它的根本属性。在文物本体方面，革命文物具有日常化特征，与普通日用品没有本质区别。在文物内容方面，革命文化是革命文物的核心内容，革命文物是革命文化的物质载体。革命文物的性质与特征是探究其旅游价值的基础。

作为文物资源，革命文物具有一体多元的价值体系。革命文物的审美价值是直观感性的，革命文物的历史价值是理性认知的，革命文物的社会经济价值是服务实践的，它们共同构成了递进的革命文物价值体系。审美价值可以转化为观光旅游价值，历史价值可以转化为研学旅游价值，社会经济价值

---

① 国家文物局. 国家文物局关于印发《革命文物保护利用"十四五"专项规划》的通知 [EB/OL]. (2021-12-31) [2024-01-19]. https://www.gov.cn/zhengce/zhengceku/2021-12-31/content_5665933.htm.

可以转化为文化旅游价值。

旅游渗透在革命文物价值体系的全过程、全层面和全维度,也形成了自身的价值体系结构。观光旅游是革命文物的旅游价值中最直接、最基础的部分。研学旅游是革命文物的的旅游价值中最核心的部分。文化旅游是革命文物的旅游价值的主要属性和主体部分。

革命文物与红色旅游研究的回顾与展望①

山西大学历史文化学院　刘伟国
山西大学考古文博学院　范舒雅

摘　要：革命文物是红色旅游的载体与依据。文章回顾了革命文物基础理论、红色旅游基础理论、革命文物保护利用、红色旅游实践的研究内容。革命文物的研究进入快速发展时期，但仍处于起步阶段。红色旅游的研究，无论是基础理论研究还是实践研究都较为成熟。革命文物与红色旅游相结合的研究是一个值得深入关注的研究领域，既要关注相关的基础理论研究，又要深挖相关的案例研究，实现理论指导实践、实践反哺理论，最终推动革命文物红色旅游大发展。

关键词：革命文物；红色旅游；基础理论；实践研究

革命文物主要是指见证近代以来中国人民抵御外来侵略、维护国家主权、捍卫民族独立和争取人民自由的英勇斗争，见证中国共产党领导中国人民进行新民主主义革命和社会主义革命的光荣历史，并经过认证登记的实物和遗存。社会主义建设和改革时期彰显革命精神、继承革命文化的实物

---

① 基金项目：本文是国家社会科学基金抗日战争研究专项工程项目"山西抗日战争文献搜集整理与研究"（19KZD002），八路军太行纪念馆——山西大学国家革命文物协同研究中心革命文物专项课题（GMWW2023001）的阶段性成果。

作者简介：刘伟国，山西大学历史文化学院副教授，八路军太行纪念馆——山西大学国家革命文物协同研究中心副主任，主要研究方向为历史聚落地理、革命文物；范舒雅，山西大学考古文博学院、八路军太行纪念馆——山西大学国家革命文物协同研究中心在读硕士研究生，主要研究方向为革命文物与红色旅游。

遗存，也纳入革命文物范畴①。可以看出，革命文物最大的特点就是与中国共产党史有关的"红色文物"，而近些年快速发展的"红色旅游"就是基于革命文物的一种文化旅游形式。作为红色精神文化内涵的实物见证和载体，革命文物与红色旅游有着密不可分的联系，红色旅游是实现革命文物积极利用的一种有效方式，革命文物则为红色旅游提供了不可或缺的物质基础。目前学界关于革命文物的研究大多围绕保护利用进行展开，而红色旅游作为在动态中实现保护利用革命文物的一种方式，在很多研究中都有提及，但当下缺乏对二者研究的深入探讨，因此对革命文物与红色旅游的研究进行梳理总结，可以更好地利于其发展，便于今后的相关研究。

一、国内相关研究

（一）国内革命文物相关研究

以知网为例，截止到2023年12月31日，以"革命文物"为检索词进行"主题"检索研究文献的发表年度制作图1。从图1中可以看到，国内关于革命文物的研究自中华人民共和国成立伊始就有相关记录，2018年以来，关于革命文物的研究呈现出高速发展的趋势，一跃成为近几年的研究热点。这与2018年中共中央办公厅、国务院办公厅印发的《关于实施革命文物保护利用工程（2018—2022年）的意见》密切相关。

把检索范围限定在北大核心和CSSCI期刊，研究成果（本文称为高水平成果）数量骤减，分别从总量和年度比较来看，高水平成果都只占10%左右。高水平成果数量和革命文物研究成果总量的发展趋势基本相同，大致在2018年迎来了高速发展。总之，革命文物研究质量亟待提高。

---

① 国家文物局.国家文物局印发《关于报送革命文物名录的通知》[EB/OL].（2018-10-18）. https://www.gov.cn/2018-10/19/content_5332523.htm.

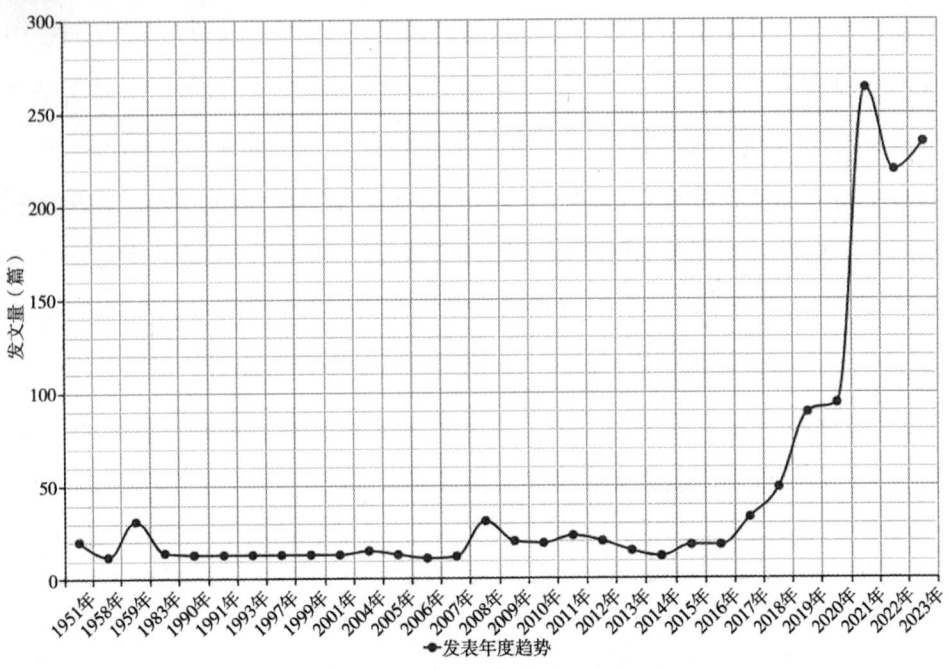

图1 革命文物研究发表年度趋势
（资料来源：据中国知网检索结果制作）

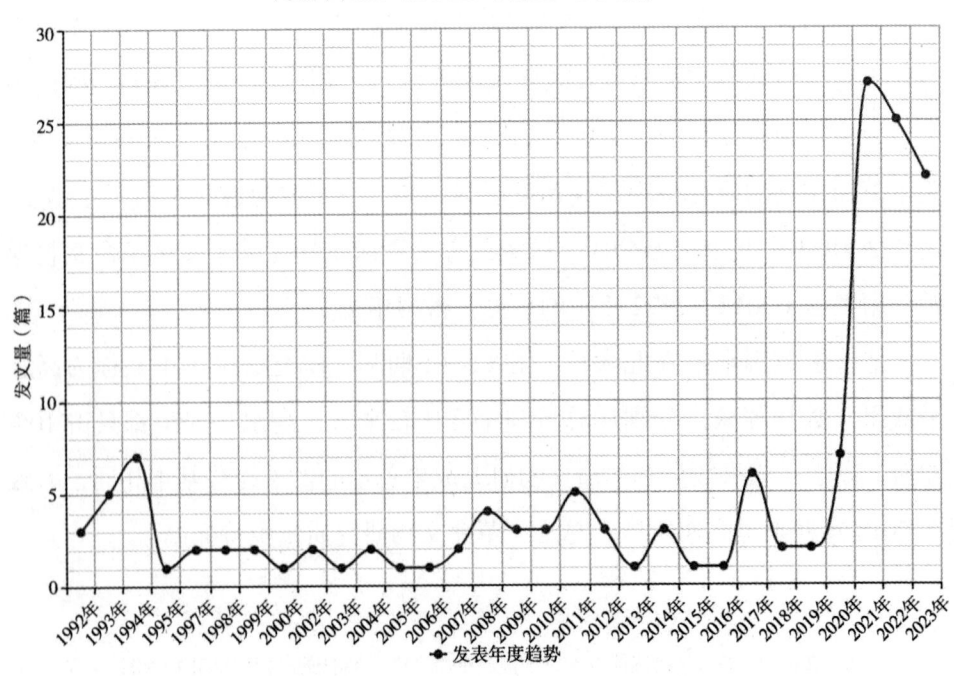

图2 革命文物研究北大核心和CSSCI成果发表年度趋势
（资料来源：据中国知网检索结果制作）

从研究内容上看，除了对革命文物基础资料、概念类型等进行的基础理论研究外，目前大多数革命文物的研究都围绕着保护利用进行展开。

1. 有关革命文物基础资料的整理

基于革命文物普查工作的开展，形成了一系列有关革命文物普查工作的成果，这也是开展革命文物研究的基础资料，包括但不限于《广东省革命遗址通览》[1]《湖北重要革命文物史迹选粹》[2]《中山革命史迹通览》[3]《晋城文物通览·近现代史迹及其他卷》[4]《文物立馆 共享成果 重庆红岩革命历史博物馆第一次全国可移动文物普查成果图集》[5]等。这些革命文物普查成果内容涵盖各省革命文物的普查报告、总体概况、革命文物图集、现状及存在的主要问题等。基于这些革命文物普查成果，也有一些专家学者通过自己实地调查，编写了一些有关革命文物保护利用的著作，如《稽山红遍——绍兴市不可移动革命文物保护利用图集》[6]《沂蒙革命文物保护利用实践与研究》[7]《宁夏地区革命文物的保存管理和保护利用调查研究》[8]等，通过对不同地区的革命文物保护利用的情况进行研究分析，提高了对革命文物保护利用的认识，加强了对革命文物的深入研究与理解。

---

[1] 李忠杰. 广东省革命遗址通览 [M]. 广州：广东人民出版社，2016.
[2] 刘杰，李雁. 湖北重要革命文物史迹选粹 [M]. 北京：科学出版社，2020.
[3] 中共中山市委党史研究室. 中山革命史迹通览 [M]. 北京：中共党史出版社，2008.
[4] 晋城市旅游文物局. 晋城文物通览·近现代史迹及其他卷 [M]. 太原：山西经济出版社，2011.
[5] 重庆红岩联线文化发展管理中心，重庆红岩革命历史博物馆. 文物立馆共享成果重庆红岩革命历史博物馆第一次全国可移动文物普查成果图集 [M]. 成都：四川科学技术出版社，2018.
[6] 绍兴市文化广电旅游局，绍兴市文物局. 稽山红遍——绍兴市不可移动革命文物保护利用图集 [M]. 杭州：浙江摄影出版社，2021.
[7] 张俊龙. 沂蒙革命文物保护利用实践与研究 [M]. 济南：齐鲁书社，2022.
[8] 宁夏博物馆. 宁夏地区革命文物的保存管理和保护利用调查研究 [M]. 北京：文物出版社，2021.

2. 有关革命文物基础理论的研究

这类研究主要从革命文物本体出发，夯实了对革命文物基础理论的相关研究。首先是对革命文物概念含义的确定，朱宇华等人基于新中国文物法规文本演变的视角对革命文物内涵的认识发展进行梳理，总结出我国对革命文物内涵的认识呈现出一种"时间起始最早，内涵不断扩充，认识往复曲折"的发展历程[①]。贾旭东认为革命文物的概念经历了孕育、形成和基本成熟三个发展阶段，通过对目前革命文物概念的几个争议问题进行梳理后提出了革命文物概念的界定思路和建议方案[②]。朱宇华和李博文在贾旭东的研究基础上对革命文物的概念进行了扩展，明确了革命文物的时间范畴延伸至当代以及革命文物的主要创造者是中国共产党[③]。其次是对于革命文物类型划分等的相关基础研究，李向东将革命文物划分成旧址、故居/旧居、战役遗址、陵园/墓、纪念地/纪念碑、其他等六类，并针对不同类型的革命文物提出相应的保护利用导则，以期进一步指导革命文物的保护和展示利用工作，为革命文物的保护利用提供支持[④]。刘伟国在对乡村抗战遗址的文物本体特征进行划分的同时，从更大的视野对乡村抗战遗址进行分类，指出乡村抗战遗址可以是整个乡村聚落，也可以是自然环境，他还从空间形态即点、线、面，以及三者之间交叉的角度来看待乡村抗战遗址，并进一步提出了深入挖掘乡村抗战的历史信息、构建与自然地理环境相结合的解说系统、实施乡村抗战遗址的区域性保护、建设以乡村抗战遗址为主体资源的产业化道路

---

① 朱宇华，乜小珂，徐睦.革命文物内涵的认识发展——基于新中国文物法规文本演变的视角研究[J].中国文化遗产，2021（6）：27-35.

② 贾旭东.革命文物概念及其界定[J].北京师范大学学报（社会科学版），2018（6）：141-145.

③ 朱宇华，李博文.革命文物概念发展及演变——从苏联到中国当代[J].南方文物，2021（6）：260-267.

④ 李向东.革命文物类型与保护、展示浅析[J].中国文化遗产，2021（6）：36-43.

保护利用的措施①。沈旸等人提出了革命文物的"事件性"属性，并进一步地分析了以"事件性"属性为切入点，将事件的场所、人物、内涵与建筑本体进行整体思考，构建以"事件性"为研究视角的革命文物保护利用方法论体系②。这些基础理论研究很好地推进了革命文物保护利用的研究。

3. 有关革命文物保护利用的相关研究

革命文物的保护利用是各级文物、文化和旅游部门重点工作之一。2018年，中共中央办公厅、国务院办公厅印发了《关于实施革命文物保护利用工程（2018—2022年）的意见》并发出通知，要求各地区各部门结合实际认真贯彻落实以下主要任务：夯实革命文物基础工作、加大革命文物保护力度、拓展革命文物利用途径、提升革命文物展示水平、创新革命文物传播方式。国家文物局在2021年印发了《革命文物保护利用"十四五"专项规划》，要求文物系统抓住机遇、应对挑战，胸怀大局、开拓创新，更好统筹革命文物保护与利用、革命文化弘扬与传承工作。在这一背景下，学界非常重视革命文物保护利用研究，出现了大量针对某一地区或某一城市革命文物保护与利用的研究文献。

第一，保护利用的实践。唐前在对天津市现存的革命文物进行全面深入的实地调研与资料分析整理的基础上，对天津市革命文物所具有的价值与特点、现存革命文物的保存状况、利用状况、损毁原因等进行了详细的统计与分析，结合实际情况提出了天津市革命文物的保护区划标准模式和具体的区划方法，通过由大到小，由面及点的研究，比较系统地梳理和总结了天津市革命文物的保护评价体系，这是对革命文物保护研究的有益探索，同时也对

---

① 刘伟国.黎城县乡村抗战遗址调查与初步研究[C]//郝平主编.田野逐梦：太行山传统村落调查研究（教师篇）.山西人民出版社，2021：135-214.

② 沈旸，陈凯，相睿，等.革命文物的"事件性"属性及其保护利用的"事件途径"[J].中国文化遗产，2021（6）：17-26.

弘扬革命传统，振奋民族精神及促进城市发展具有一定的作用[1]。黄钟调研了北京317处革命文物，制定了文物保护修缮五年行动计划，提出文物维修保护、展示利用、环境整治等具体任务清单及革命文物保护利用片区实施措施；基于片区的革命历史研究，梳理出革命文物的资源分布与类型，提出具体保护利用的设想，包括：明确革命文物保护与展示利用的目标、确定革命文物保护和利用的原则、提出若干具体实施项目等[2]。张帆等人以青岛市域为研究样本，提出系统全面的革命文物保护的思路，在此基础上针对市域革命文物分散的特点，从利用角度识别出重点革命文物片区，由革命文物单体、周边环境，到系统性地展示利用，提出相关保护、利用的建议；从空间和革命历程的关联性角度，建议青岛打造四条革命文化展示线路；从革命文物资源分类、革命文物重点片区关联性以及红色旅游价值的角度，策划以"红色之旅"为主题的红色旅游体系[3]。沈旸以解放战争中塔山战役纪念碑为个案，讨论革命烈士纪念建筑物类文物，强调事件的"真实性"表达和"完整性"理念[4]。唐前以延安枣园为例，从保护力度、利用方式和专业人员等方面，分析了革命旧址的保护与利用现状，并从树立文化自信、提高责任意识、健全管理体系、制定科学规划和加强整合宣传等方面提出了关于如何做好革命文物保护与利用工作的建议[5]。周儒凤在对贵阳市省级以上革命文物保护单位的保护和利用情况进行初步梳理后，对今后革命文物的保护和利用提出思考，认为要加强专业人才队伍建设、要与红色旅游相衔接成为贵州旅

---

[1] 唐前. 天津市革命文物保护研究 [D]. 内蒙古科技大学，2020.

[2] 黄钟. 革命文物资源调查与保护利用策略研究——以北京地区为例 [C]// 中国城市规划学会. 人民城市，规划赋能——2022中国城市规划年会论文集. 北京：中国建筑工业出版社，2023：12.

[3] 张帆，林青青，徐鲁豪，等. 青岛市重点革命文物片区保护与利用研究 [J]. 建筑与文化，2022（4）：161-164.

[4] 沈旸，周小棣，汪涛. "革命烈士纪念建筑物"类文物的保护对象构成与保护规划策略——兼论战场遗存的保护模式 [J]. 建筑学报，2010（S2）：1-4.

[5] 唐前. 革命文物的保护与利用研究——以延安枣园为例 [J]. 建筑与文化，2018（9）：195-196.

游的重要节点等①。吕刘成在对金寨县革命文物特征和保护利用中存在的问题进行分析后,提出扩大专业队伍、多渠道筹措资金、做好普查征集工作、加强革命旧址管理、整合革命文物资源等措施,并强调要多渠道开发革命文物产品,整合旅游资源进行跨区域合作②。可以看到,在讨论革命文物的保护利用措施时,多数学者都认为红色旅游是必不可少的路径,发展红色旅游对于革命文物的保护利用具有积极意义。

第二,保护利用的视角。革命文物保护利用的视角多元化,可从数字化视野、新媒体视域、融合视域等多角度切入进行保护利用研究。蒋彬彬以渡江胜利纪念馆为例,基于馆藏革命文物保护现状分析,探讨革命文物数字化保护方式和技术难点,并就数字化保护成果转化和借助新媒体传播方式提出了设想③。张洛阳认为在新媒体背景下,革命文物纪念馆可通过丰富展陈形式、增强互动性、增设冥想空间等路径,提升革命文物的精神优势,激发革命文物保护事业的活力;借助新媒体技术,通过拓展虚拟展陈空间、开发文创产品、数字还原战争全景等路径,提升革命文物的资源潜力,全面推进革命文物保护利用和传承发展④。王坤玉等人对纸质革命文物的特征、意义与开发利用进行研究,提出通过文献出版、文物进校园进社区、建立数字博物馆、举办党史故事短视频大赛等多种途径,发挥纸质革命文物在党史学习教育中的作用⑤。

第三,保护利用的方法。革命文物保护利用的方法可以分为两个方面,

---

① 周儒凤.贵阳市省级以上革命文物保护和利用现状初步研究[J].文物鉴定与鉴赏,2018(7):106-108.

② 吕刘成.金寨县革命文物保护和利用研究[D].安徽大学,2017.

③ 蒋彬彬.革命文物数字化保护与利用——以渡江胜利纪念馆为例[J].收藏与投资,2022,13(4):103-105.

④ 张洛阳.新媒体视域下革命文物保护现状及发展研究[J].新媒体研究,2019,5(15):44-45.

⑤ 王坤玉,曾才娇,岳志刚.纸质革命文物的特征、意义与开发利用[J].中学政治教学参考,2022(20):61-63.

一个是传统的保护利用方法,一个是现代科技方法。就传统方法而言,包括保存革命文物现状数据、革命文物本体监测、革命文物病害检测与修复、革命文物资源管理方式等4个方面。就其缺点而言,在信息化时代的今天,这些传统方式存在缺少革命文物的精确尺度和结构关系数据,无法对突发状况进行观测,不能顾及革命文物的全部结构,缺乏有效的变化分析手段,难以发现病害微小变化,更不能对其演变过程进行量化分析等方面的不足[①]。就现代科技方法而言,以井冈山革命旧址为例,其建筑图件的信息获取就将GIS与现代摄影测量技术结合在一起;越来越多的革命文物展陈选择与数字媒体进行合作,开展革命文物数字化展示的研究[②]。大数据、云平台更多适用于针对总体性、全局性宏观数据的管理和利用,为革命文物资源整合提供技术可能和系统解决方案,可以实现革命文物保护利用智慧化,提升革命文物管理质量和管理水平[③]。

值得注意的是,这一类相关研究多以不可移动革命文物为研究对象,在分析其保护与利用现状的基础上提出针对性的建议。不过总体来看,各地区所存在的问题也多有类似之处,主要体现在宣传乏力、人才匮乏、资金不足、保护不力、资料缺失等方面,相应地,针对以上问题提出的建议和措施也都雷同。

---

① 刘爱河.我国文物调查制度与实践思考[J].中国文物科学研究,2018(3):7-14.徐亦鹏.空间信息技术在文物保护领域的应用思考[J].中国文化遗产,2017(6):26-31.卢世主,朱昱.革命文物保护利用研究的现状与进展[J].江西师范大学学报(哲学社会科学版),2020,53(6):145-153.

② 冯乃恩.博物馆数字化建设理念与实践综述——以数字故宫社区为例[J].故宫博物院院刊,2017(1):108-123+162.

③ 卢世主,朱昱.革命文物保护利用研究的现状与进展[J].江西师范大学学报(哲学社会科学版),2020,53(6):145-153.

（二）国内红色旅游相关研究

以中国知网为例，截至 2023 年 12 月 31 日，国内关于红色旅游相关的研究有近万篇，数量远超革命文物的相关研究。从时间维度看，国内关于红色旅游的相关研究自 1999 年起步，之后的研究成果逐年增加，其发展过程可以分为三个阶段。1999 年到 2004 年是第一阶段，属于红色旅游研究的起步阶段；2004 年到 2017 年是第二阶段，属于红色旅游研究的发展阶段，这与 2004 年中共中央办公厅、国务院办公厅印发《2004—2010 年全国红色旅游发展规划纲要》，首次在国家层面倡导发展红色旅游有关；2018 年至今，属于红色旅游研究繁荣阶段，这与 2018 年中共中央办公厅、国务院办公厅印发《关于实施革命文物保护利用工程（2018—2022 年）的意见》有关，大大推动了革命文物红色旅游的研究。2021 年达到了研究的巅峰，这一年的红色旅游研究成果超过了 1000 篇。

从数量上看，红色旅游研究的确取得了巨大的成绩。不过，把中国知网的检索范围限制在北大核心和 CSSCI 来源期刊，就会发现不一样的现象，一个是高水平成果数量不多，每年都不超过 100 篇。一个是从成果的发表时间来看可以分为 4 个阶段：2001 年到 2004 年是第一阶段，成果数量较少；2004 年到 2011 年是第二阶段，成果数量增长很快，形成了 2 个波峰、1 个波谷；2011 年到 2017 年是第三阶段，成果数量减少；2018 年以来是第四阶段，成果数量又呈增长趋势。

从两者趋势的比较来看，成果总量基本上呈现增长的趋势，2014 年的总量也高于 2007 年。而高水平成果呈现出明显的增长与减少的变化过程，2015 年的成果数量要低于 2008 年的成果数量。从两者绝对数量对比来看，高水平成果数量要远远低于成果总量。

总之，红色旅游研究质量亟待提高。

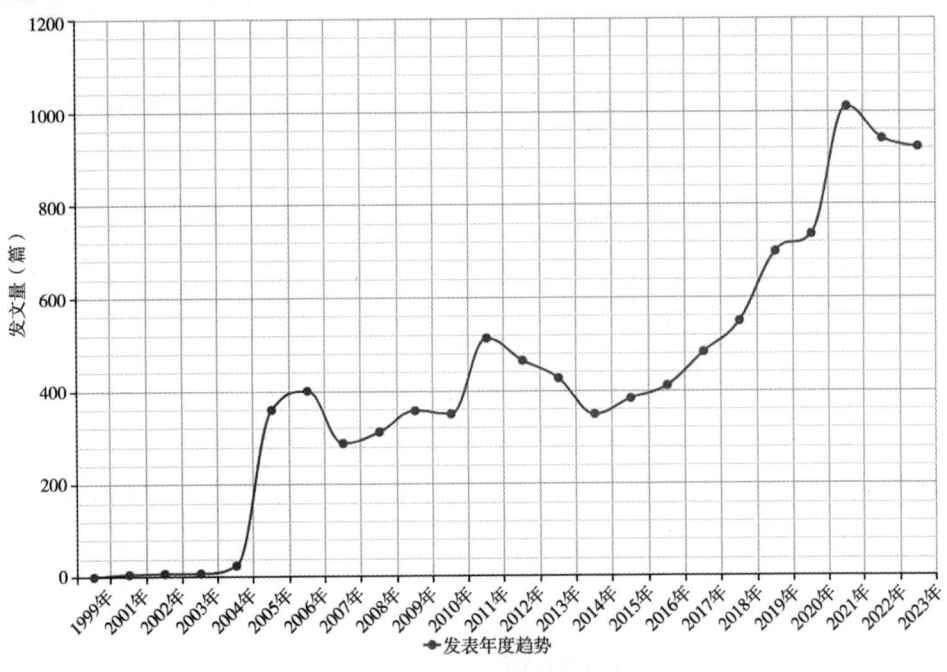

图3 红色旅游研究成果发表年度趋势
（资料来源：据中国知网检索结果制作）

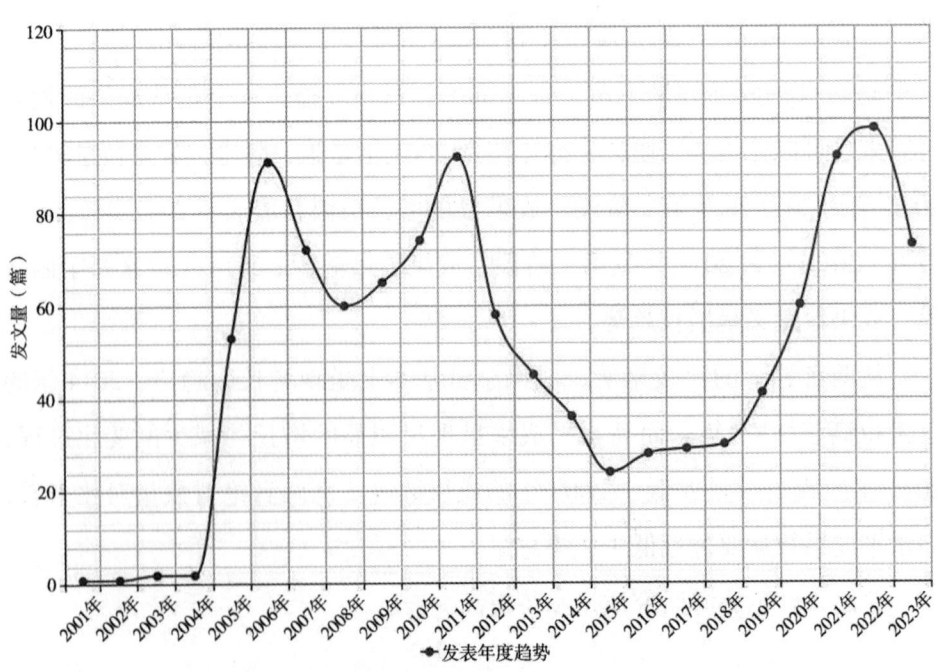

图4 红色旅游研究北大核心和CSSCI成果发表年度趋势
（资料来源：据中国知网检索结果制作）

1. 红色旅游相关论著

目前已出版的红色旅游相关的著作多为知识性读物或旅游指南，学术性著作相对不多，总的来说大致可分为理论研究类、普通读物类、工具类、地方红色旅游普及类读物，红色旅游精品线路指南，省市地方红色旅游资料、综合资料等[①]。研究类著作如《吉林省红色旅游发展研究》[②]《治安村卷：红色旅游带动脱贫》[③]《红色旅游资源的保护与开发》[④]《中国红色旅游研究》[⑤]等。普通读物、工具类如《中国红色旅游指南》[⑥]《红色旅游导游基础知识读本》[⑦]《四川红色旅游羊皮书》[⑧]等。综合资料主要是全国红色旅游工作协调小组办公室主编的《中国红色旅游发展报告》（2005—2014年）、王金伟主编《红色旅游蓝皮书：中国红色旅游发展报告》等。

2. 红色旅游的基础理论研究

红色旅游的基础理论研究主要是对红色旅游的定义、特点、功能，红色旅游的发展阶段、发展走向及动因等问题进行深入研究。

关于红色旅游的定义，目前比较权威且普遍认可的是"红色旅游指以革命纪念地、纪念物以及所承载的革命精神为内涵，以现代旅游为基本形式，组织接待旅游者参观游览、学习革命历史知识、接受革命传统教育和振奋精神、放松身心、增加阅历的旅游活动，是红色革命精神与现代旅游经济的结晶"。[⑨]

---

① 刘红梅.红色旅游与红色文化传承研究[D].湘潭大学，2014.

② 刘海洋.吉林省红色旅游发展研究[M].长春：吉林人民出版社，2021.

③ 杨学峰，姜峰.治安村卷：红色旅游带动脱贫[M].长春：吉林人民出版社，2020.

④ 卢丽刚.红色旅游资源的保护与开发[M].成都：西南交通大学出版社，2011.

⑤ 徐仁立.中国红色旅游研究[M].北京：中国言实出版社，2020.

⑥ 江山.中国红色旅游指南2005年版[M].北京：红旗出版社，2005.

⑦ 国家旅游局，全国红色旅游工作协调小组办公室，红色旅游培训教材编审指导委员会.红色旅游导游基础知识读本[M].北京：中国旅游出版社，2006.

⑧ 赵志立.四川红色旅游羊皮书[M].成都：四川人民出版社，2005.

⑨ 江西省旅游局.《江西省红色旅游发展纲要》，2004年8月.

关于红色旅游的特点，主要有独特的旅游季节性特征，旺季多出现于"七一""八一"或某一重要历史事件的发生日等一些纪念日或有较大纪念活动的时段。游客行为以观光和接受爱国主义教育为主，游客群体以公费旅游为主[1]，具有时代特征鲜明、政治色彩浓厚、旅游市场以国内市场为主等特点[2]。

关于红色旅游的功能，刘建平等学者提出红色旅游具有政治教育、经济发展和文化传播三大功能[3]。李宗尧以蒙阴县野店镇为例，认为红色旅游不仅是宣传爱国主义思想和加强精神文明建设的重要阵地，同时对提升区域形象，提高当地产品的知名度，促进区域经济发展具有重要作用[4]。徐仁立[5]、殷盈[6]则对红色旅游的教育功能进行了详细分析。总的来说，红色旅游功能的研究主要集中于经济功能、教育功能、环境功能和扶贫功能[7]，对于教育功能的专题研究更多一些。

关于红色旅游的发展阶段和发展走向，周振国等学者认为，红色旅游经历了两个大的发展阶段，即孕育和起步阶段（1949年至20世纪末）、加快发展和向市场化转变阶段（20世纪末至今）[8]。刘莎认为红色旅游的发展经历了四个阶段，萌芽阶段（1949—1977年）、初步发展阶段（1978—1989

---

[1] 尹晓颖，朱竑，甘萌雨. 红色旅游产品特点和发展模式研究 [J]. 人文地理，2005（2）：34-37，76.

[2] 张群，刘建平. 红色旅游的特色分析及其发展研究 [J]. 长沙大学学报，2006（6）：49-51.

[3] 刘建平，伍先福，黄玲. 红色旅游的三大功能 [J]. 学习导报，2005（5）：19-21.

[4] 李宗尧. 论"红色旅游"功能的多样性——兼谈蒙阴县野店镇旅游业的综合开发 [J]. 山东省农业管理干部学院学报，2002（4）：66-67.

[5] 徐仁立. 论红色旅游的思想政治教育功能及其实现 [J]. 学校党建与思想教育，2009（17）：38-39.

[6] 殷盈. 试论红色旅游的教育功能 [J]. 广西青年干部学院学报，2006（3）：14-15，18.

[7] 刘海洋，明镜. 国内红色旅游研究进展与评述 [J]. 旅游研究，2012，4（3）：60-65.

[8] 周振国，周海生. 红色旅游基本理论研究 [M]. 北京：社会科学文献出版社，2008：1-8.

年)、渐趋成熟阶段(1990—2003年)、全面发展阶段(2004年至今)[①]。刘海洋等学者则认为红色旅游经历了三个发展阶段,初步萌芽阶段(20世纪50年代初至20世纪70年代末)、逐步探索阶段(20世纪80年代初至20世纪90年代末)、全面市场化阶段(21世纪初至今)[②]。发展走向问题上,杨梓强调必须坚持政治教育、旅游经济的发展规律,必须坚持把社会效益放在首位[③]。张雅敏认为红色旅游要保持核心竞争力,应科学规划理性开发、注重与其他旅游资源的整合、精心设计有效营销、加强政府管理与引导、深化体制改革[④]。王艳平则从历史唯物观角度认为红色旅游具有从传播到传承,进而走向"遗产"的功能发展路径,应该有选择地进行"物化"建设[⑤]。

关于红色旅游兴起的动因,有以下几点:一是红色旅游是一种直接、强势、超常规的由政府主导的驱动模式[⑥];二是有推动国际旅游发展、活跃国内旅游市场和创新思想政治教育的需要[⑦];三是我国旅游具备快速发展的条件,同时满足了各种目标需求,得到了社会的强势推进[⑧];四是当下生活水平提高、旅游业蓬勃发展、人们消费心理接受度上升和政府政策的大力支持诸多因素共同促进了中国红色旅游的兴起与繁荣[⑨]。

[①] 刘莎. 关于红色旅游历史的考察 [J]. 九江学院学报(社会科学版),2006(3):57-60.

[②] 刘海洋,明镜. 红色旅游:概念、发展历程及开发模式 [J]. 湖南商学院学报,2010(1):66-71.

[③] 杨梓. 红色旅游发展走向及基本策略之探讨 [J]. 旅游纵览,2011(5):175.

[④] 张雅敏. 红色旅游发展走向研究 [J]. 合作经济与科技,2006(8):46-47.

[⑤] 王艳平. 历史唯物观下看红色旅游发展走向 [J]. 东北财经大学学报,2005(5):52-54.

[⑥] 石培华. 红色旅游能"红"多久——探寻中国红色旅游发展的原动力 [J]. 人民论坛,2006(16):54-55.

[⑦] 周振国,周海生. 红色旅游基本理论研究 [M]. 北京:社会科学文献出版社,2008:209-304.

[⑧] 谷玉芬. 红色旅游成功因素分析 [J]. 商业经济,2006(2):112-114.

[⑨] 李曼. 江西省红色旅游资源的开发利用 [D]. 华中师范大学,2011.

3. 红色旅游的实践相关研究

红色旅游的实践相关研究主要集中在红色旅游资源的开发及发展模式、红色旅游产品、红色旅游的客源市场、营销策略及品牌建设等方面。

关于红色旅游的开发，除了极少数从宏观层面对红色旅游资源开发进行的研究之外，绝大多数都是个案分析。宏观层面，龚志强等人认为红色旅游的开发应采取多极点小区域合作开发、系统化保护性开发、深挖内涵基础上的本色开发和多种资源复合型开发等开发思路[①]。梁峰[②]、马进甫等人[③]研究了红色旅游资源的特征、开发原则和开发策略，提出在红色旅游资源开发中要坚持大旅游、生态可持续发展和环境承载力原则，加强党史研究、旅游设施建设、旅游产品开发、宣传促销、可持续开发和旅游资源整合等。红色旅游的发展模式方面，有学者根据开发程度建立了整修精度开发－纵向深度开发－横向广度开发－综合适度开发的模式[④]；有空间拓展+时间延伸+内涵深化的开发模式[⑤]；有形象联动、资源联动、产品联动、产业联动、区域联动、营销联动在内的联动开发模式[⑥]；有"红绿"结合、"红古"结合、红色演出、博物馆、旅游节庆、红色主题公园、体验参与的传统模式[⑦]等。红色旅游的个案分析则大多依托地方性的革命文物资源而展开，在此不一一赘述。

---

① 龚志强，江小蓉. 浅议红色旅游开发的新思路 [J]. 商业研究，2006（16）：200-202.

② 梁峰. 我国红色旅游资源分布特点及其开发策略研究 [J]. 桂林旅游高等专科学校学报，2005，16（5）：47-49.

③ 马进甫，宋振美. 简析红色旅游资源的特征及其开发策略 [J]. 北京第二外国语学院学报，2006（1）：111-114.

④ 张彬彬. 都市地区的"红色旅游"开发——以上海为例 [J]. 桂林旅游高等专科学校学报，2004，15（2）：35-37.

⑤ 谢婷，钟林生，黄丽玲. 红色旅游资源的拓展开发模式研究——以广西龙州县为例 [J]. 资源与产业，2006，8（5）：49-51.

⑥ 姚治国，苏勤，陆恒芹. 论红色旅游的联动开发模式——以安徽省黟县、定远县比较研究为例 [J]. 桂林旅游高等专科学校学报，2007，18（1）：45-48.

⑦ 毕剑. 红色旅游开发模式研究 [J]. 特区经济，2006（8）：229-231.

关于红色旅游产品，王立东认为红色旅游产品是由历史过程、革命精神和物质景观三方面组成的，具有政治性、主题性和激励性三大特点①。分类方面，李永乐认为红色旅游产品可分为地带性旅游产品、线形旅游产品和场地旅游产品②。开发方面，刘春玲等人认为要结合市场营销学理论，从产品营销的四个基本阶段解读中国红色旅游的发展及开发策略③；王立东强调要根据红色旅游产品的特点、主要内容等进行产品开发设计④。

关于红色旅游的客源市场，研究普遍认为红色旅游以国内游客为市场主体，年龄基本上在18至40岁之间，目的主要是观光、学习、休闲度假等⑤。此外，有学者以个案来研究分析旅游客源市场的空间结构、时间结构和旅游消费者行为以及红色旅游市场开发的措施⑥。还有学者对开发红色旅游国际市场的策略进行了探讨⑦。

关于红色旅游的营销策略及品牌建设，陆军认为除了采用广告宣传、形象传播、价格、媒体网络、品牌、推介会、展览会等常规性的营销策略外，红色旅游最重要的是要根据实际需要采取一些独特性的、具有创意的旅游营销方略⑧。罗茜等人提出了打造红色旅游精品、构建特色产品体系、实施体验营销和大力开展知识营销等措施⑨。很多红色旅游地具有很好的政治品牌

---

① 王立东.红色旅游产品的设计思路 [J].求实，2005（S2）：115-120.
② 李永乐.红色旅游目的地产品类型与营销探讨 [J].商业研究，2007，357（1）：35-38.
③ 刘春玲，宋保平.红色旅游产品的市场竞争力研究 [J].河北学刊，2006（4）：214-216.
④ 王立东.红色旅游产品的设计思路 [J].求实，2005（S2）：115-120.
⑤ 卢璐，易银飞.红色旅游市场特征研究 [J].科技创业月刊，2007（3）：99-100.
⑥ 林龙飞，唐峰陵.红色旅游客源市场开发探析——以韶山为例 [J].湘潭大学学报（哲学社会科学版），2006（5）：85-89.
⑦ 陈宁英，张河清.基于SWOT分析的红色旅游国际市场开发初探 [J].科技创业月刊，2008（3）：49-51.
⑧ 陆军.红色旅游目的地营销方略 [J].旅游学刊，2006，21（8）：9-10.
⑨ 罗茜，方世敏.谈红色旅游产品营销策略 [J].内蒙古农业大学学报（社会科学版），2005，7（24）：40-42.

基础,但政治品牌不等同于市场品牌,红色旅游地需要根据自身特点研究营销策略和营销手段,以打造具有竞争力的红色景区市场品牌①。

其他的相关研究还有围绕红色旅游产品自身的特点和发展模式展开的②,也有围绕红色旅游开发的相关问题进行分析研究的③。还有学者将红色旅游与意识形态相联系,研究红色旅游对政党认同的影响模型,分析并刻画了旅游活动对政党认同的影响及其作用于政党认同的具体路径,探讨了游客对政党认同和国家认同的认知差异、政党认同的阶层差异以及旅游的政治功能等相关问题④。总的来说,国内的专家学者对于红色旅游的基础理论做了多角度的论述并取得一定的成果,但目前红色旅游研究还存在很多问题,甚至有些重要问题被忽视,主要表现在几个方面:理论建设薄弱且混乱,研究方法雷同,个案研究偏多且在问题分析上大致趋同,缺少创新等。

(三)革命文物和红色旅游的相关研究

被当作旅游资源进行开发是革命文物利用的重要方式,郝艳⑤、马晓艳⑥、陈琳⑦都强调要发挥革命文物在红色旅游中的作用,并分别从不同角度提出了一些发展措施,如合理借助革命文物实现社会和经济的双重发展、进行革命文物应用机构改革、充分利用现代信息技术加强革命文物展出工作规

---

① 喻彩霞,张河清,陈宁英.中国红色旅游研究综述[J].桂林旅游高等专科学校学报,2008(2):272-276.

② 尹晓颖,朱竑,甘萌雨.红色旅游产品特点和发展模式研究[J].人文地理,2005(02):34-37,76.

③ 余凤龙,陆林.红色旅游开发的问题诊断及对策——兼论井冈山红色旅游开发的启示[J].旅游学刊,2005(4):56-61.

④ 左冰.红色旅游与政党认同——基于井冈山景区的实证研究[J].旅游学刊,2014,29(9):60-72.

⑤ 郝艳.发挥革命文物在红色旅游中的作用[J].艺术品鉴,2018(27):114-115.

⑥ 马晓艳.发挥革命文物在红色旅游中的作用[J].文物鉴定与鉴赏,2019(22):155.

⑦ 陈琳.发挥革命文物在红色旅游中的作用[J].遗产与保护研究,2017,2(7):46-48.

划等。赵赞剖析了革命文物和红色旅游之间的关系，讨论了红色旅游业发展存在的问题和红色旅游资源的优势，提出更好发挥红色革命文物在旅游文化中作用的措施，希望通过革命文物发挥出强大的社会教育功能[1]。张龙华则通过阐述发展红色旅游的意义，深入分析了革命遗址保护利用与红色旅游发展之间的关系，并提出革命遗址保护利用在红色旅游发展中的应用[2]。刘禄山初步提出了革命文物旅游开发利用的思路与原则，指出必须坚持历史性和真实性原则，必须以发挥政治教育和革命传统教育功能为前提和基础，要正确处理革命文物的保护与利用问题，要与自然环境和社会经济协调发展，要与生态旅游、休闲旅游、娱乐旅游等其他旅游形式相融合。这类研究都是从整体角度出发进行宏观分析，对于区域性革命文物的旅游利用有一定的借鉴意义，但是在实际操作中还需要结合具体情况。

除了宏观层面，革命文物和红色旅游的相关研究有相当数量都是从某一地区的革命文物着手进行案例研究分析的，如杨荣彬研究了中央苏区革命文物与瑞金红色旅游业发展之间的关系，二者相互融合，互为促进，协调发展[3]；钱霞分析了佳木斯市的红色旅游及革命文物资源现状[4]；宋捷、鲁大立以滕州为例研究了县域革命文物保护利用与红色旅游的融合发展[5]；等等。

目前，革命文物和红色旅游的研究，不论是宏观层面还是区域性研究方面都还具有很大的发展空间。

---

[1] 赵赞.基于发挥革命文物在红色旅游中的作用分析[J].中国民族博览，2019（8）：57-58.
[2] 张龙华.论革命文物遗址保护利用与红色旅游发展的关系[J].文物鉴定与鉴赏，2021（2）：166-168.
[3] 杨荣彬.中央苏区革命文物与瑞金红色旅游业的发展[J].南方文物，2002（2）：115-116，123.
[4] 钱霞.浅析佳木斯市红色旅游及革命文物资源现状[J].丝绸之路，2014（18）：44-46.
[5] 宋捷，鲁大立.县域革命文物保护利用与红色旅游融合发展研究——以滕州为例[J].文化创新比较研究，2023，7（15）：59-63.

二、国外相关研究

从革命文物的概念中可以看出，革命文物最基本的特点就是与中国共产党有关、与"四史"相关，作为中国独有的概念，当前国外对于革命文物并无相关研究。

而红色旅游重点在于"红色"，属于是中国特有的一种文化旅游形式，国外关于旅游的研究也确实没有红色旅游的相关概念，但国外有基于人类在追求民主、公平等正义事业的革命过程中产生和留下的革命精神和革命遗迹而引起的各类参观活动，例如资产阶级战争旅游、遗产旅游和黑色旅游、爱国主义教育旅游等文化旅游，类似于我国的红色旅游[1]。

对于资产阶级革命旅游的研究，西方国家的研究相对较完善，西方学者往往把革命遗址（revolutionary site）、名人故居（former residence）、博物馆（museum）、文化旅游（cultural tourism）等精神层面的旅游形式作为同一研究范畴，并针对其开发和保护中存在的问题进行系统的研究并不断取得理论上的开拓与创新，因而在许多西方国家中资产阶级革命遗址旅游很受人欢迎，成为这些国家的文化旅游中的亮点。

黑色旅游是指以灾难遗迹为主题的观光旅游，多与死亡、灾难等黑暗词汇有关。加拿大学者 Carolyn Strange 和澳大利亚学者 Michael Kempa 以南非的罗本岛和美国的阿尔卡特拉斯岛为例，将以监狱或者监禁地遗址为旅游目的地的旅游也称为黑色旅游，并对美国的这类黑色旅游进行了探讨[2]。

此外，有学者研究历史人物与景区的关系，Michael Faience 通过对澳大利亚民间英雄进行研究，追踪相关景区发展模式，说明历史人物与旅游区域

---

[1] 左婷. 红色旅游可持续发展问题研究 [D]. 燕山大学，2018.

[2] Carolyn Strange, Michael Kempa. SHADES OF DARK TOURISM Alcatraz and Robben Island. Annals of Tourism Research, Vol.30, No.2, pp.386 - 405, 2003.

的紧密关系，对利用历史人物在促进旅游发展上发挥积极作用加以肯定①。还有学者针对中国红色旅游发展进行评价，Geoffrey Wall 等通过研究和评估中国的红色旅游，阐明旅游、遗产和身份政治之间的复杂关系，指出中央和地方在落实时存在不同的侧重点，前者强调政治凝聚力，后者强调地方经济发展，对地方政府发展红色旅游应该规避的误区以及应平衡的各方因素进行了详细分析②。

虽然不同国家或地区之间的文化环境、理论背景、历史阶段和经济基础具有差异性，存在各种各样的区别，但其中也有对国内红色旅游发展具有一定借鉴意义的观点值得我们注意。

三、总结

当前，革命文物的研究进入快速发展时期，当然这都离不开国家政策和资金的支持，但整体上关于革命文物的研究仍处于起步阶段，基础理论研究还存在不足。虽然针对各个地区的革命文物或某处革命文物保护利用的案例研究逐渐增多，但相关研究存在同质化严重的问题，即革命文物保护利用存在的问题及提出的对策基本上差别不大，缺乏能真正落到实处、切实有用的见解。

目前关于红色旅游的研究颇多，无论是基础理论研究还是实践研究都比革命文物研究更为成熟一些，但基础理论研究略显混乱和薄弱，实践研究也存在和革命文物保护利用研究相似的问题，即案例研究多泛泛而谈，缺乏真正落到实处、切实有用的见解。

---

① Michael Faience. A heritage 'entrails : tracking the exploits of historical figures – an Australian case study[J]. Journal of Heritage Tourism, 2016, 12（5）：PP452-462.

② Geoffrey Wall ; Ning Ryan Zhao. China's red tourism : communist heritage, politics and identity in a party-state[J].International Journal of Tourism Cities Volume 3, Issue 3. 2017. PP 305-320.

革命文物与红色旅游相结合的研究还不多，这是一个值得深入关注的研究领域，在深度和广度上有很大的探索空间。

因此，革命文物和红色旅游相结合的研究仍然存在很大的创新价值，今后既要多关注相关的基础理论研究，又要深挖相关的案例研究，实现理论指导实践、实践反哺理论，最终推动围绕革命文物的红色旅游大发展，实现乡村振兴。

红色文化旅游资源开发

山西革命文物保护利用与红色旅游融合发展研究

八路军太行纪念馆　董海鹏

摘　要：革命文物承载中国共产党的光荣历史，记载中国革命的伟大历程和感人事迹，是党和国家的宝贵财富。加强革命文物保护利用，发挥革命文物资政育人和推动发展的独特作用，赋能红色旅游发展，是全社会的共识。山西是著名的革命老区，革命文物资源丰富。近年来，山西省革命文物保护利用工作亮点纷呈，在推动革命文物保护利用与红色旅游相融合方面取得成效，不断增强革命文物的生命力和影响力，赋能红色旅游多业态融合发展。掌握本区域内革命文物保护利用和红色旅游融合概况，发现影响两者融合发展的症结，提出针对性对策，推动革命文物与红色旅游在更深层次、更高水平上的深度融合，具有重要的现实意义和深远的历史意义。

关键词：革命文物；红色旅游；融合发展

习近平总书记强调："中国式现代化是物质文明和精神文明相协调的现代化，要弘扬中华优秀传统文化，用好红色文化，发展社会主义先进文化，丰富人民精神文化生活。"革命文物是我们党艰辛而辉煌奋斗历程的见证，传承着催人奋进的红色基因，其所承载的红色文化是中国共产党人的精神力量源泉，也是中国式现代化进程的内生动力要素。

山西是具有光荣历史的红色热土，中共中央北方局、八路军总部曾长期

---

① 作者简介：董海鹏，八路军太行纪念馆研究部主任，历史学硕士，主要从事八路军抗战史、革命文物保护利用等方面的研究。

在此驻扎，是敌后抗战的主战场，建立了晋察冀、晋绥、晋冀鲁豫抗日根据地，铸就了伟大的太行精神、吕梁精神。中国共产党领导的革命战争和社会主义建设实践，在三晋大地留下数量规模庞大的革命文物。目前，山西已公布不可移动革命文物1150处，可移动革命文物12767件（套）和191处省级红色文化遗址，在全国是与八路军、红军东征有关的文物遗存最完整、最丰富的省份之一。这些红色文化遗产凝结着中国共产党的光荣历史，展现了近代以来三晋儿女英勇奋斗的壮丽篇章，是弘扬太行精神、吕梁精神的物质载体，是发展红色旅游的宝贵资源和财富。

近年来，山西省革命文物保护利用工作整体水平不断提升，在推动革命文物保护与高质量发展理念相融合、革命文物研究阐释与传承红色基因相融合、革命文物展示利用与红色旅游相融合等方面取得了成效，不断释放红色文化资源的优势和潜力，激活本地区红色旅游多业态融合发展，赋能革命老区乡村振兴。

因此，掌握本区域内革命文物保护利用的总体情况，梳理革命文物保护利用与红色旅游融合发展的经验做法，在实现革命文物全方面保护的基础上，发挥革命文物的价值和功能，推动革命文物与红色旅游在更深层次、更高水平上的深度融合，具有重要的现实意义和深远的历史意义，值得我们投入更多精力关注其发展状况和未来。

一、整体保护，活化利用

革命文物是不可再生、不可替代的珍贵资源，保护是首要任务。根据山西省内革命文物分布地域广泛、保护难度大的特点，实施重点保护工程，推进整体保护、分区分类科学有序进行。

（一）摸清资源底数，夯实工作基础

开展革命文物保护之前，必须摸清家底。从2019年起在宣传、文物部门的指导下,革命纪念馆、革命旧址保护单位查清革命文物资源状况,分别于 2021 年、2023 年向社会公布两批革命文物名录。名录公布范围主要含括与中国共产党领导中国人民进行革命、建设、改革相关的史迹、实物和纪念设施,与近代以来中国人民争取民族独立和人民解放(含抗日战争)相关的史迹、实物和纪念设施,与近代以来著名民主党派和无党派爱国人士相关的史迹、实物和纪念设施。

两批革命文物名录中,包含不可移动革命文物 1150 处,包括全国重点文物保护单位 22 处、省级文物保护单位 72 处、市级文物保护单位 131 处、县级文物保护单位 674 处、尚未核定公布为文物保护单位的不可移动文物 251 处。可移动革命文物 12767 件(套),包括一级文物 561 件(套)、二级文物 261 件(套)、三级文物 3788 件(套)、一般文物 3150 件(套),未定级文物 5007 件(套)。①②

(二)突出片区要素,推进整体保护

在中央宣传部、财政部、文化和旅游部、国家文物局公布的《革命文物保护利用片区分县名单》的通知中,按照集中连片、突出重点、国家统筹、区划完整的原则,确定了 37 个革命文物保护利用片区。其中,涉及山西的有晋冀豫片区、晋绥片区和晋察冀片区。

针对区域内不可移动革命文物保护,重点推进晋冀豫片区内小李村太岳行署旧址等、晋察冀片区内金岗库村晋察冀军区司令部旧址等、晋绥片区内决死二纵队司令部义泉村旧址等和张叔平烈士故居、贺昌故居等国保、省保

---

① 山西省文物局. 山西省文物局关于公布全省第一批革命文物名录的通知 [EB].(2021-01-01).https://www.shanxi.gov.cn/zwgk/zcfg_31095/flfg/xzgfxwj/swwjwj/202210/t20221008_7229076.shtml.

② 山西省文物局. 山西省文物局关于公布全省第二批革命文物名录的通知 [EB].(2023-02-01).https://www.shanxi.gov.cn/zwgk/zfxxgk/zdgkjbml/ztfl/tzgg_31084/202302/t20230201_7903117.shtml.

单位的修缮工程。有针对性地开展红军东征总指挥部旧址、后水头毛主席路居、石口毛主席路居、红军东征地方委员会旧址、幸福泉等红军东征主题的革命文物修缮工程。对革命旧址进行险情排查和抢险加固，实施周边环境整治。

长治市走在不可移动革命文物保护工作的前列，先后出台《不可移动文物保护条例》《红色文化遗址保护利用条例》，把红色文物保护纳入全市目标责任考核体系。2019年颁布的《长治市推进红色文物密集区试点工作实施方案》中，将武乡、黎城确定为红色文物密集区试点，实施革命旧址维修保护行动计划。针对不同保护级别革命文物遗存险情，坚持抢救性和预防性保护并重，按照轻重缓急原则，做好保护修缮项目储备和革命文物安全防范设施建设工作。对武乡县王家峪村八路军总部旧址周围的17处附属机关和石圪垤村妇训班旧址进行维修；对武乡县砖壁村八路军总部周围的5处附属机关、埋里村中共中央北方局旧址、杨尚昆旧居等4处院落和抗大一分校大陌村旧址进行了维护。2022年，武乡县八路军总司令部王家峪村旧址保护利用入选年度全国革命文物保护利用优秀案例。

（三）提升管理水平，改善保护条件

要求省内革命文物收藏管理机构制定并实施馆藏可移动革命文物保护修复计划，对保存较差的馆藏珍贵革命文物实施保护修复工程，分类推进馆藏珍贵革命文物保护修复及预防性保护工程，及时抢救修复濒危珍贵革命文物，优先保护材质脆弱的珍贵革命文物。全面提升馆藏革命文物的保存硬件水平，改善馆藏珍贵革命文物的保护条件，做好馆藏文物保存环境改善，做到"防水、防潮、防风、防晒、防盗"。推进重要可移动文物监测和调控设施设备的配置或更新，加强对文物保存微环境监测，对珍贵革命文物配备专业保藏设施设备，安装恒温恒湿控制系统，配置除湿净化一体机，改善文物存放微环境。

（四）挖掘文化内涵，提升展陈水平

按照"革命博物馆、纪念馆基本陈列超过 5 年的可进行局部改陈布展，基本陈列超过 10 年的可进行全面改陈布展"的有关规定，深入挖掘革命旧址、纪念地的文化内涵，更新体现时代精神的展陈内容，支持八路军总司令部王家峪旧址、白求恩模范病室旧址、徐向前故居、北坡中共中央晋绥分局旧址、上党战役指挥部大丰当旧址和八路军太行纪念馆、平型关大捷纪念馆、彭真生平暨中共太原支部旧址纪念馆、山西吕梁山革命博物馆等革命文物旧址和革命博物馆纪念馆的展陈进行提升改造。

利用庆祝改革开放 40 周年、庆祝中华人民共和国成立 70 周年、纪念中国人民抗日战争暨世界反法西斯战争胜利 75 周年、庆祝中国共产党成立 100 周年等重大纪念日和大型节庆活动，推出"初心映三晋 百年铸辉煌——庆祝中国共产党成立 100 周年特展""在太行山上——庆祝中国共产党成立 100 周年抗战文物展"等一批主题突出、导向鲜明、内涵丰富的革命文物陈列展览精品。同时，应用 VR、AR 等现代科技手段，提升革命文物主题展陈水平，增强革命文物陈列展览的表现力、传播力、影响力，增强革命文物陈列展览的互动性、体验性，提高革命文化传播力。

（五）扩大开放范围，创新传播方式

目前，省内各地宣传、文化、文物部门管理使用的革命文物类文物保护单位已基本全部对外开放，各单位能够结合"五一"、"七一"、国庆、抗战胜利纪念日和烈士纪念日等重要节点和中华民族传统节庆，依托革命文物资源组织开展重大纪念活动。

推动太行精神、吕梁精神教育进学校、进教材、进课堂，各单位参与编纂出版系列革命文物知识读本，联合中小学校、党校到革命旧址、纪念馆开展"大思政课"、微党课现场教学。2023 年 11 月，山西省中北大学和太行工业学校旧址兵器陈列室里的"大思政课"及山西国民师范旧址革命活动纪念馆和太原理工大学"追寻红色足迹点燃理想之光"社会事件研学课程，入选国家文物局和教育部公布的革命文物主题"大思政课"优质资源精品项目名单。

二、文旅融合，彰显魅力

山西是红色旅游资源大省，红色文化遗址有3400余处，近500处公布为各级文物保护单位，103处成为红色旅游景区（点），17处列为全国爱国主义教育示范基地，全国红色旅游经典景区29家，其中红色资源A级旅游景区28家。[①] 山西也是红色旅游发展起步较早的省区，早在1992年就推出了"太行山革命根据地游"项目，并入选"中国友好观光年"8条国家级和省级旅游专线。

近年来，依托丰富的革命文物资源，山西红色旅游发展驶上快车道，特别是"黄河""太行""长城"三大板块组团发展、创新融合，为山西红色旅游多业态融合发展增光添彩的同时，也成为全国红色旅游地图中的重要板块之一。

（一）设计精品线路，提升红色旅游知名度

2021年5月，文化和旅游部推出"建党百年红色旅游百条精品线路"中的"烽火太行地·抗战脊梁"线路，山西省长治市屯留区抗大一分校旧址、长治市潞城区神头岭伏击战遗址公园、长治市黎城县黄崖洞兵工厂旧址、长治市黎城县"北方局黎城会议纪念馆"、长治市武乡县八路军太行纪念馆、长治市武乡县王家峪八路军总部旧址景区、晋中市左权县麻田八路军纪念馆、八路军总部旧址—晋中市左权县晋冀鲁豫边区临时参议会旧址

[①] 中国新闻网. 山西发布20条红色旅游线路丰富游客选择[EB]. （2023-05-29）.https：//www.sx.chinanews.com.cn/news/2023/0529/222281.html.

等红色景区入选。同年山西省文化和旅游厅推出烽火太行之旅、英雄吕梁之旅、长城抗战之旅、走向胜利之旅等10条红色旅游线路。紧接着在2022年6月,山西省文化和旅游厅发布山西省20条红色旅游线路,覆盖全省11个市,150余处红色景点。这些线路将山西一个又一个"红色地标"串联起来,进一步提升了山西红色旅游的知名度。其中,红色旅游重点县——武乡县,2023年累计接待游客141.14万人次,门票收入1019.31万元,旅游总收入2892.02万元。①

(二)发挥教育功能,宣传推介不断走向多元

近年来,浓厚的红色氛围、良好的发展势头,使得红色旅游的教育功能进一步彰显,红色基因得以更好地赓续传承。革命纪念馆、革命旧址抓住机会,积极推选职工参加全国红色故事讲解大赛、全国红色旅游五好讲解员大赛、山西省红色故事讲解员大赛等比赛,提升红色故事讲解员队伍建设水平。同时,开展丰富多彩、形式多样的爱国主义教育活动;准确把握新时期中小学生教育需求,对广大青少年学生开展专业化、系统化、特色化的研学教育;充分发挥节庆活动的带动作用,特别是在国际博物馆日、文化和自然遗产日搭建文化旅游融合平台,彰显了文化渗透力,扩大了红色旅游影响力。

(三)创新融合发展,全域旅游业态不断丰富

长治市武乡县,全县拥有各类红色革命旧址1768处,包括县保及以上机构旧址223处。近年来武乡县着力打造以八路军总部王家峪旧址为核心,以八路军野战政治部下合村旧址、中共中央北方局党校上北漳旧址、中共中央北方局妇训班石圪垤旧址、前方鲁迅艺术学校下北漳旧址为四翼的"1+4"革命文物保护利用片区,投资实施本体修缮、外部环境整治、陈列布展、游

---

① 赵海鹏 唐婉静.春风浩荡 文旅花开——武乡县推动文旅深度融合激活全域旅游[N].上党晚报,2024-02-01(03).

客接待中心等项目，形成了以八路军总部王家峪旧址为中心的革命文物保护利用核心区、以八路军总部砖壁旧址为中心的革命文物密集区、以八路军太行纪念馆为中心的革命传统教育功能区。努力建设以八路军太行纪念馆、八路军文化园为依托的太行山军事文化产业园项目，平稳运营国家5A级旅游景区。还通过红色旅游专线提升景区关联度，串联"1+9"乡村片区沿线八路军总部王家峪旧址纪念馆、鲁艺旧址等红色资源，实现红色资源的串联展示，带动红色旅游快速发展。全国唯一以"八路军文化"为主题的大型文化节庆活动——八路军文化旅游节，已持续举办11届，成为长治乃至山西省的一张重要红色文化名片。

晋中市左权县，有十字岭左权将军殉难处、麻田八路军总部旧址纪念馆、晋冀鲁豫边区临时参议会旧址等著名革命文物资源。左权县围绕麻田八路军总部旧址片区、"桐峪1941"小镇、十字岭突围战历史文化园三大红色景区，打造"红色左权"板块。其中，"桐峪1941"小镇最具特色。桐峪镇，是抗战时期晋冀鲁豫边区临时参议会旧址所在地，存有八路军野战政治部、冀南银行印刷厂、冀太联办贸易总局等21处红色遗址，红色文化底蕴深厚。当地依托晋冀鲁豫边区临时参议会旧址和抗日革命根据地旧址，挖掘红色文化内涵，引入复合型产业，塑造具有地方特色的红色IP，"桐峪1941"小镇应运而生。项目总规划面积30余公顷，主要包括临参会旧址片区、老街片区、博物馆片区、商务中心等，旨在以实景穿越手法，最大程度还原复建遗址资源及历史故事，以沉浸式的体验方式，从经济、政治、文化三个角度，生动诠释敌后抗日根据地的发展之路，受到游客的热烈追捧。

三、问题和不足

（一）利用程度较低

在山西的红色旅游景点中，除了八路军太行纪念馆、黄崖洞景区、平型关大捷景区、百团大战纪念馆等"流量明星"外,还有数量巨大的红色文化遗址不为人知,许多有价值的重要的红色文旅资源仍然没有得到很好的保护和利用。在同类型红色文旅资源利用方面,县域间没有形成合力,存在单打独斗,甚至有互相拆台的现象。部分红色文化遗址虽然进行了修复,但参观内容单调,景区规划不合理,配套设施较差,无法满足游客"吃、住、行、游、购、娱"等多元化需求,缺乏吸引力和感染力,降低了游客再次前往旅游的意愿。

(二)保护难度较大

在调查中发现仍有许多不可移动革命文物的保护层级较低、产权复杂分散,其有效保护管理难度较大。这些革命旧址建筑大多分布在乡村,以民用或宗教建筑为主,已存在几十年、近百年,超过了建筑本身的使用寿命,亟须进行修缮。但是受文物保护层级的限制,无法获得来自财政资金的全面支持。在城镇化过程中,一些旧址建筑的所有权人或已离开农村,或是只有留守老人,难以负担起专业文物建筑的修缮费用。大量不可移动革命文物分布在刚刚脱贫的穷困县区,如果进行整体腾退,则成本过高,对于地方财政来说压力较大,制约了不可移动革命文物的保护和利用,也制约了革命文物在红色旅游发展中发挥的作用。

(三)融合性不够

革命文物大多分布在革命老区,以保护革命文物工作赋能老区红色旅游发展也是让革命文物"活起来"的应有之义。但从笔者调研结果来看,在推进革命文物保护利用与文化建设、旅游提质充分结合的目标下尚未达到理想效果。宏观上存在文旅融合政策供给与资源要素支撑不足,缺乏原创性、差异化改革举措的问题。红色旅游资源供给体系形式雷同、不够丰富;红色文化展示平面化、静态化,缺少沉浸式、数字化、智能化等展示手段;红色旅游演艺节目同质化；革命纪念场馆有效利用率不高。这些都导致革命文物资源在红色旅游高质量发展上的优势和潜力没有充分释放。

四、建议和措施

（一）切实提高站位

深刻认识加强革命文物保护在推进老区红色旅游高质量发展中的地位作用，解放思想、改革创新、狠抓落实，着力构建宣传、党史、教育、自然资源、住建、交通、文旅、文物等各部门通力合作、全社会共同参与的工作格局，共同开展革命文物保护利用，搭建红色文化和旅游融合发展平台，更好满足人民群众对高质量红色旅游的期盼。

（二）加强顶层设计

在政策上持续完善支持革命文物保护、发展红色旅游的政策体系，树立战略眼光，增强文化自信，提升发展定位，抓好政策协同，引导武乡、左权、兴县、右玉等基础较好地区对革命文物进行集中连片保护，带动红色旅游发展，打造吸引游客的经典景区，以点带面、辐射全域。借鉴陕西延安国家文物保护利用示范区、江西赣南中央苏区革命遗址保护利用工程的先进经验，在整体革命旧址保护利用水平大大提升的同时，提升景区基础设施建设水平，改善老区群众生活环境，推进革命文物保护利用与乡村振兴、老区振兴充分结合，与惠及民生、增进福祉充分结合。

（三）突出多元特色

加强革命文物保护利用的同时，依托三晋大地秀美自然风光、厚重黄河文化底蕴，深耕细分旅游市场，完善提升配套服务，丰富红色旅游的生态内涵，与时俱进研发"红色+绿色+古色"的精品线路，持续提升红色文化资源供给质量水平。要加强革命文物的研究阐释、提炼转化、展示传播培育工作，打造沉浸式红色实景演艺精品，推动红色旅游景区利用数字化手段丰富红色文化展示讲解方式，努力"让文物活起来"，切实将革命文物资源优势转化为红色旅游的产业优势和发展优势。

（四）坚持精准发力

鼓励引导各地立足地方文化特色、资源禀赋、经济水平和产业基础，探索更多革命文物原创性、差异化保护利用措施，积极争取中央财政转移支付和地方政府专项债券的倾斜支持力度，打造红色旅游融合发展示范区。培育壮大红色旅游市场主体，深研市场消费需求，深化拓展革命文物教育功能，设计符合不同年龄、不同群体认知特点的多样化主题教育活动，打造学习教育和实践活动品牌，激发消费潜力活力。全方位、高频次、大力度开展宣传推介，深入挖掘和准确提炼革命文物蕴含的历史价值、文化价值、纪念价值、教育价值、时代价值；讲好革命文物的故事，讲好中国共产党的故事，不断提升山西红色旅游品牌知名度、美誉度和影响力。

山西加强红色文化基因传承路径的对策研究[1]

山西大学历史文化学院 闫爱萍

摘 要：山西是一片拥有光荣革命传统的红色热土。山西境内保存了数量丰富、类型多样的红色文化资源，本文在基础层面对其进行谱系化整理，在理论层面对红色文化资源标识进行阐释的基础上，进而在实践层面对红色资源开发与利用提出相应的对策，最终构建"红色文化基因传承"的山西模式。

关键词：红色文化资源；红色基因；传承路径；对策研究

一、问题提出

习近平总书记指出："中国共产党的历史是一部丰富生动的教科书。"[2] 山西是一片具有光荣革命历史的红色热土，流淌着红色基因，传唱着英雄故事，拥有无比丰富的红色资源。2020年5月12日，习近平总书记在山西考察工作结束时的讲话中指出："山西也是具有光荣革命传统的地方，是八路军总部所在地，是抗日战争主战场之一，建立了晋绥、晋察冀、晋冀鲁豫抗日根据地，平型关大捷、百团大战等闻名中外，太行精神、吕梁精神是我

---

[1] 基金项目：八路军太行纪念馆——山西大学国家革命文物协同研究中心革命文物研究专项课题。

作者简介：闫爱萍，山西大学历史文化学院副教授，法学博士，硕士生导师。主要研究领域为文化旅游和关公文化。

[2] 郭予填.从党的奋斗历程中汲取智慧和力量[N].《人民日报》，2021-03-31.

们党宝贵的精神财富。这些都要充分挖掘和利用,以丰富多彩的历史文化、红色文化资源为山西发展提供精神力量。"[①] 习近平总书记的重要讲话重要指示为我们充分挖掘利用山西丰富红色资源,传承红色基因,弘扬新时代的革命精神,增强"四个意识"、坚定"四个自信"、做到"两个维护",坚定转型蹚新路决心,全方位推进高质量发展,奋力谱写全面建设社会主义现代化国家山西篇章,指明了方向、提供了遵循。因此,在摸清红色文化资源的底子,以期对于山西红色文化保护和开发提出相应的对策建议。

二、基础层面:山西红色文化遗产谱系化整理

(一)山西省红色文化遗产的数量与区域性分布

山西是全国红色文化资源的富集地。山西的红色文化资源几乎涵盖了从五四运动、大革命时期、国内革命战争时期、抗日战争时期、解放战争时期到社会主义改造建设和改革开放以来党的酝酿成立和发展壮大的各个历史时期。在广袤的三晋大地上,遍布着珍贵的"红色记忆",革命遗址、遗迹、各类纪念设施、馆藏藏品等形态丰富的革命文物构成了山西红色文化遗产的核心内容。而这些红色文化资源是发展红色旅游的物质基础,对于加强革命传统教育,增强全国人民特别是青少年的爱国感情,弘扬和培养民族精神,带动革命老区经济社会协调发展,都具有重要的现实意义和深远的历史意义[②]。

[①] 习近平. 论中国共产党的历史 [M]. 中央文献出版社,2021年.

[②] 中共中央办公厅、国务院办公厅.2004—2010年全国红色旅游发展规划纲要 [Z].2004.

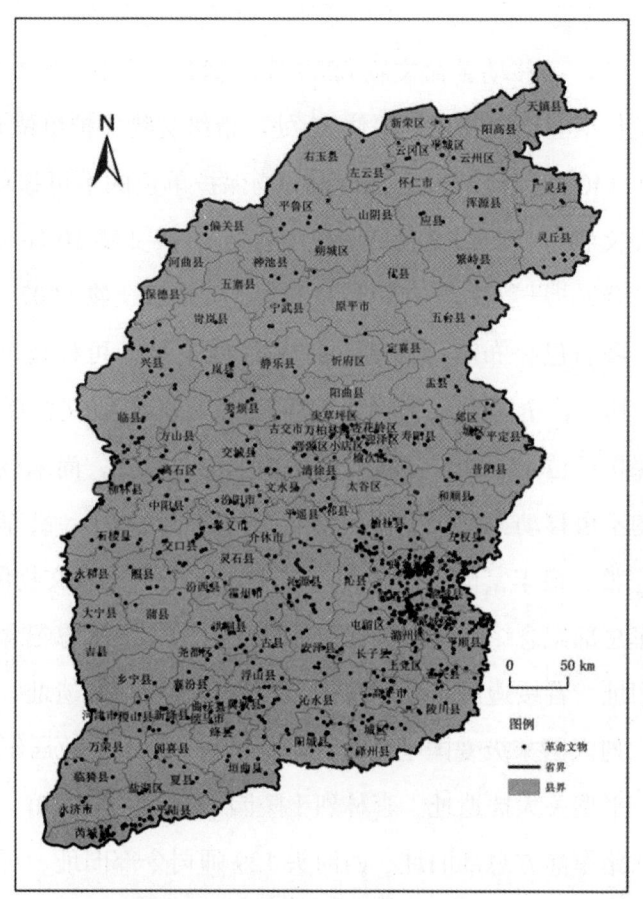

图1 山西省革命遗址分布图

根据山西省革命文物普查工作情况可知，2021年1月1日，山西省文物局公布了全省第一批革命文物名录，包括各级文物保护单位687处，珍贵文物4478件（套）。其中，山西省第一批不可移动革命文物名录包括全国重点文物保护单位22处、省级文物保护单位52处、市级文物保护单位79处、县级文物保护单位534处；第一批可移动革命文物名录包括一级文物541件（套）、二级文物251件（套）、三级文物3686件（套）[①]。2023年

[①] 山西省文物局.山西省文物局关于公布全省第一批革命文物名录的通知.(2021-01-01) http://wwj.shanxi.gov.cn/zwgk/tzgg_31117/qtgg/202210/t20221008_7229059.shtml

2月1日，山西省文物局公布了全省第二批革命文物名录，包括不可移动革命文物463处，可移动革命文物8289件（套）。其中，第二批不可移动革命文物名录包括省级文物保护单位20处，市级文物保护单位52处，县级文物保护单位140处，尚未核定公布为文物保护单位的不可移动文物251处；可移动革命文物包括一级文物20件（套），二级文物10件（套），三级文物102件（套），一般文物3150件（套），未定级文物5007件（套）[①]。

至此，我省已公布不可移动革命文物1150处，可移动革命文物12767件（套）。其中，全国重点文物保护单位22处、省级文物保护单位72处、市级文物保护单位131处、县级文物保护单位674处，尚未核定公布为文物保护单位的不可移动文物251处。在全国，是与八路军、红军东征有关的文物遗存最完整、最丰富的省份之一。其中列入全国重点文物保护单位的有：麻田八路军总部纪念馆、黄崖洞保卫战烈士陵园、白求恩纪念馆、朱德总司令在陵川旧址、晋绥边区革命纪念馆、晋绥军区司令部遗址、晋西北行政公署遗址等。列入国家级爱国主义教育基地的有：高君宇故居纪念馆、太原解放纪念馆、平型关大捷遗址、李林烈士陵园、刘胡兰纪念馆、红军东征纪念馆、麻田八路军前方总部旧址、西河头129师司令部旧址、百团大战纪念碑（群）、黄崖洞兵工厂遗址、中共中央北方局王家峪旧址、八路军太行纪念馆等。

"按照集中连片、突出重点、国家统筹、区划完整"的原则，2019年3月和2020年1月，中央宣传部、财政部、文化和旅游部、国家文物局先后确定公布了《革命文物保护利用片区分县名单（第一批）》和《革命文物保护利用片区分县名单（第二批）》共计37个革命文物保护利用片区的名单。从抗战时期革命根据地划分来说，山西省主要分为晋察冀革命文物保护利用片区（晋东北）、晋绥革命文物保护利用片区（晋西北）、晋冀豫革命文物保

[①] 山西省文物局.山西省文物局关于公布全省第二批革命文物名录的通知.(2023-02-01) https://wwj.shanxi.gov.cn/zwgk/tzgg_31117/qtgg/202302/t20230201_7903106.shtml

护利用片区（晋东南）。

山西省的"太原市、阳泉市、长治市、晋城市、晋中市、运城市、临汾市"等7个市54个县被纳入第一批基于抗日战争时期晋冀豫抗日根据地（八路军总部所在）而确定的晋冀豫革命文物保护利用片区之中。该片区共计革命文物797处，具体包括：太原市清徐县4处；阳泉市平定县9处；长治市上党区、屯留区、长子县等401处；晋城市城区、阳城县、泽州县等69处；晋中市榆次区、灵石县、平遥县等119处；运城市临猗县、万荣县、闻喜县等80处；临汾市曲沃县、霍州市、翼城县等115处。

山西省的"太原市、大同市、朔州市、晋中市、运城市、忻州市、临汾市、吕梁市"等8个市45个县被纳入第二批基于抗日战争时期晋绥抗日根据地而确定的晋绥革命文物保护利用片区之中。该片区共计革命文物297处，具体包括：太原市晋源区、清徐县、古交市、娄烦县等16处；大同市新荣区、平城区、云冈区等9处；朔州市朔城区、平鲁区、右玉县等14处；晋中市平遥县、灵石县、介休市等8处；运城市临猗县、万荣县、芮城县等32处；忻州市宁武县、静乐县、神池县等24处；临汾市襄汾县、乡宁县、汾西县等18处；吕梁市离石区、交城县、兴县等176处。

"太原市、大同市、阳泉市、朔州市、晋中市、忻州市"等6个市14个县被纳入第二批基于抗日战争时期晋察冀抗日根据地而确定的晋察冀革命文物保护利用片区之中。该片区共计革命文物64处，具体包括：太原市阳曲县2处；大同市云州区、天镇县、广灵县等20处；朔州市应县3处；晋中市寿阳县8处；忻州市定襄县、五台县、代县等25处。

太原市的清徐县；晋中市的平遥县、灵石县、介休市；运城市的临猗县、万荣县、芮城县、永济市；临汾市的襄汾县、乡宁县、汾西县共计48处革命文物同时属于晋绥片区和晋冀豫片区两个片区。晋中市的寿阳县共计8处革命文物同时属于晋察冀片区和晋冀豫片区两个片区。

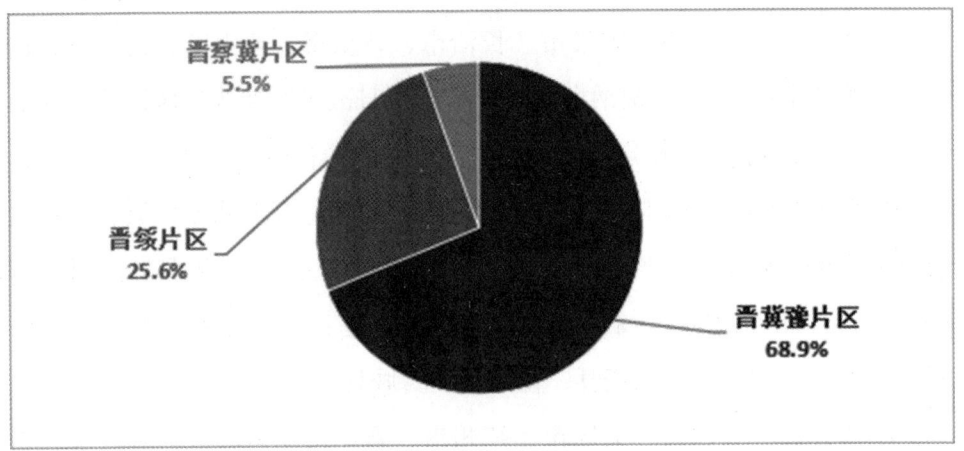

图2　山西革命文物革命片区分布图

（二）谱系化：山西红色文化资源现状

山西作为革命老区，因其地处太行山之西，中条山之北，吕梁山以东，恒山以南，关山险固，易守难攻，一直是兵家的战场，有着内部和外部的双重壁垒。五四运动前后，山西是最早响应、传播马克思主义，建立地方党组织和社会主义青年团组织的省份之一。中国早期的马克思主义者高君宇在太原组建社会主义青年团，开展革命活动，创立了中共太原支部——山西第一个党组织。1931年，九一八事变爆发。因山西东靠太行和华北平原，地势险峻，物产丰富，便成为日本侵华战争的重要目标。1935年，日本侵略者制造华北事变，整个华北处于危险之中，中国共产党率先与阎锡山建立抗日民族统一战线。八路军三大主力师挺进山西，山西成为华北抗战中心和敌后抗战的主要根据地。

1. 红色文化资源种类丰富

山西有许多重要军事要塞，山西省各地区保存着不同历史时期的遗迹、遗址，特别是抗日战争时期遗留下来的红色文化资源。从类型上来划分，主要有如下几类：

（1）战斗遗址类

山西的战斗遗址分布在全省各地，主要有上党战役北关战地旧址、灵丘县平型关大捷遗址、代县雁门关伏击战遗址、狮脑山百团大战遗址、夜袭阳明堡机场遗址、黄崖洞八路军兵工厂遗址等。这些战斗遗址是山西抗战精神的载体，是进行爱国主义教育的鲜活材料。

（2）烈士陵园类

山西有很多用来纪念革命先烈的陵园。主要有太原牛驼寨革命烈士陵园、武乡八路军烈士陵园、阳城太岳烈士陵园、运城烈士陵园、五台县烈士陵园、灵丘平型关烈士陵园等。

（3）纪念设施类

山西有很多纪念设施，包括武乡县八路军太行纪念馆、大同煤矿"万人坑"遗址纪念馆、石楼县红军东征纪念馆、中共太原支部旧址纪念馆、山西国民师范旧址革命活动纪念馆、太原解放纪念馆、昔阳县大寨展览馆、平顺西沟展览馆、蔡家崖晋绥边区革命纪念馆等。

（4）名人故居类

在革命和建设的不同时期，山西在党的领导下，培养出许许多多优秀的党员干部，同时也造就了数千名有能力治党、治军、治国的领导干部。他们不但在抗日战争时期不畏艰难、冲锋向前，在解放后仍然兢兢业业，为新中国的建设和发展贡献自己的力量。红色人物的故居是山西红色文化资源的重要组成部分，这些革命英雄身上的坚毅品质应该作为现在我们学习的榜样力量。合理地对红色故居进行保护和利用，也是对当时革命家和建设者的优良品质的一种传承。据统计，山西红色文化资源中，革命人物的故居有218处，分布在山西省各个市（县），在众多的名人故居中，较为出名的有徐向前故居、高君宇故居、彭真故居、陈永贵故居等。

2. 山西省红色文化资源空间分布广

从空间上来看，山西全省境内目前保存下来的革命遗址和纪念建筑物分布在11个市,特别是沿太行山、吕梁山及黄河一带,红色文化资源尤其集中。根据全省红色文化资源地理条件,分为五个重点红色资源分布区。

(1)晋东南太行红色文化区

以长治市和晋城市为核心。包括八路军太行纪念馆、八路军总司令部旧址、黄崖洞革命纪念地、百团大战砖壁指挥部旧址、八路军前方总部旧址、左权将军殉难处、老爷山革命战斗遗址、上党战役纪念馆、太行太岳烈士陵园、阳城太岳烈士陵园、阳城县坪泉抗日民主政府旧址等。

(2)晋西北红色文化区

以吕梁市为核心。包括晋绥边区政府及军区司令部旧址、蔡家崖晋绥边区革命纪念馆、晋绥烈士陵园、"四八"烈士纪念馆、红军东征总指挥部旧址、红军东征纪念馆、刘胡兰纪念馆等。

(3)晋北红色文化区

以大同市和忻州市为核心。包括灵丘县平型关大捷遗址、代县雁门关伏击战遗址、夜袭阳明堡机场遗址、大同煤矿"万人坑"遗址纪念馆、晋察冀军区司令部旧址、毛主席路居纪念馆、徐向前故居、西河头地道战遗址、忻口战役遗址等。

(4)晋中红色文化区

以太原市和晋中市为核心。包括中共太原支部旧址纪念馆、山西国民师范旧址革命活动纪念馆、高君宇故居、孙中山纪念馆、太原解放纪念馆、八路军前方总部旧址等。

(5)晋南红色文化区

以临汾市和运城市为核心。包括临汾烈士陵园、运城烈士陵园、夏县平民中学旧址、嘉康杰故居和陵墓等。

3.山西省红色文化资源时间跨度长

从时间上来看,红色文化遗产主要分为:

(1)新民主主义革命早期

山西人民在中国共产党的领导下前赴后继，英勇奋斗，为实现民族独立、人民解放做出过重大贡献。五四运动前后，山西是最早响应、传播马克思主义，建立地方党组织和社会主义青年团组织较早的省份之一。1924年夏，高君宇受李大钊的派遣回山西开展国共合作，创立了中共太原支部——山西第一个党组织。1927年中共山西省委在全省30多个县建立了党组织，党员人数千余人。

（2）土地革命时期

山西是我国北方开展革命武装斗争最早的省份之一。1931年中共山西特委领导、创建的中国工农红军晋西游击队和第二十四军，是北方第一支正规红军，在山陕坚持武装斗争，并为红军主力东征奠定了基础。1936年2月20日，毛泽东亲率红军东征山西、转战50余县，在山西播下了抗日的火种，为全国抗日民族统一战线的形成和山西抗日根据地的建立，创造了有利的契机和条件。山西是红军北上抗日的战略通道和前进阵地，石楼县红军东征纪念馆、山西国民师范旧址革命活动纪念馆是这一时期的代表性红色资源。

（3）抗战初期

薄一波接办、领导的山西牺牲救国同盟会（简称牺盟会），成为党领导的动员、组织、武装群众抗日救亡的团体，培养了一大批领导抗日救亡工作的骨干，被毛泽东称赞为"我们党统一战线政策的一个成功的例证"。

（4）解放战争时期

山西成为全国解放的前进基地、重要兵源基地、后勤保障基地、干部输出基地，也就是夺取全国胜利的重要战略基地，同时成为开国领袖和将帅留下光辉足迹最多的省份之一。1955年至1965年授衔的将帅中，十大元帅的全部，十位大将中的9位，57位上将中的42位，177位中将中的103位，1360位少将中的838位，共1002位开国将帅曾经在山西这方热土上挥师作战、浴血奋斗，并与太行、吕梁人民结下永世难忘的深情厚谊，同时也构成了别具特色的环太行山、吕梁山和沿黄河带的"红色之旅"景观群,还形成了西起临县碛口,经岢岚、五台山,东至河北平山,连接延安和西柏坡的中共中央胜利征程的中线红色旅游线路。

(5) 中华人民共和国建立

山西人民在党的领导下,用勤劳的双手和汗水,在三晋大地上描绘出一幅幅气势磅礴、感人肺腑的绚丽画卷,铸就了以自力更生、艰苦奋斗为核心内涵的生产建设精神等,以及开创万家寨引黄枢纽工程、平朔大露天煤矿、太旧高速公路等伟大之举。

三、理论层面:山西省红色文化资源精神谱系

(一)太行精神

巍巍太行,与众不同,拥有革命英雄主义不怕牺牲、不畏艰险的精神。在国家和民族处于危亡边缘的抗日战争中,中国共产党领导太行儿女浴血奋战在巍巍太行山上,用生命、鲜血和钢铁般的斗志,依托有利地形,同侵华日寇展开殊死搏斗,不怕斗争环境险恶,无惧斗争条件极其艰难、复杂、曲折,八路军依靠广大人民群众的拥护与支持,打破了日军"不可战胜的神话",取得抗日斗争一个又一个的胜利,振奋了全国人心,加强了全国人民抗战必胜的信念,形成了难能可贵的不怕牺牲、不畏艰险的太行精神。太行精神的实质与要义就是:不怕牺牲、不畏艰险;百折不挠、艰苦奋斗;万众一心、敢于胜利;英勇奋斗、无私奉献。

(二)吕梁精神

革命战争年代,吕梁儿女用鲜血和生命铸就了伟大的吕梁精神。我们要把这种精神用在当今时代,继续为老百姓能过上幸福生活、为中华民族伟大复兴而奋斗。土地革命时期,吕梁诞生了山西第一支工农武装、第一个县级

红色政权,是红军东征主战场、晋绥边区首府和中央后委机关所在地。抗日战争时期,以吕梁为中心的敌后抗日根据地,既是阻敌西进的坚固屏障,又是保卫延安党中央与陕甘宁边区的前卫阵地。1940年至1945年,晋绥边区支援中央的经费占到边区财政的50%至60%,其中吕梁几个专区的支缓经费就占到了总数的70%。吕梁3万余儿女加入八路军,为抗战胜利做出了贡献。在异常艰险的革命斗争中,吕梁儿女前仆后继、不屈不挠,顽强奋战、无私奉献,甚至不惜牺牲自己的生命,涌现出贺昌、刘胡兰、刘少白等无数仁人志士,他们用生命和鲜血谱写了老区人民奉献革命的壮丽篇章。

（三）八路军故乡

地处太行之巅的小县城,被称为民族脊梁的武乡在新中国人们的记忆中留下了浓重的印痕。从1937年11月开始,八路军总部机关曾先后五次进驻,中共中央北方局等重要机关在此长期驻扎,武乡成为华北抗战的指挥中枢。全面抗战中,八路军首脑机关在武乡先后驻扎536天,是驻扎时间最长的县;先后有8个旅、31个团在武乡战斗生活。这里留下了一代开国元勋、将领的光辉足迹,刘少奇、朱德、任弼时、彭德怀、杨尚昆、邓小平、刘伯承、徐向前、聂荣臻、薄一波、罗瑞卿等一大批老一辈革命家都曾在此运筹帷幄,开国将领中5位元帅、5位大将、19位上将、49位中将、300位少将都曾在此战斗、工作和生活。其间,党领导抗日军民进行大小战斗6368次,歼敌28830人,抗日根据地在这儿得到发展,八路军队伍在这儿得到壮大,武乡,成为八路军抗日的坚实基地和幸运福地。全面抗战中,淳朴善良的武乡人民在中国共产党的领导下,"出粮、出兵、出干部",抗战支前,英勇献身。全面抗战中,武乡全民投身于抗战洪流中,一批又一批优秀干部调往各地,仅从武乡调出的区级以上干部就达5400名,正式载入英名录的烈士达3200多名。武乡,为中华民族的解放事业做出了巨大的牺牲和贡献,是全国抗日模范县,被誉为"八路军的故乡、子弟兵的摇篮"。

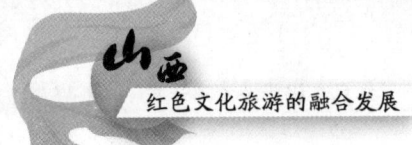

（四）右玉精神

右玉精神是右玉干部群众发扬优良革命传统，70多年坚持不懈治沙造林孕育铸就的宝贵精神财富，是中国共产党人精神谱系的重要组成部分，是伟大建党精神在三晋大地的生动实践。右玉精神体现的是全心全意为人民服务。为中国人民谋幸福、为中华民族谋复兴，是中国共产党人的初心和使命。70多年来，右玉党员干部带领群众坚持植树造林，以坚定的理想信念坚守着共产党人的初心使命，以实际行动诠释了全心全意为人民服务的宗旨，终使右玉改天换地，在毛乌素沙漠边缘建设出一个生机勃勃的生态县城，创造了山川变绿洲的"塞上奇迹"。

右玉精神体现的是迎难而上、艰苦奋斗。艰苦奋斗是党的优良传统，苦干实干、开拓进取，知重负重、攻坚克难是共产党人应有的本色。右玉精神的铸造过程中，艰苦奋斗作风得到了充分发扬。履行着"人要在右玉生存，树要在右玉扎根"的誓言，右玉党员干部一把铁锹两只手与群众一块苦、一块干，以"只要精神不滑坡，办法总比困难多"的英雄气概，以"觉悟加义务，镢头加窝头，苦干加实干"的劲头，种下一片片绿色，收获一次次希望，终将日月换新天。

右玉精神体现的是久久为功、利在长远。70多年来21任县委书记以"功成不必在我"的精神境界，行其所当行、止其所当止，为右玉精神注入了久久为功、利在长远的宝贵基因，也为新时代干部队伍建设提供了重要的价值坐标。用一位右玉县委书记的话说，"我们既要站在前人的肩膀上继续攀登，又要甘为后来者的人梯。"70余载艰苦卓绝的绿化之路，是驰而不息、久久为功精神的接力，也是利在长远、"功成不必在我"境界的升华。

四、政策与对策：与时俱进的"红色基因工程建设"

（一）地方化法规与政策：山西模式

2015年3月，十二届全国人大三次会议修改立法法，赋予所有设区的市有地方立法权。该法规定，设区的市的人民代表大会及其常务委员会可以对城乡建设与管理、环境保护、历史文化保护等方面的事项制定地方性法规。此法为山西省通过立法保护和利用红色资源提供了法律保障。

为推动山西红色资源的保护利用，促进红色文化资源的合理利用，开展爱国主义和革命传统教育，2016年山西省发展和改革委员会、山西省文化厅近日联合印发《山西省"十三五"红色文化传承保护与发展规划》，提出着力打造"太行精神""吕梁精神"等红色名片，以太行山、吕梁山为重点建设红色文化资源集中连片保护区，构建红色文化传承保护、开发利用和政策保障机制，实施红色文化资源保护、理论研究、开发利用、精品创作、宣传教育五大任务。

2019年出台了《山西省革命文物保护利用工程实施方案》。山西省2019年9月27日山西省第十三届人民代表大会常务委员会第十三次会议通过《山西省红色文化遗址保护利用条例》，该条例为全国首部省级红色文化遗址保护条例，于2019年10月1日起施行，目的是加强对红色文化遗址的保护，推进红色文化遗址的合理利用。该条例规定县级以上人民政府文物、退役军人事务行政主管部门按照各自职责，负责红色文化遗址的保护利用工作。同时建立红色文化遗址保护利用工作联席会议制度。在资金保障方面，建立了红色文化遗址的分级保护，与文物的4级保护平行。除了国家级文保单位外，所有红色文化遗址均按照认定标准纳入省、市、县三级红色文化遗址保护名录。

山西省拥有红色文化遗址3400多处，分布在太行、吕梁山区，数量多、分布广、保护难度大，将这些资源的保护利用纳入法治化轨道十分必要。该条例在红色文化遗址的调查、认定、保护、管理、合理利用及法律责任等方面作了明确规定，建立起分级保护制度、社会力量参与保护利用制度，确定省级、市级、县级红色文化遗址保护名录。

2020年12月13日，阳泉市人大工作与理论研究会组织召开红色文化遗址保护利用专题座谈会，会议由山西新东律师事务所承办，邀请市委宣传部、市委政研室、市委党史研究室、市文旅局、市政协社会法制委等部门单位有关领导和专家学者30余人，围绕为"中共创建第一城"品牌与遗址保护利用立法进行调研和座谈。

（二）因地制宜：红色基因+模式探索

朔州市右玉县是山西省红色旅游发展的典型案例，也是全国红色旅游发展的典型案例。2011年以来，习近平总书记先后六次对右玉精神做出了重要指示。近年来，在右玉县委、县政府的不断努力下，该县持续推进文化旅游进一步发展，兴办以右玉精神为主题的建设项目，大批"旅游+文化"的红色精神、绿色植树体验等游学研精品产品持续推出，文旅融合发展渐入佳境。2009年，右玉县被评为4A级旅游景区，现已成为红色旅游与干部党性教育的重要阵地。右玉凭借丰厚的历史文化底蕴，良好的自然生态环境，全面挖掘红色文化资源，为文旅融合转型发展增添新动能。"红色旅游+"模式的探索，让文化旅游业成为右玉县产业发展的主要力量。

为了传承红色基因、利用红色资源、发扬红色传统。2021年4月，平顺县西沟展览馆充分发挥全国爱国主义教育基地的作用，深入挖掘、保护和利用红色资源，开展形式多样的党史学习教育，把党史IP教育贯穿于实际工作全过程，让教育基地成为干部群众学习党的历史、传承红色基因、加强党性锻炼、坚定理想信念的重要载体。该展览馆运用云直播、云展览等融媒体方式，开展网上宣传教育活动，营造全领域覆盖、全媒体传播、全社会参与的浓厚氛围，激发广大党员干部群众的爱国热情，凝聚奋进力量。

2021年6月26日，在彭真生平暨中共太原支部旧址纪念馆举办了一场名为《伟大开端——中国共产党创建历史图片展》的活动。本次活动由中共一大纪念馆、彭真生平暨中共太原支部旧址纪念馆主办，山西老区职业技术学院协办，展览持续至当年12月31日。

以一系列革命文献、革命战争遗址、文学文艺作品、革命歌曲、重要历史人物和重大历史事件等红色文化资源为载体，保护和利用好红色资源，发扬传承红色精神；革命博物馆、纪念馆、烈士陵园等是党和国家的红色基因库，充分利用这些红色文化载体开展教育活动，通过革命先烈的故事产生激励作用，以此不断提升红色文化的感召力。

红色文化资源是党团结领导人民在实现中华民族的解放、社会主义建设和中华民族伟大复兴实践中产生的特有的精神财富，山西拥有特殊的地理位置，并且由于历史原因，当地人民在相应时期做出了不可磨灭的历史贡献，是一个具有光荣革命传统的省份，从新民主主义革命到社会义义革命，在民族独立和人民解放的进程中，留下了丰富的红色文化资源，山西省蕴含着丰富的革命精神和厚重的历史文化内涵，故保护和充分利用这些红色资源既是尊重革命历史和传承红色传统的需要，也是丰富人们的精神生活和促进山西省全面发展的需要。

（三）与时俱进：红色基因工程传承对策研究

1. 打造旅游目的地

通过建设旅游目的地，开发红色旅游，主要适用于红色旅游资源数量多、历史价值大、教育意义强、分布地域广、资源聚集度高的地区，尤其是那些以城市为红色旅游资源载体的地区，例如：延安是中国的革命圣地，延安市共有革命旧址三百五十多处，是全国保存最完整、面积最大的革命旧址群，还有抗大纪念馆、南泥湾纪念馆等纪念性建筑。延安市在旅游发展过程中，坚持以红色旅游资源为主，其他旅游资源为辅的方针，抓住旅游资源多样性的特色，构建"红色革命圣地、黄土高原风情文化、绿色生态森林公园"为主题的"红、黄、绿"三大品牌相结合的旅游产品体系。

2. 建设红色旅游区

通过建设红色旅游区开发红色旅游,主要适用于红色旅游资源数量较多、历史价值大、教育意义强、分布地域较小、资源聚集度较高的地区,例如:四川省松潘县。松潘县政府围绕毛儿盖会议旧址、包座战役遗址、红军长征纪念碑碑园、纪念馆等,统筹规划,建设红色旅游区。同时,结合古大唐松州、黄龙风景名胜区,以"红色长征路,绿色黄龙行"为主题,推出旅游线路。并在此基础上,开展"我们在金碑下宣誓"、"雪山草地夏令营"等活动,为旅游者创设参与和体验旅游的平台,增强红色旅游的吸引力、感染力。重温革命历史、重走胜利之路,感受红军艰苦卓绝、波澜壮阔的奋斗历程,使旅游者更加深刻地理解长征精神。

3. 完善展示陈列空间

在革命活动涉及的地域广大,历史事件意义重大,人物众多,革命文物的种类和数量较多、规模较小,又不具有较高的资源聚集度的情况下,建立纪念馆、陈列馆或博物馆,是开发红色旅游的最佳途径。例如:上海"一大"会址纪念馆、嘉兴南湖革命纪念馆、天津平津战役纪念馆、徐州淮海战役纪念馆、沈阳"九·一八"历史博物馆、北京中国人民抗日战争纪念馆、侵华日军南京大屠杀遇难同胞纪念馆等等。诸如此类的纪念馆、陈列馆或博物馆,通常在馆藏革命文物等资源基础上,使用现代化的展示手段,大视野、多侧面、多角度、多形式地展示那些峥嵘岁月的某个片段的全景,教育游人不忘过去,牢记历史。同时,纪念馆、陈列馆或博物馆也可以作为一个旅游景点,与其他旅游景点共存共荣,互利双赢。例如:"一大"会址纪念馆和新天地,都是上海都市旅游的亮点。

4. 建设纪念碑及广场

为了纪念重大的革命历史事件、革命领袖或英雄人物,建立纪念碑及广场,是开发红色旅游的重要方法之一。例如:南昌八一起义纪念碑及广场、重庆解放碑及广场、郑州二七大罢工纪念碑及广场、句容新四军苏南抗战胜利纪念碑及广场，以及遍布全国各地的解放纪念碑等等。纪念碑及广场，以高度抽象并极具视觉震撼力的方式，以庄严肃穆的沉默，直指人心，定格历史，昭示革命精神。此外，纪念碑及广场往往是一个城市或旅游区的标志性建筑，让旅游者记忆深刻。而且，广场周边还可以配置其他旅游设施，为当地居民和旅游者提供舒适的游憩场所。

5. 拓展烈士陵园的旅游功能

为了中华民族的独立、自由和解放，无数革命先烈从容就义，青山处处埋葬忠骨，烈士墓、烈士陵园遍布华夏大地，是革命传统教育和爱国主义教育的主要基地。多数陵园依然单纯是人们寄托哀思、接受教育的圣地，少数陵园开始尝试功能的多样化，在传统活动的基础上，拓展旅游功能。例如：上海龙华烈士陵园、南京雨花台烈士陵园、泾县皖南事变烈士陵园、哈尔滨东北烈士陵园等等。此外，在陵园修葺时，可以充分借鉴国际经验，例如：法国的诺曼底登陆阵亡将士陵园、美国的越战军人墙等。陵园环境必须庄严肃穆，质朴清新，切忌建筑质量低劣，建材使用不当，建筑样式庸俗。展示历史事件和烈士事迹，必须真实全面，并且展示手段要多样化。

6. 易地重建和原址保护

为了适应当地社会经济发展的需要，对重要的文物古迹易地重建，在古迹保护实践中屡见不鲜。在红色旅游开发过程中，对历史意义重大、文物价值极高的革命旧址及其他文物进行易地重建，西柏坡就是成功的例证。原址保护适用于那些规模不大、地处偏远，但具有较高历史意义和文物价值的革命旧址。虽然现在开发困难，但是可以保护历史，留待将来。例如：延安和井冈山的革命旧址都很多，但他们并没有盲目地进行全面开发，而是对那些缺乏开发条件的旧址进行了原址保护。

新时代山西红色文艺资源的活化传承①

山西师范大学文学院　段　俊

摘　要：山西红色文艺资源丰富，底蕴深厚，是具有政治教育、经济发展、文化传播等价值和功能的综合性文化资源。山西红色文艺资源包括物质和非物质资源，真实生动地反映了新民主主义时期人民生产、生活和斗争的风貌，呈现出中国革命的基本文化内涵和形态。遵循以保护为基础、合理传承的原则，在全面普查红色文艺遗产的基础上，运用数字信息技术，建立保护传承体系，保护文艺传承者。在新形势下开拓红色文艺资源活化传承的新路径，与文化旅游相结合，打造戏剧影视精品，树立红色经济品牌，实施文化产业人才培养战略，以此突显山西文化的厚重力，提升山西文化的传播力，扩大山西文化的影响力。

关键词：山西；红色文艺资源；活化传承

山西红色文艺资源丰富多元，文化底蕴深厚。全面抗战时期，山西作为中国抗战的主战场之一，也是华北根据地的中心，产生了诸多震撼人心、流传久远的红色文艺作品，战争与文化宣传形成互动关系。"红色文艺资源"是 1990 年代中国 "红色旅游" 兴起后逐渐形成的概念。特别是在 2004 年中

---

① 基金项目：山西省社科联 2024 至 2025 年度重点课题 "山西革命戏剧文物资源整理与保护利用研究"（SSKLZDKT2024019）；山西省研究生教育教学改革项目 "立德树人视阈下文学研究生教育教学模式改革与实践"（2021YJJG128）。

作者简介：段俊，山西师范大学文学院教授，博士，硕士生导师，主要从事红色文艺、文化产业、中国现当代文学研究。

共中央办公厅、国务院办公厅印发《2004—2010年度全国红色旅游发展规划纲要》后，红色文艺受到持续关注。"山西红色文艺资源"即指新民主主义革命时期在中国共产党的领导下，由共产党人、山西革命根据地的先进分子与民众共同创造的具有山西特色的先进文艺，以红色文艺作品、创作者及所承载的革命精神为代表。

山西红色文艺是山西红色文化也是中国红色文化的重要组成部分，是中华优秀传统文化与社会主义核心价值观的重要内容。山西红色文艺资源是开展山西红色旅游的有效载体，具有政治教育、经济发展、文化传播等综合性价值与功能。山西红色文艺资源的活化传承，是对习近平总书记"要把红色资源利用好、把红色传统发扬好、把红色基因传承好"[①]"弘扬革命文化，传承中华优秀传统文化"[②]的重要指示精神及全面深化改革重要思想的鲜活表达，是对以爱国主义为核心的民族精神的传承和弘扬，也是对自强不息、改革创新的时代精神的礼赞和颂扬。目前对于山西红色文艺资源的发掘，主要集中在红色文物、革命遗址等物质文化资源的发掘上，而对红色曲艺、革命诗歌、战斗随笔等非物质红色文艺遗产的发掘和研究还相对薄弱。目前关于山西红色文化资源的研究，多聚焦于区域红色文化的价值和精神研究、山西红色文化与区域经济发展间的关系研究、山西红色旅游资源的现状分析研究[③]。对山西红色文艺资源保护与开发的研究不足，缺乏有针对性的专门保护措施和有效的开发策略。因此，研究山西红色文艺资源的传承具有很大的必要性。

一、山西红色文艺资源的多元丰富性

山西红色文艺以民族斗争、革命斗争和生产建设为基本题材，反映了在

---

① 2014年12月14日习近平总书记在视察南京军区机关时提出。
② 2022年10月16日习近平总书记在中国共产党第二十次全国代表大会的报告上提出。
③ 主要研究有胡苏平《红色三晋》、马福运《红旗渠精神》、胡苏平《弘扬太行精神，加快转型跨越发展》、段婧《依托红色文化助推地方经济转型发展的困境与建议——以山西武乡为例》、王霞《山西红色旅游开发的现状及其对策》等。

中国共产党领导下山西根据地人民斗争、生产和生活的历史风貌，缔造了以赵树理、西戎、马烽、胡正、洪荒、胡可、力群等为代表的文艺家群体，推动了根据地戏剧、小说、诗歌、散文等文艺作品空前的创作热潮。这些红色文艺反映了革命根据地基层革命文化的基本内容及形态，从一个侧面也呈现出中国革命的基本文化内涵和形态。

山西红色文艺资源包括物质和非物质红色文艺资源。物质红色文艺资源主要有红色文艺活动的旧址遗址、文艺者故居旧居、墓地、碑刻、文艺遗存物品等，真切呈现了革命岁月中文艺者的革命文艺活动及战斗与生活实景。非物质红色文艺资源包含抗战戏剧曲艺、革命诗歌、革命小说、革命英雄回忆录、战斗随笔、革命歌曲等，全面反映了日本侵华战争给中国人民带来的深重灾难，揭露了侵略者的残暴行径，广泛介绍了中华儿女在反法西斯战争中的英勇行为和正义言论，缅怀先烈和民族英雄，表现了在抗日民族统一战线下共产党领导团结全民族反侵略的历史功绩。

表1 山西红色文艺资源名录[①]

	类别	代表作品
非物质文艺资源	抗战戏剧曲艺	《插翅虎》（张季纯，独幕话剧）、《参选》（集体创作，独幕话剧）、《万象楼》《邺宫图》《韩玉娘》（赵树理，上党梆子剧）、《王德锁减租》（西戎、孙谦、常功、卢梦集体创作，眉户剧）、《小二黑结婚》（张万一，秧歌剧）、《打得好》（成荫，话剧）、《闹对了》（孙谦，秧歌剧）、《大家好》（华纯、刘五、郭瑞、韩果集体创作，秧歌剧）、《劳动英雄回家》（王炎、刘锡琳作，秧歌剧）、《三个女婿拜新年》（王炎等集体编写）、《以毒攻毒》（林杉，秧歌剧）、《兄妹开荒》（王大化，秧歌剧）、《比赛》（洪荒，歌剧）、《开荒一日》（严寄洲，眉户剧）、《夫妻劳军》（林杉，秧歌剧）、《刘保成》（林杉，山西梆子）、《新屯堡》（马利民，梆子剧）；《战斗和生产结合——一等英雄庞如林》（赵树理，鼓词）、《老雇农杨树山》（王思奇，鼓词）

[①] 本表资料主要来源：张学新.中国人民解放军文艺史料选编[M].北京：解放军出版社，1988；武汉大学出版社，八路军太行纪念馆.八路军抗战文艺作品整理与研究[M].武汉：武汉大学出版社，2015；晋察冀文艺研究组.文艺战士话当年[M].北京：文化艺术出版社，1986；抗战日报；晋察冀日报；解放日报；人民日报。

续表

	类别	代表作品
非物质文艺资源	革命诗歌	《忆蒋弼》《再见吧，延安》《受难的人及其他》《纪念塔》《农妇曲》《秋天的早晨》《牧人》《高原的月》《李大爹》《红鼻子和老马的故事》《前家儿》《鹰——史诗的名字》《穷人》《街头速写》《路》《草原牧歌——羊毛车》《黎明》《煤之歌》《奴隶恋歌》《"不平凡"相》《江边小唱》《我的歌》《草原牧歌》《我的诗，永远是年轻的》《迎接新的年代》《鬼森林》《连续的歌》《牧马》《六月的风沙》《给太阳》《我的笔》《夜》《马群》《农村的歌》《六月的北方》《祖母》《老陈换上了军衣》《夜航船》
	革命小说	《吕梁英雄传》(马烽，西戎)、《李有才板话》(赵树理)、《李德昌围困沁源》(郑东)、《摔龙王》(王铁)、《李勇大摆地雷阵》《贾希哲夜夜下西庄》《牛老娘娘拉毛驴》《阎荣堂九死一生》(邵子南)、《侯哥弹和他们的少年队》(胡海)、《最后一颗手榴弹》(田间)、《碑》《民兵夏收》(胡正)、《海上的遭遇——纪念彭雄田守尧诸同志殉难一周年》(刘白羽，吴伯箫，金肇野，周而复集体创作)、《我终于见着了他》(白嘉)、《我们的尖兵班》(行者)、《大旗》《霜夜》《麦子黄时》《月黑夜》《春子姑娘》(杨朔)、《回头》《英勇的畅安寿》《地道》《七勇士》《小鬼》《那孩子可好了》《小号兵》《卫生员在战斗中》《这是自己的事》《再上前线》《追》《小洪的故事》《伙伴》《胜利归来的许忠恕》《回想边树才》《红灯》《破铁路与剪电线》《三颗手榴弹》《妙计》《正太线上》《抬棺杀敌》《麻雀侦察的故事》《一次壮烈的战斗》《炸桥》《套狼》《纺线的老太太》《小秃子》《美满家庭》
	革命英雄回忆录	战斗英雄回忆录：《刘进的故事》(恽和)、《民兵英雄段兴玉》(初文)、《群众热爱着的李教导员》《模范政治委员吴岱》《晋西北战斗英雄吴士正》《模范支书王永前》《模范连长王耀斌》《邓连长和袁指导员》《团政委王典隆》《模范革命军人张治国》《晋察冀战斗英雄邓世军》《拥政爱民楷模门排长》；劳动英雄回忆录：《张初元的故事》(马烽)、《李顺达的翻身故事》(平顺联合办)
	战斗随笔	《响堂铺》(吴伯箫)、《第七七二团在太行山一带》(卞之琳)、《沁源人民》(周立波)、《青菜及其他》(葛陵)、《距离》(贾植芳)、《韩略伏击战》《窑洞阵地战》《黄河上》《围困蟠龙的第六连》《围困蟠龙的故事》《郭村战斗中的机枪班》《围困榆社的几个故事》《胡蛮岭歼敌记》《强袭沁源之役》《围困沁源的蔡团》《围困敌人，保卫群众过新年》《战斗在太行山上》《草庄头据点的覆灭》《"确保区"的一天》《杨会崖的伏击》

续表

类别		代表作品
非物质文艺资源	革命歌曲	《山西青年抗敌决死队之歌》（夏川词）、《游击小组歌》《吕梁山青年抗敌决死队进行曲》《牺盟大合唱》《山西农民救国会会歌》（傅东岱词，冼星海曲）、《左权将军之歌》（王恕先、皇甫束玉、阎濂甫词曲）、《解放区的天》（刘西林词曲）、《黄河大合唱》（光未然词，冼星海曲）、《反"扫荡"》（李伟词曲）、《我们要武装》（蒋弼词，朱杰民曲）、《民兵队歌》（洪荒词，周沛然曲）、《华北颂》（蔡其矫词，刘流曲）、《石雷战》（朱克英词，海啸曲）、《全家忙》（洪飞、振华词曲）、《学习再学习》（弓长词，张晋德曲）、《青纱帐》（流模词，刘汉章曲）、《妇女要生产》（马琰词，常苏民曲）、《党在敌后方》（唐成银词，安春振曲）、《儿童团歌》（石丁词，杨戈曲）、《变工好》（徐颖词曲）、《选村长》（谷军词，左江曲）、《欢庆胜利》（孟贵彬词曲）、《保卫雁北》（白云山词曲）、《秋风曲》（阮章竞词曲）、《朱德将军歌》（李伟词曲）、《团结抗战》《妇女要生产》《军队向前进》《二一三旅歌》（李公朴词曲）、《红都炮台》、《黄崖洞大胜利》、《窑洞保卫战》、《大刀进行曲》（麦新词曲）、《上起刺刀来》（周巍峙曲）
物质文艺资源	红色文艺活动旧址	旧址：鲁艺校部旧址（武乡县下北漳村）、《新华日报》社旧址（左权县麻田镇山庄村）、平定县马克思主义读书会遗址、三义庙——八路军第129师抗日动员会旧址（盂县）、平定（路北）县委县政府通讯社新闻部旧址、兴县蔡家崖乡晋绥边区革命活动旧址、《晋绥日报》社旧址（兴县高家村镇高家村）、《太岳日报》社旧址（阳城县后沟村，今鸣凤社区）、晋冀鲁豫边区临时参议会会址（左权桐峪镇桐滩村）；戏台：太谷马定夫村戏台、左权桐峪镇老爷庙倒座戏台、兴县东关火神庙戏台、临县西门外老爷庙戏台、临县陆家沿戏台
	文艺者故居	赵树理旧居（太原市杏花岭区南华门15号）、赵树理故居（晋城市沁水县加丰镇尉迟村）、西戎故居（蒲县西坡村）、马烽故居（汾阳贾家庄）、亚马故居（平定县石村）
	文艺遗存物品	手稿、印刷文本、照片、广告宣传资料、服饰、道具、乐器、徽章

抗战戏剧是抗战时期最为丰富的红色文艺资源，在民众中流传最为广远，起到了积极的抗战宣传作用。其中，赵树理的抗战剧影响巨大。1942年赵树理创作的上党梆子现代戏《万象楼》[1]，是他调至太行区党委宣传部工作时写成的。戏剧演绎了抗战斗争过程中出现的新问题，以批判的形式教育农村大众，具有强烈的现实性。《万象楼》是赵树理戏剧创作的一个新起点，开创了"问题戏剧"的先河，在传统形式与时代内容的结合上做了有益的尝试，是践行大众化文艺思想的重要成果。《万象楼》在创作之后，便首先在太行根据地上演流传。1942年5月武西战斗剧团在武西县南家沟进行了首演。1944年11月武乡光明剧团在黎城县南委泉召开的太行首届群英大会上演出该剧。赵树理创作改编的上党梆子《邺宫图》《韩玉娘》弘扬民族气节，揭露奸伪丑态，激励反抗精神，由襄垣农村剧团、武乡光明剧团等在抗日根据地巡回公演。

襄武秧歌剧《小二黑结婚》[2]，是1943年武乡籍剧作家张万一根据赵树理1943年5月创作的同名小说改编而成的，由武乡光明剧团首次排演，并成为襄武秧歌剧种的保留戏目。张万一的剧作将小说中的典型题材作了升华，通过冲突强烈、重心明确的剧情，对农村基层大众形成了正确的引导，为民众指明了一条通向"小二黑"的道路。

眉户剧《王德锁减租》[3]由西戎、孙谦等于1944年集体创作而成。戏剧具有强烈的现实性和鲜明的时效特征，围绕根据地减租减息运动这一中心，反映了基层政治民主运动、变工互助生产运动、改造二流子运动，多元而真实地描绘出根据地建设运动的全貌。该剧获得1944年晋绥边区纪念抗战七周年"七七七"文艺奖征集活动戏剧类"甲等奖"。剧作一经面世，便由晋绥七月剧社及时排演，在晋西北各县演出。至1946年，累计演出达百余场，

---

[1] 赵树理.万象楼[M]// 赵树理文集（三）.北京：中国工人出版社，1980：939-959.
[2] 张万一.小二黑结婚[M]// 张万一剧作选.太原：北岳文艺出版社，1991：103-164.
[3] 杜学文.革命战士人民作家——西戎的生平与创作[J].新文学史料，1999（3）：53-69.

观众总人次超过 20 万,受到各阶层的普遍好评[①]。

革命小说中,马烽、西戎 1944 年合创的《吕梁英雄传》是首部反映共产党领导全民抗日的长篇小说,表现了吕梁山中一个普通村落的村民在日寇烧杀抢掠中逐渐觉醒,在党的领导下加入民兵与日军展开顽强的斗争。赵树理 1943 年发表的小说《李有才板话》,采用说唱结合的板话形式,讲述了抗战时期阎家山村地主阎恒元掌握政治权力,欺压民众,骗取"模范村"的荣誉,李有才率领青年以"快板诗"方式与之智斗并取得胜利。胡海的《侯哥弹和他的少年队》、邵挺进的《小洪的故事》记述了抗日根据地少年儿童的英勇斗争;胡正的《民兵夏收》与《碑》表现了游击区人民的斗争;行者的《我们的尖兵班》、白嘉的《我终于见着了他》反映了敌占区民众的抗争。

革命英雄回忆录是记录革命英雄斗争和生产的英雄事迹的散文。战斗英雄回忆录记述了八路军的英勇斗争,表现了山西民兵的战斗。劳动英雄回忆录中,马烽的《张初元的故事》讲述了特级英雄张初元平凡而伟大的事迹,1944 年被评为晋绥边区"七七七"文艺奖散文类"乙等奖"。

战斗随笔是记录表现战争状况和战斗过程的散文。周立波的报告文学《沁源人民》反映了敌后根据地沁源人民的抗争;吴伯箫的报告文学《响堂铺》展现了黎城县响堂铺遭受日军蹂躏的惨状。葛陵的散文《青菜及其他》记述了一支八路军部队的战斗生活;卞之琳的《第七七二团在太行山一带》表现了八路军七七二团在太行山的战斗与生活;刘白羽的《黄河上》呈现了日军在保德县城的屠城与军民的抗争;贾植芳的散文《距离》讲述了中条山区一个敌占区村庄遭日军摧残的状况。

革命歌曲在山西抗战中传唱极广。仅晋东南和晋西北根据地,在民众中广为流传的新歌曲达数百首。反帝反封建和抗日救国是最突出的主题。1936 年周巍峙创作救亡歌曲《上起刺刀来》,雄壮有力,山西抗日决死纵队树其为队歌,并更其名为"守土抗战歌"。在太行根据地,阮章竞 1938 年

[①] 冯松. 战地红花七月开:七月剧社历史纪实[M]. 成都:成都出版社,1993:74.

夏创作《秋风曲》，以民歌为素材，服务于抗战宣传；《朱德将军歌》诞生于 1939 年冬，在 12 月 1 日朱德 53 岁寿辰联欢文艺晚会上，由八路军总部炮兵团怒吼剧社的李伟即席演唱，唱词直白，旋律欢快，简洁勾画出朱德的伟人气概，赞颂了朱德领导军民奋勇抗战的巨大贡献。1940 年代，《窑洞保卫战》纪念了太行根据地人民的窑洞保卫战；《大刀进行曲》真实呈现了国民革命军第二十九军在沁县、左权的战斗；《牺盟大合唱》讴歌了山西牺盟会和新军的英勇抗战；《左权将军之歌》是 1942 年为纪念左权英勇牺牲而作的，歌颂英雄，宣传抗战，首次唱响于辽县黄漳村"九一八"十一周年纪念暨易名左权县典礼上。

二、新时代山西红色文艺资源的保护路径

红色文艺资源的活化传承，保护是前提，只有保护好，才能为传承开发奠定基础和提供可能性。习近平总书记指出，我们要铭记光辉历史、传承红色基因，在新的起点上把革命先辈开创的伟大事业不断推向前进[①]。在新时代，要遵循以"保护"为基础、合理传承的原则，对山西红色文艺资源在保护的基础上进行合理传承。

（一）全面普查下建立保护体系

对山西各地方红色文艺遗产进行全面普查，并依据其分布区域、濒危度、文化内涵、历史价值、知名度、影响力等，建立专门的体系名录。

1. 注重原真性

对红色文艺资源进行整体保护，保护其本来面貌，在其原本生成环境中给予最大程度的传承，凸显其本质内涵。对于红色文艺活动遗址，文艺家故居、墓地，文艺文物的恢复、维修、重建，要结合文献、口述史料的多重印

---

① 习近平. 论中国共产党历史 [M]. 北京：中央文献出版社，2021：107.

证，不能主观想象，要尽可能保持原貌。特别是对遗址旧居的修缮，对其周边环境的整治也要修旧如旧，进行整体上的浸入式场景建设，使其能够延续更长的岁月。

2. 有重点分层级保护

红色文艺资源的传承往往会受到客观条件的制约，如传承者的衰老、逝世，文物、文献资料经历战争和长时间的流转而遗失、残缺。因而要采取区分重点和一般、分等级、分层次的保护措施。一方面，要优先保护濒危的、急需记录和传承的红色文艺资源；另一方面，特别要重点保护口耳相传的非物质文艺资源，如革命事迹记录、英雄回忆记录、革命歌曲等，进行抢救式挖掘、整理。

（二）推动信息技术数字化保护

开展红色文艺文物保护数字化工程，建立文物数据库和开放共享平台，充分运用 AR、VR、人工智能、区块链等现代科技，对影像、照片、手稿、歌谣等文艺遗产完成数字化格式留存，以便更精确、更安全长久地记录、整理、保存民间红色文艺信息。建设红色文艺革命博物馆，并结合高清视频、数字化产品、虚拟展示、沉浸式体验等服务，对文艺资源进行数字化留存和智慧化传承。

（三）加强传承者的保护

将理论研究与实际应用相结合，文化研究者、民间文化爱好者进行田野调研，文化主管部门、民政部门等组织机构对属地的红色文艺传承者进行地毯式的调查。

对红色文艺传承者实施多重保护措施。一是在全面筛查的基础上，重点保护濒临失传的红色文艺的传承者，如红歌传唱者、革命事迹陈述者、红色戏剧歌舞编演者。二是文化主管部门授予传承者以相应的荣誉称号，为其提供文艺传承的空间，如设立讲习所、研究中心等，为其传播文艺提供条件，保障其社会地位。三是民政部门对传承者提供社会福利、养老保障、医疗保障、生活补助等，保障其经济生活水平。四是通过与传承者进行思想和文化交流等方式，给予其足够的精神关怀。

三、新时代山西红色文艺资源的开发对策

新时代下，对红色文艺资源在充分保护的基础上进行合理开发，具有十分的必要性。发掘红色文艺资源在文艺、历史、教育等方面的功用与价值，挖掘其时代内涵，重视其产生的社会效益，提升资源开发所带来的经济效益及附加效用。

（一）与红色文化旅游相结合

以红色文艺资源为载体的红色文化产业与红色文化旅游有机融合，形成资源保护与旅游可持续发展的良性循环模式。被赋予红色文化的红色旅游景区，成为传承红色精神的强力载体。旅游景区搭建以革命优良传统为核心的文化传播平台，对游客进行红色文化宣传和教育培训，进行理想信念教育与爱国主义教育。

1. 整合资源力度，实现区域联动发展

将红色文艺资源与历史文化资源、自然生态资源、地方民俗资源等进行整合，形成红色文化旅游的新形式，形成地方红色品牌效应。将红色旅游与城乡建设、交通建设、环境保护、遗产保护和景观保护衔接，形成联动开发模式，发展复合型体验型的红色旅游产品和业态。

加强区域合作发展，建立跨区域的红色旅游联动机制。突破省域和市域限制，在不同层次区域间开展合作，加强区域沟通交流，成立跨区域旅游联合组织，优化不同区域红色旅游产品的组合。

打造特色鲜明的红色旅游精品线路，兼顾绿色生态游、历史文化游，使

山西历史、地理与红色文艺资源充分融合,将山西红色戏剧、故事、歌谣等与红色文艺活动遗址、革命纪念地、文艺家故居等人文景观有机结合,丰富游客旅游体验。2021年,山西"烽火太行·抗战脊梁"、"红色军工·太原力量"、"山西好风光·乡村奔小康"三条红色精品线路入选文旅部、中宣部等联合发布的"建党百年红色旅游百条精品线路"。2022年,山西省文化和旅游厅发布了烽火太行、英雄吕梁、长城抗战、走向胜利、铁血东征、追寻八路军总部、晋察冀根据地、红色军工之旅、红色芳华·清廉山西等20条红色旅游精品线路。2024年,可以抗日战争为重点,开发"抗战胜利八十周年红色旅游精品线路"若干条,加强山西与华北其他区域如冀、豫、鲁的重点红色旅游景区的战略合作。

2. 开拓沉浸式体验场景

建设红色文艺创意产业园。以红色经典故事为基础,运用高清巨幕、VR、AR等科技,打造互动沉浸式体验项目,使游客沉浸式体验红色文化。武乡县八路军文化园是国内唯一将展馆内静态展板,以体验式高科技手段,再现八路军抗战史实的大型主题公园。园内设置九个演艺场所,常态化演出实景剧《反"扫荡"》、军民同庆《欢庆胜利》大巡游、影视蒙太奇体验剧《太行游击队》,真切再现了山西抗战历史场景。设有"当一天八路军"角色饰演活动,游客通过扮装游戏,亲身体验战斗生活。

举办知识竞赛、红歌赛等比赛活动,增强游客的体验感。2018年6月15日,陵川县王莽岭景区以"传承红色基因、唱响太行精神"为主题,举行纪念冼星海歌曲《在太行山上》创作80周年合唱比赛。陵川县以文艺演出活动和部分合唱团实践体验活动的形式,推动了太行板块全域旅游与文化的有机融合。19日,来自晋城各县区及晋煤、兰花集团的合唱队齐聚王莽岭景区进行专场合唱演出,唱响抗战歌曲《在太行山上》[①]。

---

① 李志军.传承红色基因,唱响太行精神[EB/OL].山西新闻网.[2018-07-04].https://baijiahao.baidu.com/s?id=1605018128399057873.html.

3. 创新旅游商品

将山西区域红色文艺融入地方旅游商品的研制开发中。可利用手绣、剪纸、针织、砖雕、根雕、石刻、泥塑等传统艺术形式，赋予其时代感和红色内涵。如推出八路军形象的木刻、刺绣、挂饰、花布、抱枕、披肩、文化衫、玩具、剪纸、首饰等文创产品。

（二）打造红色戏剧影视精品节目

红色戏剧影视是对红色文艺资源内涵的深化与拓展。把红色基因融入文艺的创作过程中，推出精品影视剧、戏剧、广播剧、歌舞剧、实景演出剧等，借此以实现思想启迪、价值引领、情感滋养及道德教育，引导民众树立正确的历史价值观和人生观。近年来，山西戏剧影视界陆续推出了反映山西革命斗争史的影视剧精品和品牌节目，如电视剧《吕梁英雄传》《情归陶然亭》、歌舞剧《太行奶娘》、上党梆子剧《太行娘亲》等红色文艺精品佳作，举办"红歌会"形式的品牌节目。这些红色戏剧影视表现了党的辉煌历程和伟大贡献，激发了民众的爱国热情，弘扬了红色精神，扩大了红色文化传播力，充实了新时代的红色文化。

电视剧《吕梁英雄传》是 2005 年由央视电视剧制作中心和吕梁市委联合出品的，改编自马烽、西戎创作的同名小说，是近年来关于表现重大革命历史和纪念抗战胜利题材的影视精品。

2012 年左权大型歌舞剧《太行奶娘》汲取了左权开花调和左权民歌的艺术特色，结合左权小花戏，展现出左权县独特的人文魅力和厚重久远的抗战历史。《太行奶娘》在北京国家大剧院、北京军区、教育部直属高校与安徽、浙江、河北、内蒙古、河南等 13 个省（自治区）180 多个市县巡演，达 500 场[①]。这一来自生活接地气的戏剧传承了抗战历史和抗战精神，弘扬

---

① 陆松江.800 里太行鱼水情深 500 场巡演一路芬芳 [EB/OL]. 中国报道网 .[2019-05-24]. http://www.chinareports.org.cn/jkww/20190524/9293.html.

了超越血缘的人间大爱，令太行老区人民的牺牲奉献得以被世人所铭记。

2016年创作排演的晋城上党梆子剧《太行娘亲》，是国家舞台艺术精品创作扶持工程重点扶持剧目、第十二届中国艺术节"文华奖"提名剧目[①]。该剧表现抗战时期太行革命根据地一位母亲舍家救助八路军遗孤的英雄事迹。该剧2017年7月19日首演，在晋城、太原、晋中、北京、上海等地演出数百场，受益观众数十万人。

山西卫视2009年推出"红歌会"品牌节目，举办"越唱越红"抗战歌曲主题歌会。通过现场演唱红歌比拼歌艺，邀请红歌原唱者演唱，历史知识问答，引导观众重温山西抗战历史，感受时代革命色彩。

（三）创新红色文艺品牌

利用红色文艺的社会影响力，注入经济因素，打造红色文艺品牌，可以快速提高地方知名度，有利于区域经济增长。

重新挖掘、整理在山西广泛传播的具有历史传统、文化根基和民众基础的传统文艺，融入红色文化的精髓。借助传统艺术演绎红色文化，形成凸显地方色彩的红色文艺品牌。如，运用左权民歌、祁太秧歌、临汾蒲剧等传统文艺形式，结合地方红色文化，借鉴传统优秀曲目来演绎红色革命故事，翻新出极具创意的新形式。

大型实景剧《反"扫荡"》《太行山》是武乡重磅推出的红色文化品牌。《太行山》是山西文旅集团打造的国内首部红色主题的沉浸式实景演艺，共投资1.5亿元，占地290亩[②]，以山为舞台以天为大幕，吸引了许多游客慕名而来。剧场内，震撼的爆炸特效令台下观众尖叫声不断。游客们在"CS"

---

① 韩艳帅.《太行娘亲》参加第十二届中国艺术节[EB/OL]. 晋城在线.[2019-05-28]. http：//www.vos.com.cn/news/2019-05/28/cms916155article.html.

② 李建斌，杨珏.山西武乡：红色文化给乡村振兴注入活力[N].光明日报，2018-07-30（7）.

体验基地内以机械、声光电的方式还原了"游击战",山上传来远处小坦克轰鸣的声音。通过观看地方剧,观众对山西的特色文化、红色文化可以达到一定程度的了解,传播了旅游地的形象。

2021年建党百年之际,晋中打造了一批为优秀共产党员、烈士树碑立传的红色戏剧,主要有秧歌剧《马定夫》、晋剧《战地黄花》、晋剧《尹灵芝》、晋剧《石拐灯火》。大型红色秧歌剧《马定夫》于7月7日首演[①],讴歌了牺牲在太谷枫子岭的抗日先烈马定夫的光辉人生。枫子岭村易名为马定夫村,今设有马定夫烈士纪念馆、纪念碑、烈士墓地,是爱国主义教育和国防教育基地。"马定夫"成为晋中市太谷区的红色文化品牌。

(四)实施山西红色文艺产业人才培养战略

1. 加强对文艺人才的培训和管理

对文化单位、文化企业、文化团体的相关人才进行多渠道的培训强化和实践锻炼,加强其文艺知识和技术,培养其社会主义核心价值观,提升现代文化产业管理水平。

推送文艺从业人员到红色文化产业发达地区交流和学习。比如,可以在武乡、左权、兴县、右玉等地进行短期的强化培训,观摩红色文化遗址,学习红色精神,使这些文艺从业人员在原有素质的基础上增加新的技能。

2. 发挥高校人才培养的主渠道作用

利用高校和科研机构,培养红色文化产业、红色文艺创作、表演的专业人才,发挥人才培养的主渠道作用。可以将红色文化纳入高校的学科建设中来,设置相关红色文化产业专业和红色文艺课程。

高校在课程教学中,融入革命意识形态教育,与思想政治教育相结合,于无形之中自然培养学生的爱国思想情怀,树立民族自信心,培养道德情

---

① 王新媛. 红色秧歌剧《马定夫》首演[N]. 山西青年报,2021-07-09(9).

操,提高品格素养,形成正确的历史观、人生观和价值观。着重传授山西红色文艺所包含的优秀民族传统文化精髓,传输中华民族优秀的文化基因,弘扬民族优秀传统文化。挖掘山西红色文艺所蕴含的忧患意识、担当精神、探索精神,内化爱国思想,塑造民族精神,感悟家国情怀,提升国家认同感和荣誉感。以山西红色文艺所体现的优秀人文精神熏陶学生,培养学生的爱国主义精神。以优秀的山西红色文艺作品中的人文精神熏陶学生,使其受到现代思想、道德、文化教育,使其具备深厚的人文素养。

高校在实践教育中,应加强红色文化实践教育。在实践活动中,学生以亲身体验的方式参与其中,可以使学生的自我精神世界受到启迪,增强其文化素养、思想水平、业务能力,进而培育学生成为有高尚人品、文品,并具有丰厚文化素养的新时代人才。

山西红色文艺讲座评鉴实践。引入山西地方红色文化,以讲座方式开展红色文艺实践活动。与山西地方文化组织、文艺机构、剧团等进行合作,邀请红色文艺作家、红色曲艺传人及相关专家座谈,组织学生对山西红色文艺进行评鉴,提升学生的阅读鉴赏能力和文艺创作及评论水平。

山西红色文艺田野调研实践。引导学生开展田野调查,收集整理民间红色文艺文献、文物、口述史料,培养学生的科研素质,提高其探究问题的能力。特别是寻访红色文艺的亲历者和见证者,梳理总结红色文艺记忆访谈资料,重点是情境记忆和情感记忆,记录和还原文艺事件和文艺者事迹。2023年由本人作为指导教师,组建大学生暑期"三下乡·红色文艺资源整理项目"团队,进行山西红色文艺资源的社会调研。调研从7月5日持续至8月31日,涉及山西多地市县区。对红色文艺资源的调研,是传承革命文化的有效实践方式,有利于培养学生了解红色文艺资源的历史意义和文化价值,感悟革命精神,树立远大理想,坚定文化自信。

3. 注重红色文艺研学教育实践

开展红色文艺主题实践,是弘扬和践行社会主义核心价值观的重要方式,是弘扬红色文化精神、传承红色文艺基因的重要途径。传承红色文艺基因,需要推出文艺作品,更需要将红色基因融入大众的日常生活和实践行动中,使其能够内化于心、外化于行。

推动"红色+研学"融合发展,举办各种红色文艺研学实践活动。建设红色文艺研学基地、红色文艺精神培训中心;评选红色文艺特色校园;传唱经典红色歌曲;讲述红色故事;录制红色文艺线上课程;以山西重大革命历史事件、重要战斗战役作为切入点,筹划"传承红色基因,弘扬红色精神""缅怀革命先烈,铭记光辉历程"等红色主题的研学活动。

在红色文艺研学中,让青少年重温抗战历史,坚定理想信念,培养爱国思想和人生理想,树立正确的历史观和价值观。如2021年,武乡八路军太行纪念馆成立"全国青少年太行革命传统教育基地"——太行少年军校,研发了系列"八路军文化"研学旅行课程。雁门关景区与大同综合示范基地、晋中中小学教育实践基地合作,开展了系列红色研学实践活动。设置有"长城朗诵""闯关守关""校场演武""英雄角色扮演"等研学产品[①],让青少年在研学实践中学习革命英雄文化和军事文化。

(五)数字化网络开发

开拓微信、抖音、快手、微博等传播的新途径,采用官方网站、微信公众号、微博、短视频等线上平台,将历史事件、革命精神、先进事迹、红色故事、文艺作品、精品路线等数据化,全景式、立体式地展示红色文艺资源,弘扬抗战文化。突破时间限制和空间局限,实现实地客源与网络人气的融合转换。革命博物馆、纪念馆可以推出720° VR云展厅、5G+VR红色旅游直播巡展。

开发红色题材的网络游戏,摄制红色文艺动漫、微视频。如左权将军战

---

① 栗美霞.让山西红色旅游"亮"起来"火"起来[N].山西经济日报,2022-01-24(3).

斗牺牲的英雄事迹、太谷马定夫英勇抗战与壮烈牺牲的事迹、寿阳十六岁女烈士尹灵芝的光辉故事，可以作为红色动漫研发的重要题材。如2021年山西省图书馆在山西公共文化云平台、微信公众号上推出了15集动漫视频《山西红色历史动漫》，展示山西革命的光辉历史。

四、结语

山西红色文艺资源是中国革命文化的重要组成部分，也是弘扬社会主义核心价值观的重要载体。山西红色文艺资源真实呈现了革命战争年代在中国共产党的领导下山西根据地人民斗争、生产和生活的历史风貌和团结奋斗的丰功伟绩，见证了山西在民族解放、革命斗争和生产建设发展中的沧桑巨变，蕴含着山西人民的崇高理想、坚定信念和优良作风。

新的时代背景下，对红色文艺资源的传承，是提升区域文化软实力的重要途径。要充分发掘和整理山西红色文艺资源，加强对红色文艺资源保护。山西红色文艺资源是红色文化产业的形成和发展的基础之一，对其保护并合理地进行活化传承，可以为形成红色文化旅游、红色戏剧影视、红色文化品牌、红色文化展览、红色动漫等相关产业提供发展思路和有效路径，促进文化与社会、科技、经济的协调发展。在秉承社会主义核心价值观的基础上，发掘和整理山西红色文艺资源，挖掘其红色内涵，发挥其红色力量，全面提升已有红色文化品牌的影响力，打造具有全国影响力和山西地方特点的红色文艺作品和红色文化产业。通过红色文艺平台，彰显山西文化的厚重度，提升文化的传播力，增强文化的凝聚感和软实力，扩大山西文化的影响力。

非遗元素在山西红色旅游资源文创设计中的应用研究[①]

太原学院 白 宁 张 煜

摘 要：红色旅游是革命传统教育的产物，是与时代同步发展的旅游产业理念，也是现代旅游经济与革命精神的融合。山西省作为我国的革命老区，拥有丰富、特色鲜明的红色旅游资源，同时还承载了多样化的非物质文化遗产。随着文创产业的发展，山西开始逐步探索将非遗元素融入红色旅游文创作品中，一方面可以传承和弘扬非遗文化，丰富旅游产品的文化内涵，另一方面，将非遗元素融入红色旅游资源的文创设计中，可以提升游客的体验感。本研究提出了具体的非遗元素在红色旅游资源文创设计中的应用策略，旨在为山西红色旅游资源的文创设计提供有益的参考和借鉴。

关键词：非遗元素；红色旅游资源；文创设计

弘扬爱国主义精神，见证革命历史，传承红色文化，山西作为我国革命老区，有着悠久的历史、灿烂的文化和丰富的红色旅游资源。非物质文化遗产是人文精神的瑰宝、民族文化的瑰宝、山西独特的文化名片，山西非遗与红色旅游资源相结合，不仅能提高山西红色旅游的竞争力和吸引力，而且对弘扬革命精神意义重大。本文将深入探讨非遗元素在山西红色旅游资源文创设计中的应用及价值。

[①] 作者简介：白宁，太原学院旅游系副教授，硕士，主要从事文化旅游研究；张煜，太原学院旅游系副教授，硕士，主要从事旅游管理研究。

一、相关概念界定及理论基础

红色旅游是以资源为导向的产业，主要依托自然地理资源和人文资源。红色旅游是在《2004—2010年全国红色旅游发展规划纲要》中界定的。把中国共产党在革命和战争时期领导人民创造的业绩和成功作为继承革命历史、革命事迹、革命精神的纪念地和标志物的依据。组织旅游接待，开展旅游活动，主题为追思学习、参观游览。①

根据联合国教科文组织制定的《保护非物质文化遗产公约》的规定，非物质文化遗产是各群体、团体乃至个人，以及与之相关的工具、作品、工艺品、文化场所等，视为其文化遗产的实践、表演、知识体系和技能的各种形式。非物质文化遗产具有多样性的特征，是人们在生活中不断实践、不断探索总结出来的智慧成果，是社会发展进步的见证者。因此，对与错的物质文化传承所蕴含的精神能量与物质价值，值得人们不断去挖掘和学习。同时，非物质文化遗产是国家文化的标志，是国家文化软实力的体现。对非物质文化遗产的保护和传承，既有利于延续历史文化，又有利于加深人们对文化的认同和理解。

可持续发展理论强调的是协调人类社会生产需求与不可再生资源之间的矛盾关系，要求人们正视世界生态环境的变化，寻找可持续发展的方法。非遗传承发展过程中，可持续发展理论发挥了重要作用。由于不可再生的特征，非物质文化遗产需要注重保护和发展的可持续性，因此其精神文化价值应当在传承和发展过程中得到深层次的挖掘。促进可持续发展的非物质文化遗产。

---

① 李安安. 临沂红色文化研学旅游发展研究[D]. 西北师范大学，2022.

二、研究非遗元素应用的必要性及价值

（一）研究非遗元素应用的必要性

山西红色旅游资源是我国革命历史的见证，也是红色基因在后世传承的重要载体。如何将山西的红色旅游资源有效地转化为旅游产品，是研究的一个重要课题，非遗元素的应用，为这一问题的解决提供了新的视角和思路。

非遗元素在山西红色旅游资源文创设计中的应用，不是简单的文化元素叠加，而是一种深度的文化融合。这种融合体现在产品的设计、制作，以及产品的营销和推广上。由于消费者对文化产品的需求呈现多元化和个性化的趋势，非遗元素在红色旅游资源文创设计中的应用也需要不断地创新。包括在产品设计上，注重创新，讲求实用，要与现代人们的消费需求、审美相结合；在营销推广上，以注重客户体验、多与消费者互动、多沟通的方式，通过多元的方式来吸引消费者的参与。此外，还需要加强与非遗传承人的交流、合作，深入挖掘非遗元素和文化内涵，为红色旅游资源的文创设计提供更多素材。

山西的文创产品大多没有品牌化，设计上缺乏新意和独特性，市场上销售更多的是以非物质文化遗产为灵感来源的，有山西特色的文创产品。这一理念的运用在文创产品设计领域十却分难得。山西在红色旅游资源的文创设计中，将非遗元素融入，呈现出一种较为积极的态势。山西丰富的红色旅游资源为文创产品的设计提供了素材及灵感，与此同时，非遗元素在山西红色旅游资源的文创设计中得到了广泛应用。因此，创意产品的设计和应用在山西非物质文化遗产中极具市场潜力，大有可为。

此外，研究山西非物质文化遗产保护与红色旅游的论文较多，但研究能够填补空白、具有一定学术价值和理论研究意义的关于山西非遗与红色旅游文创设计相结合的论文较少。

（二）研究非遗元素应用的价值

1. 提供山西非物质文化遗产传承与保护的创新思路

传统文化底蕴的元素，能够将丰富的文化内涵注入红色旅游文创设计中。在红色旅游文创设计中，以往注重的是革命历史元素，吸引力不够强。而非遗元素的融入，可以在保持红色主题的前提下，增加产品的趣味性和生动性。让消费者对红色文化有更深入的了解，增加消费者的参与度和体验感，从而为传承和发展山西非物质文化遗产提供创新的理念，从而提升产品的附加价值。将这些元素融入文化创意产品中，如英雄形象、革命口号等，再运用传统刺绣技艺和雕刻工艺等非物质文化遗产，如纪念品、装饰品等，从革命历史中汲取关键元素。游客在欣赏和购买这些产品的同时，也能更深入地了解山西的红色历史和文化。

2. 有利于山西红色旅游资源的传承与发展

山西有着丰富的红色旅游资源，红色旅游资源非常丰富，有革命历史遗迹、纪念馆等。这些资源都蕴藏着丰厚的历史文化和革命精神。将非遗元素融入文创产品设计，可以将这些红色旅游资源的精神内涵以更生动、更直观的方式传达给游客。通过将非遗元素应用于山西文创产品设计中，可以让更多的人了解和接触到这些传统的技艺和文化。这不仅有助于非遗元素的传承，还可以激发年轻人对这些传统文化的兴趣，促使他们进一步学习和传承。

3. 开创山西特色的文创产业

作为旅游纪念品，文创产品是其中一项重要的招徕游客的策略。通过设计和销售具有山西特色的文创产品，可以吸引更多的游客前来参观和体验，从而推动山西红色旅游资源的可持续发展。非遗元素与文创产品的结合，也可以为当地创造更多的就业机会和经济效益，进一步促进当地经济的繁荣和发展。同样需要与时俱进、推陈出新的，还有文创产品的设计。设计师可以在保持非遗元素核心特色的基础上，结合现代审美和实用功能，进行创新和演绎，从而推动非遗元素在现代社会中的发展。

山西文创产品设计中非遗元素的应用，既有利于山西红色旅游资源的传承和开发，又能促进当地经济的可持续发展，是山西文创产品设计中的一项重要内容。因此，要结合现代设计理念和技术手段，积极应用非物质文化遗产元素，为支持山西红色旅游发展和文化传承，创造出更多融合山西特色的文化创意产品。①

三、非遗元素在山西红色旅游资源文创设计中的应用现状

（一）山西红色旅游资源现状

近年来，山西省不断加强对红色旅游资源的保护和开发，推出的红色旅游路线日益受到游客的关注和喜爱。这些红色旅游路线以革命历史为主题，结合当地的自然风光和民俗文化，可以让游客亲身感受革命先烈的英勇事迹，领略革命历史的同时，还可以欣赏山西独特的风景和文化。

山西省红色旅游资源分布范围广、类型多样，尤其是沿黄地区的红色旅游景区和红色旅游资源较为集中，如太行山、吕梁山等。2016年12月，国家发改委发布公告，公布了山西省9家景区入选的全国红色旅游经典景区名单。山西省人民政府于2021年核定了第一批山西省红色文化遗址名录191处，主要分为七大类型，其中机构会议旧址96处，比例最高（50.3%），烈士纪念设施41处，比例为21.5%，此外还有重要人物故居（老、路）、战役、战斗遗址、遗迹等。其他类型的革命纪念性场馆。

---

① 杜子侨.沂蒙红色旅游文创产品设计探究[J].旅游纵览，2023（21）：129-131.

（二）山西非物质文化遗产现状

既有技艺精湛的手工技艺，又有富有特色的民俗文化，还有丰富的表演艺术，如：平遥推光漆器、晋中剪纸、晋剧、鼓书等，山西非遗数量众多，具有鲜明的特色和良好的存续状态。作为山西文化的宝贵财富，山西传统文化遗产源远流长，蕴藏着丰厚的历史内涵。随着旅游市场的不断发展，非遗文创产品进入旅游市场并成为旅游商品的重要组成部分，为非遗文化的传承与发展提供新的机遇。

截至 2017 年，国家级非物质文化遗产代表性名录中，山西省共有 116 项项目成功入选。从区域分布看，山西省级非遗项目总体分布比较均匀，非遗项目比较集中的有太原和山西中部，数量较多且分布比较均匀的有运城和临汾。省级非遗在大同、忻州、定襄等地一般都比较少。从时间顺序上看，山西非遗项目呈现出不同的特点，分布在文化底蕴更为厚重的临汾、运城等地主要区域，以民间文学、手工技艺、传统戏剧、传统美术为主的国家、省级第一批、第二批非遗项目；主要分布在传统曲艺、传统医药和传统民俗三个方面的第三批和第四批非物质文化遗产项目分布区域发生了变化。

（三）非遗元素在山西红色旅游资源文创设计中的应用现状

山西的红色旅游景区开始逐渐引入非遗元素，如传统手工艺、表演艺术等，丰富了游客的体验。例如，在一些革命历史遗址附近，游客可以欣赏到当地的剪纸、刺绣等传统艺术表演，感受到红色文化与非遗技艺的完美结合。近年来，山西不少红色景区和革命旧址开发出进一步传承红色基因的特色红色文创产品，如：武乡八路军系列产品 IP 形象设计。

目前，山西的红色旅游资源文创设计已开始尝试将非遗元素融入其中。例如，一些纪念品、工艺品和装饰品都运用了山西特有的非遗技艺，如剪纸、刺绣、泥塑等。这些产品不仅具有红色文化的内涵，同时也展示了山西非遗的独特魅力。此外，一些景区还让游客对山西的红色文化、非遗文化有了更深的认识和体会，通过举办非遗展演等活动。尽管山西已经开始尝试，将非遗元素融入红色旅游资源文创设计中，但整体上融合度还不够深入，宣传力度还不足，一些景区只是简单地将非遗元素作为装饰或点缀，缺乏深层次的融合和创新。山西的红色旅游资源和非遗元素在国内外的知名度相对较低，缺乏有效的宣传推广策略，导致很多游客对这些独特的文化资源了解不足。

四、非遗元素在山西红色旅游资源文创设计中的应用对策

（一）深入挖掘文化内涵，打造特色文创产品

文创产品的丰富性不仅体现在数量和种类的增加，更在于其质量和内涵上的提升。这些产品将传统文化与现代审美相结合，通过独特的创意与设计，彰显出与众不同的韵味与价值。文化产业发展的重要体现之一，就是要深入挖掘山西非物质文化遗产的文化内涵，了解其类型、形态，使山西红色文化创意产品不断丰富。对文化产业的不断发展也起着重要的推动作用。未来文创产品能够继续保持其丰富性和创新性，为人们带来更加丰富多彩的文化体验。鼓励文创企业和设计师们深入挖掘山西的红色历史与非遗文化，创作出更多具有独特性和创新性的文创产品。同时，为满足各类旅游者的需求，注重产品的实用性和市场适应性。

（二）加强品牌建设，加大宣传力度

新媒体平台为很多人提供了发展机会，让人们能够借助平台的优势宣传文化、科普知识以及分享日常。比如，目前较热的社交媒体平台抖音、快手等，社交媒体平台、微信小程序、微信公众号、微博等，都对宣传和开发山西红色旅游资源文创产品大有裨益。这些 App 功能齐全，使用人数多，流

量大,同时还可以记录文创产品制作的过程,也便于用户反复浏览,对其宣传具有促进作用。相关部门还可以在官方的微信公众号里发布相关的文章、记录传承人生活日常的小视频、表演的幕后花絮等,拓宽山西非遗与红色旅游的宣传渠道。①

作为游客的吸引物之一,红色旅游景区在保护和传承非物质文化遗产方面可以起到促进作用。红色旅游景区作为文创产品的销售场所,较为稳定,应充分利用其优势,在馆内设置文创产品专卖区,同时借助网络平台的优势,设立网上专卖店铺,实行线上线下双渠道销售,实现山西红色旅游资源文创产品的产业化发展。打造一批提升产品知名度和影响力的红色旅游非遗文创建品牌,具有山西特色。利用网络、社交媒体等现代传播手段,加强品牌宣传推广,吸引更多游客体验。

(三)创新红色学习体验

随着网络技术的不断发展,移动网络的迅速兴起,各行各业都在积极地探索"互联网+"发展模式。传统文化随着时代的变迁,不断推陈出新,不断传承,为实现非物质文化遗产的生命力传承和生命力再生,逐渐形成了新的传统,已成为国家、社会研究人员的重要关注点,也成为非遗相关领域研究人员关注的热点。非遗元素有效融入山西红色旅游,不仅可以实现山西非遗的活化传承与发展,还可以提升红色旅游的吸引力,促进当地旅游业的可持续发展。数字化保护是现代信息技术在人文保护领域更深层次的应用,是对大多数非物质文化遗产的原始保护和活态保护。

AR技术,是在互联网技术发展的前提下产生的一种新兴技术,该技术可以让民众在现实世界感受虚拟世界中的事物,并进行互动。一方面,丰富山西非遗、红色旅游资源的传播方式,在保护山西非遗、红色旅游资源中运

---

① 尹闯.文旅融合背景下辽宁红色旅游文创产品设计研究——以丹东抗美援朝纪念馆为例[J].天工,2023(30):54-56.

用 AR 技术；而传统手工艺的工艺，则是通过 AR 工艺还原出来的。现实世界与虚拟世界对接，AR 技术与 VR 技术共同使用，模拟现实的同时增强现实效果，AR 技术在传统手工艺的复原上更具有优势，从而创新红色学习的体验，传承山西非遗文化。

在数字科技迅猛发展的今天，文创设计不应仅仅局限在实体产品上，而应在实体产品上做文章。为丰富文创产品互动体验，还应将数字化文创设计纳入红色文创设计范畴。通过这样的方式增加视觉和文化的元素，让红色的创意产品变得丰富多彩起来。[①]

（四）加强专业人才的培养

推动文创设计发展，人才是关键。应该加大对创意设计人才的培养和引进力度，建立完善的人才培养机制，吸引更多的优秀人才加入山西红色旅游资源文创设计行业中来。同时，也要加强创意设计团队的建设和管理，提高团队的创新能力和协作精神。山西地域特色鲜明，保存了许多非遗元素，然而随着时间的推移，山西非遗的传承与保护面临极大的困境，出现人亡艺绝，或人在艺绝的现象，采用合理有效的方式保护山西非遗，有利于传统文化的传承与发展。要解决这些问题，加强培养专门人才就变得特别重要。首先，要培养一批热爱非遗、具有专业知识和技能的人才队伍，能够深入研究和挖掘山西非遗，更好地传承和保护好这些宝贵的文化遗产。其次，能够将山西传统非遗与现代科技相结合，与市场需求相结合，促进非遗的创新发展和产业化发展，这些专业人才还需要具备创新发展的眼光。加大力度培养和扶持非物质文化遗产的传递者。非遗保护与传承的核心力量是掌握非遗核心技艺和知识的非遗传承人。因此，加强对传承人的培养和指导，提高其技艺水平和传承能力，激励他们继续为非遗事业的传承和保护贡献力量，同时也

---

① 章好. 黔南州非遗与红色文化相结合的旅游文创设计 [J]. 鞋类工艺与设计，2022，2（16）：135-137.

是给予传承人必要的经济支持和社会认可的需要。

综上所述,非遗元素在山西红色旅游资源文创设计中的应用具有广阔的前景和巨大的潜力。只要我们能够深入挖掘非遗元素与红色文化的内在联系,创新设计思路,注重实用性与审美性的结合,加强市场营销和产业链建设,培养和引进人才,就一定能够推动山西红色旅游资源文创设计的快速发展,为当地经济社会发展注入新的活力。

五、结语

山西的红色文化资源是在历史发展过程中形成的,可以说,这些红色文化资源可以用于加强青少年爱国主义教育和红色基因传承,引导青少年坚定理想信念,为实现中华民族伟大复兴承担起历史重任。山西文化中不可或缺的红色文化,通过融入非遗元素,能够让同学们更生动形象地感受到革命先辈的精神,学习勇往直前和临危不惧的革命气概和忠诚担当,最终达到对红色精神传承的目的,让学生在潜移默化中将爱国主义精神内化于心、外化于行。

红色文化旅游空间布局

山西红色文化旅游资源的空间分布特征及影响因素研究①

运城学院　董洁芳

摘　要：红色文化旅游对于加强红色精神的传播和继承、促进爱国主义教育具有重要意义。山西红色文化旅游资源非常丰富，对其空间分布特征及影响因素进行研究可为优化红色旅游资源管理和开发提出政策建议。研究表明，山西省红色文化旅游资源呈现出"大分散、小集聚"的分布态势。从核密度均值来看，红色文化旅游资源3个核心区分别是长治市、太原市以及晋中市，其核密度均值依次为38.759、18.734和18.431。自然环境、社会经济、政策法规等因素对红色文化旅游资源分布具有较大影响。本研究从完善基础设施、提升旅游服务质量、加强品牌塑造营销等方面提出了红色文化旅游资源开发策略。

关键词：山西；红色文化旅游资源；空间分布；影响因素

一、引言

红色旅游作为一种特殊类型的文化旅游，主要是指以中国共产党领导人民在革命和战争时期建立丰功伟绩所形成的纪念地、标志物为载体，以其所

---

①基金项目：山西省哲学社会科学规划课题"山西省数字经济与旅游产业融合发展的驱动机制与实现路径研究"（2023YY291）；山西省教学改革创新项目"新文科背景下本科院校旅游管理类专业创新创业教育研究"（J20231184）。

作者简介：董洁芳，运城学院文化旅游系副教授，博士，硕士生导师，主要从事旅游经济、生态保护与低碳经济研究。

承载的革命历史、革命事迹和革命精神为内涵,组织接待旅游者开展缅怀学习、参观游览的主题性旅游活动。近年来,随着中国特色社会主义现代化建设的不断推进,红色旅游已成为连接历史与现代、传承红色基因、弘扬爱国主义精神的重要平台。山西省作为我国重要的革命老区之一,拥有丰富的红色历史资源。从晋绥边区革命纪念馆到忻口战役纪念馆,再到运城禹门口抗日纪念摩崖石刻,这些红色遗址不仅是山西深厚历史文化的见证,也是当前红色旅游的重要内容。因此,研究山西红色旅游资源的空间分布特征及其影响因素,对于更好地保护和利用这些资源,促进红色旅游的发展具有重要意义。

通过对山西红色文化旅游资源的空间分布特征及影响因素的研究,可以揭示这些资源分布的规律性和差异性,为地方政府和旅游管理部门提供科学的决策依据,优化红色旅游资源的开发和管理,提升旅游服务质量和效率。此外,这一研究还有助于加强红色文化的传播和红色精神的继承,对于促进爱国主义教育和社会主义核心价值观的普及具有重要的现实意义和长远影响。

在过去的几十年里,红色旅游作为一种特殊类型的文化旅游,在国内外学术界引起了广泛关注。国外研究多聚焦于政治旅游或黑色旅游的概念,探讨游客对历史战争遗址、灾难遗址等的参观体验及其社会、文化意义。如FANNY A[1]探讨了克罗地亚旅游工作者通过改变国家形象淡化战争冲突,但战争记忆在克罗地亚的公共空间中却无处不在。WILSON S[2]以夏威夷珍珠港国家纪念馆这一文化遗产地为例,探讨了遗址遗迹类游客体验的经济效益

---

[1] FANNY A. Memorial policies and restoration of Croatian tourism two decades after the war in former Yugoslavia. Journal of Tourism and Cultural Change, 2016, 14(3): 270-290.

[2] WILSON S, CHRISTOPHER H, LESLIE R. Valuing tourism to a historic World War II national memorial.Journal of Cultural Heritage, 2020, 45(9): 334-338.

问题。这些研究为理解红色旅游中的历史记忆、文化传承提供了理论视角。相比之下,国内的研究更加注重红色旅游资源的开发与利用,比较强调红色旅游资源的整合、产品的开发、产业融合、区域协同发展等。例如,谭华云等人[1]、刘红梅[2]均以长株潭红色旅游区为研究对象,探讨了红色旅游的共生发展空间特征及形成机制。阎友兵等人[3]、陶少华[4]通过研究提出了红色旅游发展需要资源整合和区域合作。也有学者根据红色旅游资源和区域特点提炼出典型的红色旅游发展模式,如黄静波等人[5]提出政府、企业以及社区共同参与的发展模式,范力等人[6]从空间联动角度提出区域联合开发模式,王晖等人[7]提出资源联动和区域联动的开发模式。具体到红色旅游资源空间分布的研究,相关研究成果不断涌现。如鲍克飞等人[8]讨论了山西省红色旅游资源空间结构。邹建琴等人[9]从空间分布的角度分析了中国红色旅游资源的特

---

[1] 谭华云,许春晓.红色旅游区域利益共生空间格局及其形成机制:基于行动者网络(ANT)的分析视角.学术论坛,2016,39(11):68-73.

[2] 刘红梅.长株潭"两型社会"区域红色旅游一体化研究.湖南科技大学学报:社会科学版,2013,16(1):90-94.

[3] 阎友兵,肖瑶.红色旅游开发与区域旅游业新增长点的培育.湘潭大学学报:哲学社会科学版,2005(6):130-132.

[4] 陶少华.重庆民族地区红色旅游创新发展研究.贵州民族研究,2014,35(4):120-123.

[5] 黄静波,李纯.湘粤赣边界区域红色旅游协同发展模式.经济地理,2015,35(12):203-208.

[6] 范力,焦世泰,韦复生.左右江革命老区红色旅游资源空间整合战略.中国行政管理,2013(7):117-119.

[7] 王晖,邹冬生.基于循环经济的区域红色旅游联动发展模式探析:以湖南长株潭地区为例.学术论坛,2012,(12):130-135.

[8] 鲍克飞,王国梁.山西省红色旅游资源空间结构研究[J].山西师范大学学报(自然科学版),2013,27(1):98-103.

[9] 邹建琴,明庆忠,刘安乐,等.中国红色旅游经典景点空间分布格局及其影响因素异质性[J].自然资源学报,2021,36(11):2748-2762.

点及影响因素。丁翠翠等人①、张宇丹等人②分别研究了西藏和新疆的红色旅游资源空间分布特征及影响因素。贾国栋等人③及洪霞芳等人④探究了江西省红色旅游资源空间格局。周海涛等人⑤结合可达性分析了内蒙古红色旅游资源空间分布，苏卉等人⑥从跨区域整合研究角度探讨了陕甘宁红色旅游资源空间分布。以往的研究为本文提供了重要的研究基础和参考，但也有进一步拓展的空间。首先，从研究区域来看，已有的研究多以苏浙皖三省、江西省、湖南省、上海市等为研究对象，关注山西省的高水平研究成果相对缺乏。其次，从影响因素分析来看，现有研究多侧重于经济或历史因素，而对自然地理、社会文化等因素的探讨相对较少。最后，针对如何科学合理地保护和利用红色旅游资源的研究还不够充分。

本研究旨在深入分析山西省红色文化旅游资源的空间分布特征，探究影响其分布的主要因素，并基于分析结果提出优化红色旅游资源管理和开发的政策建议。为实现这一目标，本文设定以下核心研究问题：

（1）山西红色文化旅游资源的空间分布特征是怎样的？是否存在明显的区域集中或分散的趋势？

（2）哪些因素影响了山西红色文化旅游资源的空间分布？这些因素如

---

① 丁翠翠，图登克珠.西藏红色旅游资源空间分布表征与影响因素[J].西藏大学学报（社会科学版），2023，38（01）：189-196.

② 张宇丹，李偲，关苏杭，等.新疆红色旅游资源空间分布及影响因素分析[J].西南大学学报（自然科学版），2022，44（2）：128-136.

③ 贾国栋，王立国，朱海，等.基于GIS空间分析的江西红色旅游资源空间特征及其开发适宜性研究[J].旅游论坛，2022，15（6）：49-61.

④ 洪霞芳，黄灵光.基于GIS的江西省红色旅游资源空间分布格局分析——以不可移动革命文物为例[J].企业经济，2022，41（2）：125-131.

⑤ 周海涛，马钰松，樊亚宇，等.内蒙古红色旅游资源空间分布及可达性分析[J].干旱区地理，2023，46（5）：814-822.

⑥ 苏卉，康文婧，彭春香.陕甘宁红色旅游资源空间分布及跨区域整合研究[J].西安建筑科技大学学报（社会科学版），2022，41（5）：76-82.

何具体作用于资源分布格局的形成？

（3）基于对山西红色文化旅游资源空间分布特征及影响因素的分析，我们可以如何更有效地保护和利用这些资源，以促进山西红色旅游的发展？

通过对这些问题的研究，本文旨在明晰山西省红色文化旅游资源的空间分布特征，为红色旅游资源的保护、开发和管理提供理论指导和实践建议，促进山西省红色旅游事业的健康发展。

二、研究方法与数据来源

（一）研究方法

1. 核密度分析法

运用核密度分析法研究山西省红色文化旅游资源在空间上的分布特征。核密度值越大，代表红色文化旅游资源在空间上越集聚，其计算公式如下[①]：

$$f_n(x)=\frac{1}{nh}\sum_{i=1}^{n}k\left(\frac{x-x_i}{h}\right) \tag{1}$$

在公式（1）中，n 为研究区域中红色文化旅游资源的数量；h（$h>0$）表示带宽；$k\left(\frac{x-x_i}{h}\right)$ 称为核函数；$x-x_i$ 表示每一红色文化旅游资源预估点 x 至 x_i 样本点的距离。

2. 最邻近指数法

红色文化旅游资源作为点状要素，在空间分布上可能有三种类型：随机型、聚集型和均匀型。最邻近指数可以很好地衡量点状要素空间分布类型。其计算公式如下：

$$\overline{r_E}=\frac{1}{2\sqrt{n/A}},\ R=\frac{\overline{r_1}}{\overline{r_E}} \tag{2}$$

[①] 程乾，凌素培. 中国非物质文化遗产的空间分布特征及影响因素分析[J]. 地理科学，2013, 33（10）: 1166-1170.

式中，R 为最邻近指数；$\overline{r_E}$ 为理论最邻近距离；n 为研究区内红色文化旅游资源数量；A 为研究区面积；$\overline{r_1}$ 为实际最邻近距离。当 $R>1$ 时，红色文化旅游资源趋于均匀分布；当 $R=1$ 时，红色文化旅游资源为随机分布；当 $R<1$ 时，红色文化旅游资源呈现集聚分布态势。

（二）数据来源

红色文化旅游资源名单主要来源于2021年山西省政府发布的《关于核定公布第一批省级红色文化遗址名录的通知》中的191处山西省第一批省级红色文化遗址。其余36处为红色旅游知名景点，来源自各地市文旅局官网。借助百度坐标拾取系统获取以上227处红色文化旅游资源点的地理坐标信息，其余地形、地貌等空间数据来源于中国科学院资源环境数据云平台。

（三）研究区概况

山西是革命老区，抗日战争时期，山西是晋察冀、晋冀鲁豫、晋绥三大敌后抗日根据地的重要组成部分，同时也是八路军三大主力师所在地。山西行政区划如图1所示。抗日战争时期，在中国共产党的领导下，广大军民在山西这块土地上进行了长达8年不屈不挠的艰苦战

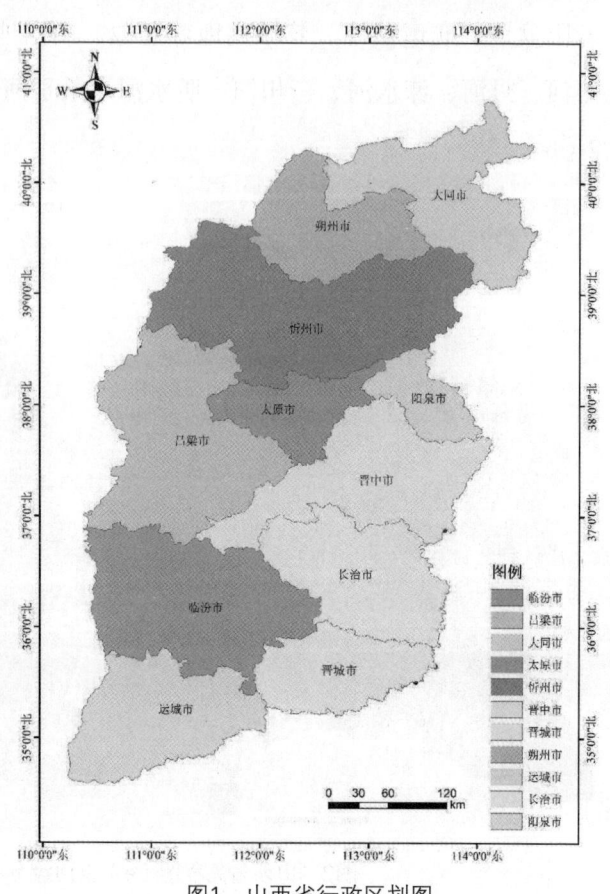

图1　山西省行政区划图

斗，谱写了一曲曲可歌可泣的英雄事绩，留下了许多口口相传的战斗故事，也留下了许多让我们瞻仰、缅怀、学习的红色旅游胜地。

山西处于中纬度地区，坐落于黄土高原东部，东西有太行山和吕梁山两座大山，省内最高峰是五台山主峰叶斗峰，海拔3061.1米，为华北最高峰。山西疆域轮廓呈东北斜向西南的平行四边形，是典型的为黄土广泛覆盖的山地高原地形，地势东北高西南低。高原内部起伏不平，河谷纵横，地貌类型复杂多样，有山地、丘陵、台地、平原，山多川少，山地、丘陵面积占全省总面积的80.1%，平川、河谷面积占总面积的19.9%。全省大部分地区海拔在1500米以上，见图2（a）。山西境内依次分布着大同盆地、忻州盆地、太原盆地、临汾盆地、运城盆地、长治盆地、晋城盆地，阳泉盆地、寿阳盆地、襄垣盆地、黎城盆地等盆地。山西地处黄河流域，境内有汾河、沁河、丹河、涑水河、三川河、昕水河、桑干河、滹沱河、漳河等水系［图2（b）］。

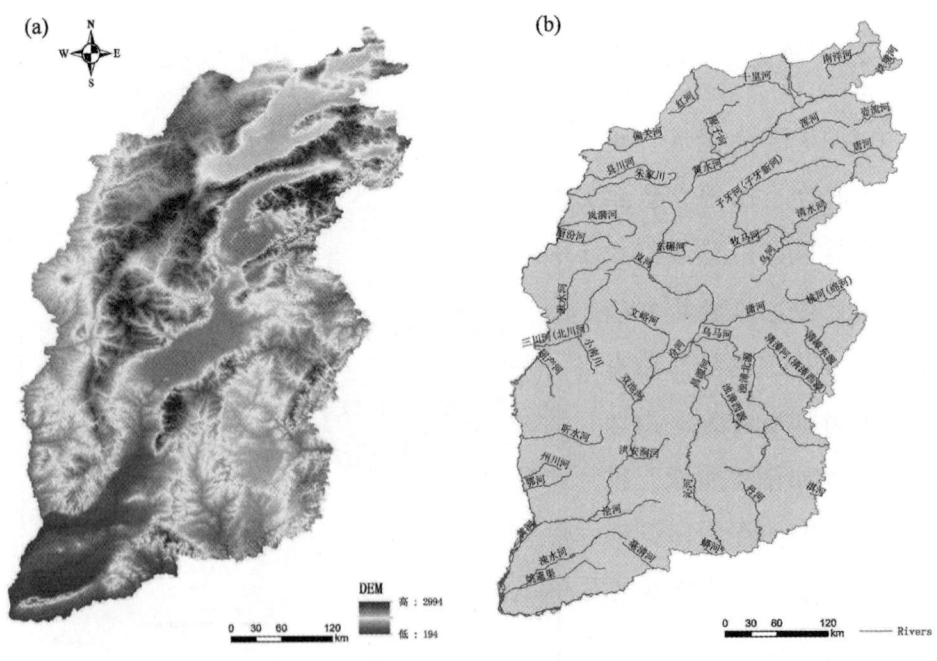

图2　山西省高程图（a）及河流分布图（b）

三、山西省红色文化旅游资源时空分布特征

(一)红色文化旅游资源概况

山西省11个地级市较具代表性的红色文化旅游资源如表1所示。从表中可以看出,红色文化旅游资源主要分布在太行山区、吕梁山区中,还有很大一部分是分布于城市附近的烈士陵园或革命纪念馆等。从总体特点来看,山西红色文化旅游资源分布地区广、资源数量多、类型丰富。具体来讲,山西红色文化旅游资源大多分布在较偏远的山区,但山区一般来讲生态环境更为原始、民风民俗更为淳朴,与红色旅游资源相得益彰,资源组合优势较为明显。从资源类型来讲,山西红色文化旅游资源包含革命遗址地、革命纪念馆、专题博物馆等类型,还包括重大历史事件发生地以及重要人物诞生地、路居、殉难地等类型。

表1 山西省各市部分红色文化旅游资源

序号	市	名称
1	太原	晋绥专署旧址
2		高君宇故居
3		中共太原支部旧址
4		牛驼寨烈士陵园
5		山西国民师范革命活动旧址
6		孙中山纪念馆
7	大同	双塔革命烈士陵园
8		白求恩特种外科医院旧址
9		大同煤矿遇害矿工"万人坑"展览馆
10		大同革命烈士陵园
11		平型关战役遗址及纪念馆

续表

序号	市	名称
12	朔州	应县烈士纪念塔
13		塞北革命烈士陵园
14		李林烈士陵园
15		右玉革命烈士陵园
16		中共右玉县委旧址
17	忻州	忻口战役遗址
18		白求恩模范病室旧址
19		徐向前故居和纪念馆
20		五台山毛主席路居馆
21		金岗库村晋察冀军区司令部旧址
22		南茹八路军总部旧址
23		西河头地道战遗址
24		百团大战康家会战斗遗址
25	吕梁	北坡中共中央晋绥分局旧址
26		刘胡兰纪念馆
27		临县中央后委机关旧址
28		交口红军东征总指挥部旧址
29		石楼县红军东征纪念馆
30		晋绥边区政府及军区司令部旧址
31		晋绥日报社旧址
32		"四八"烈士殉难处
33		贺龙中学

续表

序号	市	名称
34	晋中	山庄新华日报社旧址
35		大寨人民公社旧址
36		麻田八路军前方总部旧址
37		左权将军殉难处
38		晋冀鲁豫边区临时参议会旧址
39		八路军 129 师司令部旧址
40		南会八路军总部旧址
41	阳泉	石评梅故居
42		狮脑山百团大战遗址
43		阳泉市革命烈士纪念馆
44		七亘大捷纪念碑
45	长治	八路军太行纪念馆
46		黎城黄崖洞兵工厂旧址
47		八路军总司令部旧址
48		太岳军区司令部旧址
49		八路军文化园景区
50		板山战斗遗址
51		关家垴战斗遗址
52		长乐村战斗纪念碑
53		八路军太南办事处台东情报站旧址

续表

序号	市	名称
54	晋城	晋豫边抗日纪念馆
55		赵树理故居
56		中国抗日军政大学太岳分校旧址
57		晋冀鲁豫野战军十二纵队整军地旧址
59		太岳烈士陵园
60		町店战斗遗址
61	临汾	临汾战役纪念馆
62		韩略战斗遗址及烈士陵园
63		红军东征永和纪念馆
64		彭真故居
65		古县烈士陵园
66		太岳区第一军分区贾寨旧址
67		八路军总部马牧旧址
68		汾西抗日游击队地下党活动旧址
69		翼城县烈士陵园
70		临汾烈士陵园
71		中共曲沃县委石桥堡旧址
72	运城	夏县堆云洞（河东特委革命活动旧址）
73		平陆杜马烈士陵园
74		平陆朱德总司令路居
75		西牛烈士陵园
76		中共太岳三地委陈家庄旧址
77		八路军总部北阳城旧址
78		第十八集团军兵站北垛旧址

（二）红色文化旅游资源空间分布特征

山西省红色文化旅游资源空间分布情况如图3所示。从图3中可以看出，山西省红色文化旅游资源呈现出"大分散、小集聚"的分布态势。"大分散"指的是红色文化旅游资源在11个地级市均有分布；"小集聚"是指红色文化旅游资源存在4个核心区，分别是长治市、晋中市、吕梁市以及太原市。这种分布格局与抗日战争时期中国共产党根据地战略布局关系密切。

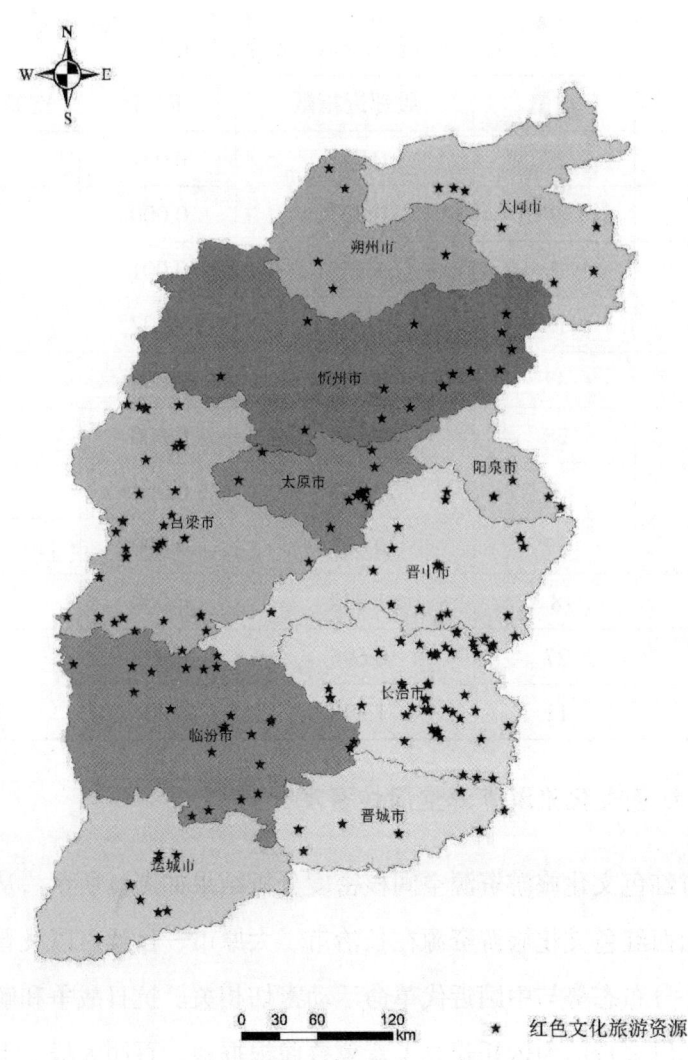

图3 山西红色文化旅游资源空间分布图

利用平均最邻近工具，计算得出山西省 11 个地市红色文化旅游资源的最邻近指数，结果如表 2 所示。从表 2 中可以看出，山西省红色文化旅游资源总体呈现显著的集聚分布特征。从不同地级市看，太原、大同、吕梁、晋中、长治、临汾等 6 个地级市均为集聚分布，其中，晋中市集聚度最高，其次为长治和临汾。相反，朔州、忻州、晋城以及运城等 4 个地级市红色旅游资源呈现显著的离散分布。阳泉市最邻近指数为 1.447，为不显著的离散分布。

表2 山西省红色文化旅游资源最邻近指数

地市	数量	最邻近指数	P 值	空间分布类型
太原	17	0.741	0.041	集聚
大同	9	0.833	0.000	集聚
朔州	5	1.735	0.001	离散
忻州	18	1.340	0.007	离散
吕梁	42	0.715	0.000	集聚
晋中	28	0.535	0.000	集聚
阳泉	4	1.447	0.056	离散
长治	57	0.603	0.000	集聚
晋城	8	1.732	0.000	离散
临汾	27	0.695	0.003	集聚
运城	11	1.378	0.004	离散

（三）红色文化旅游资源空间核密度分析

山西省红色文化旅游资源空间核密度分析结果如图 4 所示。从图 4 中可以看出，山西红色文化旅游资源在长治市、太原市、吕梁市以及晋中市较为集中。这一分布态势与中国近代革命活动密切相关。抗日战争和解放战争期间，八路军以太行山为依托建立了晋冀鲁豫根据地，百团大战、上党战役等均在晋东南留下众多兵工厂、指挥部、会议旧址等史迹。吕梁市也是革命老区，革命战争时期是红军东征主战场、晋绥边区首府和中央后委机关所在地。

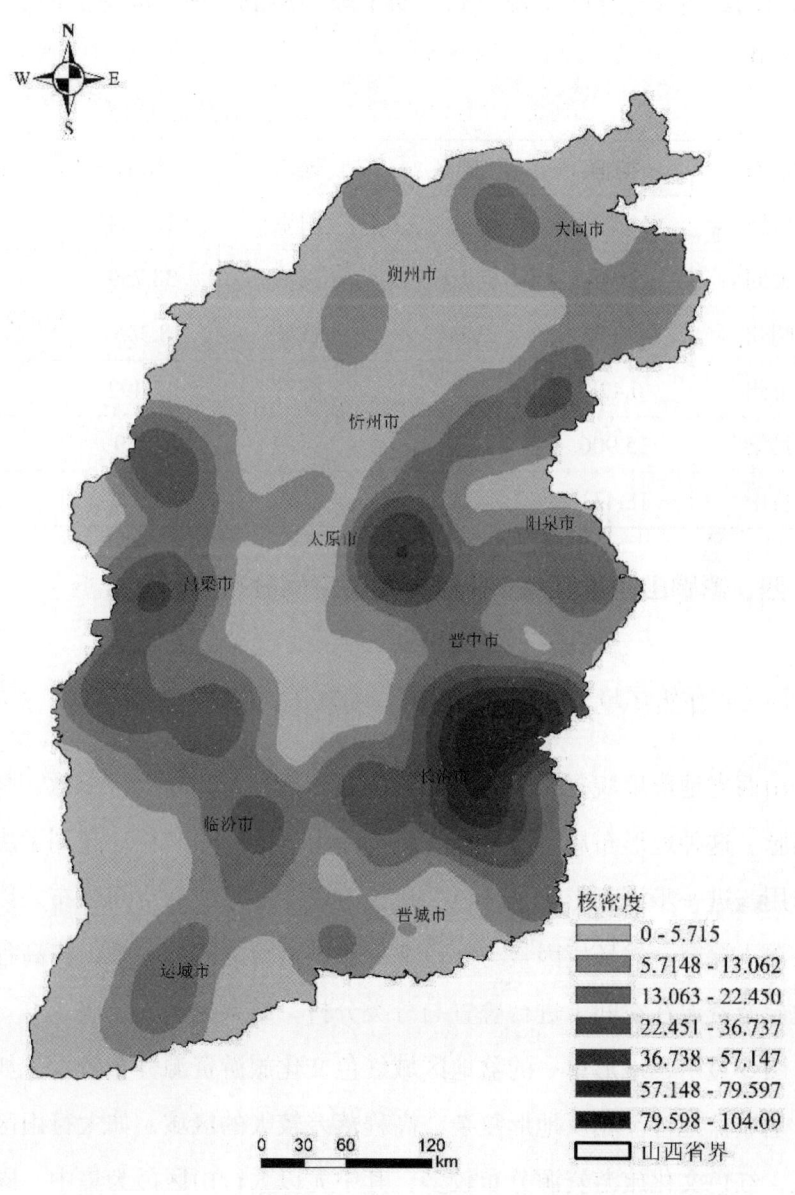

图4　山西省红色旅游资源核密度分布图

进一步,对山西省11个地级市红色文化旅游资源核密度均值进行计算,结果如表3所示。从表3中可以看出,山西省长治市、太原市、晋中市的核密度均值位列全省前三,分别为38.759、18.734、18.431。相反,大同市和朔州市的红色文化旅游资源空间分布上较为离散,核密度均值依次为5.944和4.840。

表3 山西省11个地级市红色文化旅游资源核密度均值

地市	均值	排名	地市	均值	排名
太原	18.734	2	阳泉	10.284	6
大同	5.944	10	长治	38.759	1
朔州	4.840	11	晋城	8.355	7
忻州	6.428	8	临汾	12.492	5
吕梁	15.906	4	运城	6.359	9
晋中	18.431	3	总体	13.321	—

四、影响山西省红色文化旅游资源空间分布的因素分析

(一)自然环境因素

山西省地形地貌复杂多样,地势西高东低,东侧为太行山脉、西侧为吕梁山脉。这种地形布局对于早期红色革命力量的隐藏和移动起到了决定性帮助作用,进一步深刻影响了红色文化旅游资源的形成和空间分布。以高程为例,深入探究自然环境因素与红色文化旅游资源之间的关系,将高程与红色文化旅游资源在空间上进行叠置与分类分析,结果见图5及表3。

图5显示,地形单一的盆地区域红色文化旅游资源分布较少,如大同盆地、运城盆地等。相反地形复杂、高程落差较大的区域,如太行山区及吕梁山区,红色文化旅游资源分布较多,其中尤以太行山区最为集中。同时也可以看出,在山西西部吕梁市黄河沿岸,也分布有较多的红色文化旅游资源,

这些红色旅游资源多与红军东渡黄河开赴抗日前线有关。表4中将不同高程分段中红色旅游资源数量进行统计，可以看出，海拔在687—1011m的红色文化旅游资源有108项，占比达到48.43%。其次为1011—1298m和1298—1647这两个高程段中，资源数量分别为70项及26项。这说明山西省红色文化旅游资源分布与高程密切相关，且主要分布在高程较高的区域。

图5　不同高程上红色文化旅游资源分布情况

表4 不同高程上红色文化旅游资源数量分布

序号	高程范围	数量	占比	排名
1	194—687	18	8.07%	4
2	687—1011	108	48.43%	1
3	1011—1298	70	31.39%	2
4	1298—1647	26	11.66%	3
5	1647—2994	1	0.45%	5

（二）社会经济因素

社会经济因素决定了旅游资源开发的潜力和效率，从而对红色文化旅游资源分布情况产生影响。可以从经济发展水平及交通基础设施建设两个方面分别进行讨论。在经济发展水平方面，山西省内经济条件较好的城市，如太原和大同，由于拥有较强的财政实力和较高的人均收入水平，能够为红色旅游资源的开发提供更多的资金支持和市场需求。例如，太原市通过修建纪念馆、举办红色文化节等方式，不断增强红色旅游资源的吸引力，形成一定的红色文化旅游资源品牌线路。在交通基础设施方面，山西省近年来在高速公路、铁路等建设方面取得了显著进展，形成了较为完善的交通网络。交通基础设施的完善降低了旅游成本，扩大了旅游市场的覆盖范围，使得较偏远地区的红色文化旅游资源可达性增强。总之，经济发展水平对红色文化旅游资源未来的分布的影响将逐渐显现。

（三）政策法规因素

近些年来，红色旅游逐渐成为中国旅游市场上的一个重要板块。山西省委省政府高度重视，通过制定和推行一系列政策措施，为红色旅游资源的挖掘、保护和可持续发展提供了有力的支撑和指导。首先，从资金支持的角度来看，对于一些具有重大历史意义的红色遗址和纪念地，政府会投入专项资金进行修复和维护,确保其历史原貌得以保留,同时提升旅游接待能力,改善游客体验。其次,政府通过制定和实施红色旅游发展规划,对红色旅游资源进行规划和管理。例如,山西省内多个具有革命历史背景的地区,如晋绥边区、太行山区等,都根据政府的旅游发展规划,有计划地开展红色旅游资源的保护和开发工作,通过建设纪念设施、开展纪念活动等形式,让这些地区的红色文化得到传承和弘扬。此外,政府还通过旅游政策的制定,鼓励和引导社会资本参与到红色旅游资源的开发中来,通过公私合营、合作开发等模式,增强红色旅游资源的开发力度和效率。

五、山西省红色文化旅游资源开发策略

(一)完善基础设施建设

基础设施的建设对于红色文化旅游资源开发意义重大。(1)交通基础设施建设。需要对通往红色文化旅游景区的道路进行升级改造,确保道路畅通无阻,同时在重要的交通节点设置指示标志,设置多语言的解说牌、电子导览屏幕和提供智能手机APP导览服务,引导游客顺利到达目的地。对于一些偏远地区的红色景点,还可以考虑增设班车服务,方便没有私人交通工具的游客到访。此外,景区内部的交通也需要得到重视,比如设置环保型观光车、步行道和自行车道,既方便游客游览,又能保护景区环境。(2)通信及数字基础设施建设。很多红色文化旅游景区比较偏远,网络信号覆盖较差。因此,需要改善通信基础设施,以方便游客信息获取与交流。同时,在发展基础较好的景区内,利用增强现实(AR)技术等,极大地丰富游客的参观体验。例如,在某个重要的革命遗址前,游客可以通过AR技术"看到"当年的革命场景,"听到"革命先烈的声音,从而深刻地感受到历史的厚重感和教育的意义。

（二）提升旅游服务质量

旅游服务质量直接影响到游客的体验和对红色文化的理解深度。首先，打造专业且热情的导游队伍。定期为导游提供专业培训，涵盖最新的红色历史研究成果、导游技巧、客户服务等方面内容，是提升导游服务水平的关键。同时，鼓励导游进行创新讲解，结合当地特色和红色故事，使每次讲解都成为一次独特的文化体验。其次，开发多样化的旅游产品。例如，针对学生群体，可以开发红色教育体验营，通过模拟革命时期的生活环境、组织革命历史知识竞赛、实地参观红色历史遗址等活动，让学生在亲身体验中学习历史，培养爱国情怀。对于更广泛的游客群体，可以举办红色主题文化节，如红色电影展映周、革命歌曲演唱会、红色文化讲座等，通过多种形式展现红色文化的魅力，吸引不同兴趣和年龄段的游客。

（三）加强品牌塑造营销

加强品牌塑造和营销是提升山西红色文化旅游资源吸引力的关键策略。山西省红色文化旅游资源丰富，但拿得出手的品牌产品却较为缺乏。尽管长治市八路军太行纪念馆、黄崖洞革命纪念地被列入《全国红色旅游经典景区名录》，但目前还只是4A级景区，红色文化旅游品牌打造力度不够。因此，进行红色文化旅游资源品牌化建设十分必要。在品牌塑造的同时，需要加强产品的营销推广。首先，利用多渠道和多平台宣传，提高山西红色文化旅游资源知名度和影响力。这不仅需要利用传统的媒体渠道，如电视、广播和报纸等，进行广泛宣传，还应充分利用社交媒体、网络平台、在线旅游平台等现代营销手段。其次，与在线旅游平台和旅游博主、网红名人等合作，利用他们的影响力和粉丝基础，对山西的红色文化旅游资源进行推广，这也是一种有效的营销策略。同时，开展旅游展会和文化交流活动。如举办在线红色故事征文比赛、红色旅游摄影大赛、红色文化知识问答等互动活动，也是提升品牌知名度和影响力的重要手段。

流动性视角下的红色旅游公路价值内涵和实践路径[①]

山西大学历史文化学院　张志亮　韩文元

摘　要：旅游公路是红色旅游发展的基础支撑要素，其发展带来的旅游流动性变迁，深刻影响并不断重塑着区域经济和文化的空间格局。本文在消费主义的背景下，将公路叙事中"流动性"的深刻意义与路学研究的红色体系结构相融合，在梳理红色旅游公路建设历程的基础上，从流动性视角对红色旅游公路的交通、文化和美学等方面的内涵和价值进行较为深刻的分析，并从资源整合、技术赋能与人才培养等方面提出了较为切实可行的实践路径。

关键词：红色旅游公路；流动性视角；价值内涵；实践路径

一、引言

红色旅游公路的发展源于中国近现代历史的背景，与具有中国特色的红色旅游相伴而生。《"十四五"文化和旅游发展规划》中提出大力发展红色旅游，并推出"建党百年红色旅游百条精品线路"的建设目标。随着红色旅游在旅游市场中的持续升温，旅游公路逐步成为红色文旅融合的新焦点。发展红色旅游公路能够较好地把红色资源、红色传统、红色基因和公路的平纵线型、工程构筑物相结合，在静态和动态视觉下使公路沿线的自然、人文景

[①] 作者简介：张志亮，山西大学历史文化学院副教授，博士，硕士生导师，主要从事旅游人类学、旅游公共服务研究；韩文元，山西大学旅游管理专业硕士研究生。

观资源与周边环境形成整体美学体验。以交旅融合的逻辑，旅游公路连接沿途各个不同类型红色主题版块，以景观生态廊道的形式融合公路线形、视线诱导、路域景观等多方面的内容，可以为游客提供便利的旅行服务和丰富的精神生活体验。

二、红色旅游公路发展的背景与意义

红色旅游公路的国家政策可以追溯到2004年，以中共中央办公厅、国务院办公厅印发《2004—2010年全国红色旅游发展规划纲要》为标志。该规划对红色旅游的定义、发展红色旅游的总体思路、总体布局和主要措施作出了明确规定，提出配套完善30条"红色旅游精品线路"，结合国家干线公路及农村公路建设规划，重点建设红色旅游景区（点）与主要干线公路的连接线，切实改善通达条件。在2011年至2015年的全国红色旅游发展规划纲要中，红色旅游的发展得到了前所未有的重视和推动。在2017年，交通运输部为支持红色旅游发展，印发了《全国红色旅游公路规划（2017—2020年）》，在"十一五"和"十二五"红色旅游公路建设基础上，确定了126个红色旅游公路项目，建设总里程约为2442千米，其中中西部地区建设里程占比达90.8%。[1]《全国红色旅游公路规划（2017—2020年）》强调，加强红色旅游公路建设对于发扬红色传统、传承红色基因、发挥红色旅游的多重效益具有重要意义。要在习近平总书记的精神指引下，加强一体化，加大财政和技术支持力度，有效改善红色经典旅游景点的对外交通条件，为振兴老区和扶贫奠定基础，为全国红色旅游发展提供有力支持。2021年是建党百年，为了庆祝这一重要时刻，全国范围内推出了"建党百年 红色旅游百条精品线路"。线路不仅串联起了中国共产党历史上的重要地理节点，也展示了革命老区在新时代的发展成果。在2022年"十四五"文化发展规划

---

[1] 韩元军. 新时代我国红色旅游发展的理论共识、重要关系和战略方向[J]. 中国旅游评论，2021（2）：7-12.

中，红色旅游作为重要的组成部分，被赋予了新的使命和发展机遇。同时，规划还提出要加强红色旅游与生态旅游、乡村旅游等融合发展，推动红色旅游产业的多元化发展。

表1 红色旅游公路国家政策

发布时间	政策/会议	相关内容
2004年12月	《2004—2010年全国红色旅游发展规划纲要》	培育形成12个"重点红色旅游区"，配套完善30条"红色旅游精品线路"。建设红色旅游配套交通体系，结合国家干线公路及农村公路建设规划，重点建设红色旅游景区（点）与主要干线公路的连接线。
2011年5月	《2011—2015年全国红色旅游发展规划纲要》	中央政府继续安排专项资金，支持各地红色旅游基础设施建设、陈列布展和革命文物保护，以及为红色旅游配套的干线公路建设。
2016年1月	《国民旅游休闲纲要（2013—2020年）》	大力发展红色旅游，提高红色旅游经典景区和精品线路的吸引力和影响力。
2016年2月	《关于加大脱贫攻坚力度支持革命老区开发建设的指导意见》	大力推进老区高等级公路建设，力争实现老区所在地级市高速公路通达。
2016年10月	《2016—2020年全国红色旅游发展规划纲要》	完善道路交通和服务设施条件，完善红色旅游配套交通体系，加快景区到周边主要城市或干线公路的支线公路和连接道路建设，支持为红色旅游经典景区直接配套的干线公路建设。
2017年3月	《关于促进交通运输与旅游融合发展的若干意见》	支持为红色旅游景区直接配套的红色旅游公路建设。
2017年8月	《全国红色旅游公路规划（2017—2020年）》	确定126个红色旅游公路项目，建设总里程约2442公里。重点对红色旅游经典景区景点现状四级以下的出口路、直接连接和服务景区景点的三级及以下普通干线公路进行升级改造。
2017年11月	《全国红色旅游经典景区三期总体建设方案》	重点加强开展红色旅游活动所必需的基础设施建设。

续表

发布时间	政策/会议	相关内容
2018年7月	《关于实施革命文物保护利用工程（2018—2022年）的意见》	加强全国红色旅游经典景区和红色旅游精品线路建设，打造全程贯通的"重走长征路"红色旅游精品线路。实施长征文化线路保护总体规划，建设长征文化线路保护利用示范段。
2019年7月	《文化旅游提升工程实施方案中央预算内投资管理办法》	红色旅游基础设施建设项目不受最高补助限额的限制。
2021年5月	《关于在全社会开展党史、新中国史、改革开放史、社会主义发展史宣传教育的通知》	深入挖掘红色文化内涵，精心设计推出一批精品展览、红色旅游精品线路、学习体验线路。
2021年5月	《关于发布"建党百年红色旅游百条精品线路"的公告》	文化和旅游部、中央宣传部、中央党史和文献研究院、国家发展改革委联合发布"建党百年红色旅游百条精品线路"。
2021年11月	《"十四五"文物保护和科技创新规划》	发展红色旅游及红色研学旅行，打造红色经典景区和精品线路，助力乡村振兴和革命老区振兴发展。
2022年8月	《"十四五"文化发展规划》	依托革命博物馆、党史馆、纪念馆、革命遗址遗存遗迹等，打造红色旅游经典景区和经典线路。

　　红色旅游公路的建设不仅有助于推动旅游业的发展，还有着更为深远的意义。在发挥基本属性的基础上，红色旅游公路串联起众多红色旅游资源，为游客提供更加便捷、舒适的旅游体验。红色旅游公路的建设有助于促进区域经济的发展，带动相关产业的发展。在精神文化层面，红色旅游公路还有助于传承和弘扬红色文化，增强民族认同感和凝聚力。

三、流动性视角下的红色旅游公路价值内涵

（一）流动性视角的引入

流动性是旅游的基本属性之一，流动性视角的引入为红色旅游公路的价值研究提供了新的视角和方法。在传统的旅游研究中，红色旅游公路通常被视为一种旅游要素，其价值主要体现在历史文化、景观美学等方面。然而，流动性视角的引入，让我们意识到红色旅游公路的价值不仅仅局限于其作为旅游资源的属性，还与其在区域经济社会发展中的地位和作用密切相关。

流动性在旅游过程中表现得较为明显，旅游过程本身就是一个典型的流动过程，流动性视角下的旅游研究主要基于行为分析和语言现象学，流动性与感官和体验有关，需要在"有形的"环境中进行观察和描述[①]。流动成为旅游的核心，旅游流动日渐成为重要的流动形式，旅游流动不仅包括传统旅游地理学研究中旅游者个体的空间流动（旅游流），更重要的是与之相随的各种资源、关系、权力等所构成的流动性系统，及其引发的社会和文化关系、资本及经济关系的流动[②]。"流动性"是研究区域交通和旅游地空间结构及其耦合关系的重要理论视角。"流动性"视角下的"流空间"研究，突破了"场所空间"和"区域差异"的限制，关注"流动"要素及其相互作用，重视"流空间"和"区域关系"，能够更加真实地反映区域空间结构及其演化特征与作用机制，因而成为主导性的区域空间逻辑[③]。流动性视角强调的是空间和时间的可达性、连通性和便捷性，而这些因素直接影响到区域经济社会的可持续发展。红色旅游公路作为连接红色旅游景点与客源地的交通要道，其价值不仅在于本身的资源属性，更在于其在促进区域经济社会发展、

[①] 洪学婷. 流动性视角下乡村旅游地乡村性的演化特征及影响机理 [D]. 南京师范学，2021.

[②] 孙九霞，周尚意，王宁，等. 跨学科聚焦的新领域：流动的时间、空间与社会 [J]. 地理研究，2016, 35 (10)：1801-1818.

[③] 黄睿. 流动性视角的高速公路与旅游地空间格局及耦合机制 [D]. 南京师范大学，2019.

提升地区形象、加强文化交流等方面的重要作用。

红色旅游线路中，不同革命历史纪念空间都表达着"纪念"这一共通的场所精神，组织出一个被这些场所精神环绕的流动空间；同时，每个革命历史纪念空间点的场所精神有所区别，使得整个流动空间的场所精神呈现出随时空演进而起伏流转的状态。在规划红色旅游线路中，开发者常借助不同空间点的差异化设置形成流动空间内场所精神的变化。随着旅游业的发展和交通基础设施的完善，越来越多的学者开始关注红色旅游公路的价值研究。例如，张朝枝等人（2017）从流动性视角出发，以骑行入藏的旅游者为研究样本，关注流动性旅游体验，研究发现，流动性体验由行为情景、氛围情景以及情感情景三维结构组成，情感体验基于周边环境、人、物等共同建构，形成对地方的情感与自我认同，在地方变化的过程中情感体验也不断流动[①]。王学基等人（2019）基于流动性视角，探索了川藏公路旅行者的流动性旅游体验，研究发现，流动性体验作为核心体验，涉及中介、身体与情感的融合与互动，流动性过程塑造了旅游者的具身性体验[②]。

总的来说，流动性视角的引入为红色旅游公路的价值研究提供了新的思路和方法。伴随研究的深入和实践经验的积累，红色旅游公路的价值将会得到更全面、更深入的挖掘和发挥。

（二）红色旅游公路的价值分类

红色旅游公路的价值的定义与分类是流动性视角下研究的重要内容。红色旅游公路不仅是一条交通道路，更是一种具有特殊历史、文化和地理意义的旅游资源。从价值定义的角度来看，红色旅游公路的价值主要体现在其历

---

① 张朝枝，张鑫.流动性的旅游体验模型建构——基于骑行入藏者的研究[J].地理研究，2017，36（12）：2332-2342.

② 王学基，孙九霞，黄秀波.中介、身体与情感：川藏公路旅行中的流动性体验[J].地理科学，2019，39（11）：1780-1786.

史价值、文化价值、社会价值和经济价值等方面。

1. 历史价值方面，红色旅游公路见证了我国革命历史上的重要事件和历程，是传承和弘扬红色文化的重要载体；

2. 文化价值方面，红色旅游公路沿线的自然景观和人文景观融合了传统文化和现代文明，具有极高的艺术价值和审美价值；

3. 社会价值方面，红色旅游公路对于弘扬爱国主义精神、加强民族团结和推动地方经济发展具有重要意义；

4. 经济价值方面，红色旅游公路作为重要的旅游资源，对于促进旅游业发展和区域经济增长具有重要作用。红色旅游资源集中，便于与客源地和中心城市连接，红色旅游公路的串联和开发能够形成新的旅游网络节点。连接"红色旅游经典景区"，形成支撑重点红色旅游区的骨干框架。红色景区内部交通连接顺畅，或者经过改扩建后能够满足游客的升级需求。以公路形成的景观廊道与周边丰富的自然生态旅游、历史文化旅游、民族风情旅游等结合，形成吸引力强的复合型旅游线路。

流动性视角下的红色旅游公路价值内涵，通常不仅限于交通价值、美学价值、文化价值、经济价值、社会价值等价值中的某个单一方面，而是多角度、多样性地展现其价值。首先，由于公路的通达性和现实作用，交通价值与社会价值、经济价值一向相辅相成。红色旅游公路的建设可以改善当地的交通条件，提高可达性，使得当地的旅游资源得到更好的开发和利用。红色文化和旅游公路建设的深度融合，可以激发红色文化产业化发展活力[1]。交通的通达造就了区域的联通，串联起的红色旅游景点使红色旅游公路的场所精神在区域内协同，有助于传承和弘扬红色文化，增强联结区域内的凝聚力，因而展现其社会价值。而便利的交通和区域协同的场所精神又能够吸引更多的游客，在此基础上，立足红色文化资源优势，通过红色文化和旅游

---

[1] 陈蓉. 红色文化与旅游公路建设深度融合路径探析——以盐城市为例[J]. 盐城工学院学报（社会科学版），2022, 35（4）：5-9.

公路建设的融合发展,进一步优化红色文化产业结构,积极推动红色文创、红色旅游的发展,把红色资源优势转化为经济社会发展优势,推动红色文化产业高质量发展。红色旅游经济的发展可以带动相关产业的发展,如餐饮、住宿、交通等,增加就业机会,促进地方经济的繁荣,经济繁荣又会反哺交通价值与社会价值,形成良性循环,从而对地方发展产生长足影响。

在分类方面,红色旅游公路的价值可以分为直接价值和间接价值。直接价值主要体现在门票收入、旅游纪念品销售等方面,而间接价值则包括带动相关产业的发展、提高当地居民生活水平、促进就业等方面。同时,根据不同的评估标准和角度,红色旅游公路的价值还可以分为内在价值和外在价值、使用价值和非使用价值等。

总之,红色旅游公路的价值是多方面的,不仅体现在历史、文化和地理意义上,也体现在经济和社会方面。在实践中,应该充分认识和挖掘红色旅游公路的价值,加强管理和保护,推动其可持续发展,为传承红色文化,促进旅游业发展和区域经济增长做出更大的贡献。

(三)流动性视角下红色旅游公路的价值特点

红色旅游公路作为连接旅游景点与市场的纽带,其价值特点主要体现在流动性上。在流动性视角下,红色旅游公路的价值不仅在于其基础设施建设的质量和规模,更在于其对于游客流动性的促进和区域经济的带动作用。首先,红色旅游公路的建设和完善,可以提升游客的出行体验和旅游品质,从而增加游客的流动性。流动性视角下旅游是一种生活方式,与消费导向或生产导向的旅游流动方式不同,它的出现促使旅游和休闲之间的界限变得越来越模糊[1]。红色旅游线路中的停泊点,在旅游流动中产生动静结合的特点,具有让旅行者停下来和慢下来的特质,极大影响着旅行者的移动节奏与方

---

[1] 徐红罡,唐香姐.流动性视角下打工旅游者行为特征研究——以大理古城为例[J].人文地理,2015,30(4):129-135.

向,而红色旅游公路和红色旅游景点的联结能够让旅行者在移动过程中获得更稳定的支点,从而稳定移动节奏和方向[①]。

其次,红色旅游公路的建设还可以促进区域内的经济流动性和资源整合。在红色旅游景区,由于公路的通达性和便捷性得到了提升,吸引了更多的游客前来参观游览,从而带动了当地餐饮、住宿、购物等产业的发展,实现了区域内的经济循环和资源共享。

此外,流动性视角下的红色旅游公路价值特点还体现在可持续性和社会效益上。通过合理的规划和设计,红色旅游公路不仅可以满足当代人的旅游需求,还可以保护生态环境和历史文化遗产,实现经济效益和社会效益的双赢。再者,红色旅游公路下的旅游移动范式使得流动性能够深刻影响社会角色的分配和身份认同的展演,流动作为资源和权利使得流动实践成为身份的一种表征,界定了主体在社会结构中的位置,流动性使社群与个体的身份认同更加多样化、更具弹性,从而使得游客个体能够跨越地域和文化的界限,形成新的身份认同,因而在红色旅游的认同感和教育性方面能够达到更好的效果[②]。

(四)红色旅游公路价值内涵的影响因素

红色旅游公路的价值内涵受到多方面因素的影响。首先,政策因素是关键的驱动力量。例如,政府对红色旅游景区的投资和支持力度,以及相关政策的出台,如税收优惠、门票免费等,都会对红色旅游公路的价值产生显著影响。据统计,近年来政府对红色旅游景区的投资年均增长率为10%,这为红色旅游公路的发展提供了有力保障。

[①] 解佳,孙九霞.旅游流动中停泊的意义:移动性视角下的青年旅舍研究[J].旅游科学,2019,33(4):32-46.

[②] 黄潇婷,张琳琳,苟茂兰.从地域人到区域人假设的提出——旅游移动视角下关于地方感的思考[J].旅游学刊,2019,34(6):28-36.

其次,市场因素也是不可忽视的力量。随着人们生活水平的提高和旅游需求的增长,红色旅游市场不断扩大。据中国旅游研究院的数据显示,红色旅游的游客数量和旅游收入均保持了逐年两位数的增长。这为红色旅游公路的发展提供了广阔的市场前景。

此外,文化也是影响红色旅游公路价值的重要因素。红色旅游公路沿线丰富的历史文化、革命传统等资源,具有极高的教育意义和纪念价值。例如,延安的"南泥湾精神"、井冈山的"长征起点"等,都是红色旅游公路上重要的文化节点。这些资源对于提升红色旅游公路的文化内涵和吸引力具有重要作用。

最后,技术因素也在一定程度上影响了红色旅游公路的价值。随着科技的进步和应用,如智能交通系统、虚拟现实技术等,为游客提供了更加便捷、高效的旅游体验。这些技术的应用不仅提升了红色旅游公路的服务质量,也增强了游客的参与感和体验感。

(五)红色旅游公路价值评估

价值评估是红色旅游公路研究的重要环节,有助于深入理解红色旅游公路价值内涵,为实践路径提供指导。在流动性视角下,价值评估的方法和模型应充分考虑旅游公路的特性,如地理位置、历史文化背景、旅游资源等。一种常用的评估方法是成本法,通过估算项目的开发成本、运营成本等来评估其价值。另一种常用方法是收益法,通过预测未来收益并折现来评估项目的价值。此外,市场比较法也是一种有效的评估方法,通过比较类似项目的市场价格来评估红色旅游公路的价值。在实践中,应根据具体情况选择合适的评估方法。例如,可以采用条件价值评估法,通过调查问卷的方式了解游客对于红色旅游公路的支付意愿,从而得出其经济价值;也可以采用旅行费用法、享乐定价法和重力模型等方法,综合考虑游客的出行成本、时间成本和满意度等因素,评估红色旅游公路的综合价值。对于具有独特历史文化价值的红色旅游公路，可以采用收益法结合专家意见来进行价值评估。而对于具有良好市场前景的红色旅游公路，可以采用市场比较法结合财务分析来进行价值评估。

在实践中，红色旅游公路的价值评估还需要综合考虑各种因素，包括公路的使用频率、沿线土地利用情况、游客满意度等。假设通过调查数据，依托旅行费用法、享乐定价法等模型，量化分析游客的出行成本、时间成本以及公路使用者的支付意愿。通过美学评价指标体系分析道路景观的优美程度和愉悦指数，还可以借鉴国内外成功案例的经验和教训，不断完善我们的评估要素、方法和实践路径。

流动性视角下的红色旅游公路价值还体现在其与周边区域的互动和影响上，这种互动关系可以通过区域内的交通流量、旅游流以及信息流等数据来进行量化分析。因此，流动性视角下的研究，需要以旅行过程本身作为研究的出发点，并关注情感体验、物质和社会关系3个维度之间的复杂关联。在分析游客的旅游决策时，还需要综合地考虑这些非经济因素所带来的影响[1]。在评估红色旅游公路的价值时，需要采用综合评估方法，全面考虑其多方面的价值和影响。

为了充分发挥红色旅游公路的价值，需要设计相应的实践路径。在流动性视角下，红色旅游公路的实践路径应注重提升其流动性和互动性。具体而言，可以通过优化交通组织、完善旅游服务设施和提高信息流通效率等措施来实现。例如，可以加强公路与其他交通方式的衔接，提高交通可达性；同时，可以丰富沿线旅游产品和服务，提升游客的旅游体验；此外，还可以加强与周边区域的合作与交流，促进信息和资源的共享与流通。这些实践路径的实施将有助于充分发挥红色旅游公路的价值，推动区域经济和社会的持续发展。

---

[1] 吴寅姗，陈家熙，钱俊希.流动性视角下的入藏火车旅行研究：体验、实践、意义[J].旅游学刊，2017，32（12）：17-27.

四、流动性视角下的红色旅游公路实践路径

红色旅游公路的建设和发展现状是流动性视角下研究的重要基础。随着国家对旅游业和基础设施建设的不断重视，红色旅游公路的建设和发展取得了显著成效。红色旅游公路的建设不仅改善了当地的交通条件，促进了当地经济的发展，同时也为游客提供了更加便捷的旅游体验。在实践路径方面，各地根据自身的特点和实际情况，因地制宜地推进红色旅游公路的建设和发展。例如，一些地方通过加强与周边地区的合作，实现资源共享和优势互补；一些地方则注重提升红色旅游公路的品质和服务水平，提高游客的满意度。这些实践路径的设计和实施策略，为红色旅游公路的可持续发展提供了有力保障。

（一）红色旅游公路的建设和发展现状

以山西省为例，山西省的红色旅游公路发展历程充分展现了政策与实践相结合的重要性。通过政策的引导和支持，以及各级政府和相关部门的积极行动，山西省红色旅游公路建设取得了显著成效，为游客提供了更加便捷、舒适的旅游体验，也为当地经济社会发展注入了新的动力。山西省层面的红色旅游公路发展历程与政策支持紧密相连，山西省政府及相关部门出台了一系列政策措施，为红色旅游公路的建设和发展提供了有力的政策支持和保障。在实践层面，山西省各级政府和相关部门积极行动，通过规划和建设红色旅游公路，将红色旅游资源与交通网络紧密相连。一方面，加强了对红色旅游公路的规划和设计，注重提升道路等级和通行能力，确保游客能够顺畅地前往各个红色旅游景区。另一方面，注重与周边省份的互联互通，形成了多条红色旅游精品线路，为游客提供了更加丰富的旅游选择。同时，山西省还注重将红色旅游公路建设与乡村振兴、文化旅游融合发展相结合。通过打造红色旅游经典景区和精品线路，不仅吸引了大量游客前来参观游览，还带

动了沿线乡村的经济发展，为当地群众带来了实实在在的收益。这种融合发展模式不仅提升了红色旅游公路的综合效益，也为当地经济社会发展注入了新的活力。

表2 红色旅游公路之山西省政策

发布时间	政策/会议	相关内容
2017年1月	《山西省"十三五"红色文化传承保护与发展规划》	打造重点红色旅游精品线路，"三纵十二横十二环"高速公路和主要交通干道，统筹规划红色旅游资源，开发适合团体游与自驾游的精品线路。加强产品创新，丰富体验活动，提高红色旅游项目的参与性，结合爱国主义、革命传统和党风廉政教育基地特色品牌建设，打造红色旅游精品线路。
2020年9月	《深化全省文化旅游与京津冀、长三角、粤港澳大湾区区域合作行动方案》	整合我省红色旅游资源，挖掘红色文化精神内涵，开发我省与京津冀区域互联互通的红色旅游线路。
2021年2月	《山西省人民政府办公厅关于深化文化和旅游融合发展的实施意见》	支持鼓励各红色旅游资源集聚地区和红色旅游景区开发文创类红色旅游纪念品、演艺类产品。
2021年6月	《山西省黄河、长城、太行三个一号旅游公路规划纲要（2018—2025年）》	通过旅游公路建设进一步打造五台山、恒山、左权百里画廊、黄崖洞等9个龙头景区的建设，带动沿线百个特色旅游点发展。在建设中应灵活选项，针对太行山区地形特点随坡就势，打造太行健身登山步道，融入自然，体现太行原生态山水特色，重点建设山地型驿站，体现太行区域独特的"红色+红叶"双红景观。
2021年12月	《关于印发山西省"十四五"文化旅游会展康养产业发展规划的通知》	打造经典红色景区，培育红色精品旅游线路。推动"红绿融合"，打造"生态+红色"复合型红色文化旅游带。

续表

发布时间	政策/会议	相关内容
2022年3月	《山西省全域旅游发展规划纲要》	建设十个红色旅游经典旅游带。构建红色旅游城乡体系。在旅游交通网络及配套体系建设方面，公路建设规划要加快推进三个一号旅游公路建设，全面建成旅游公路网。
2022年9月	《山西省黄河文化保护传承弘扬规划》	培育黄河文化旅游精品线路。串联多地红色旅游景区景点，建设"走向胜利"抗战线路。建成黄河流域旅游风景道。对接太行山国家森林步道建设，打造以太行山大峡谷、红色太行为载体的太行山生态旅游风景道。
2023年5月	山西红色文旅推介大会	推介会发布了20条红色旅游线路，其中，全省11市红色旅游线路11条，全省连线红色旅游线路9条。
2023年8月	《用好红色资源 培育时代新人 红色旅游助推铸魂育人行动计划（2023—2025年）》	优化红色旅游产品供给，持续完善"建党百年红色旅游百条精品线路"，鼓励各地文化和旅游部门推出一批红色旅游研学精品线路。
2024年2月	《关于推动文旅产业高质量发展的实施意见》	编制晋冀豫、晋绥和晋察冀革命文物保护利用片区整体规划，分主题创建、公布革命游路径。

（二）流动性视角下红色旅游公路的实践路径设计

在流动性视角下，红色旅游公路的实践路径设计需要综合考虑多个因素。首先，要明确红色旅游公路价值的定义与分类，包括经济价值、社会价值、文化价值和生态价值等方面。同时，要分析流动性视角下红色旅游公路的价值特点，例如其对于区域经济发展的带动作用、对于文化传承的促进作用等。在此基础上，需要研究影响红色旅游公路价值内涵的因素，如政策环境、市场需求、资源条件和技术创新等。通过这些分析，可以为实践路径设计提供理论支持和实践指导。

在流动性视角下，红色旅游公路的价值评估是其实践路径设计的重要环节。可以采用多种方法和模型进行价值评估，例如条件价值评估法、旅行费用法、享乐定价法等。通过这些评估方法，可以得出红色旅游公路的价值评估结果，为其实践路径设计提供依据。同时，需要关注价值评估的实践应用，例如在决策制定、资源管理和可持续发展等方面的应用。通过实践应用，可以进一步发挥红色旅游公路的价值，推动区域经济的可持续发展。

在流动性视角下，红色旅游公路的实践路径设计需要关注多个方面。首先，要充分了解红色旅游公路的建设和发展现状，包括已建成的路段和未建成的路段、建设过程中的问题和难点等。在此基础上，需要设计具体的实践路径，包括投资融资、规划设计、建设施工和运营管理等方面的措施。例如，可以通过引入社会资本、采用PPP模式等方式解决资金问题；通过采用绿色技术、智能化手段等方式提高建设质量和运营效率。同时，需要制定相应的实施策略和措施，确保实践路径的有效实施。

在流动性视角下，红色旅游公路的价值内涵与实践路径得到了更深入的挖掘。首先，从价值内涵方面来看，流动性视角为红色旅游公路价值的定义与分类提供了新的视角。例如，以"重走长征路"为主题的红色旅游线路按照历史进程先后串联起江西瑞金、贵州遵义、四川泸定、陕西吴起、甘肃会宁等重大革命事件发生地。它们以红军长征为主题，描绘红军攻坚克难的奋斗历程，彰显红军坚忍不拔的毅力和英勇无畏的精神。在该线路基础上形成的流动空间内部主题相对均质，有流畅的故事线索，自洽、完整地表达了"纪念"的场所精神。同时，随着旅游者在该空间中穿梭，他们也可以感受到场所精神在内涵、节律、情感力量等方面的细微变化[①]。

其次，在实践路径方面，流动性视角为红色旅游公路的建设和发展提供

---

① 冯一鸣，田焯玮，周玲强.旅游流动性视角下的场所精神——革命历史纪念空间的新议题[J].旅游学刊，2021，36（6）：11-12.

了更具针对性的策略。在规划红色旅游线路时，开发者常借助不同空间点的差异化设置流动空间内场所精神的变化。例如，南京雨花台烈士陵园将群雕、纪念碑、纪念馆、忠魂亭依次排布于一条直线，使旅游者在移步换景过程中体验"起景—高潮—转折—结尾"的四段式纪念精神[1]。总之，场所精神可以是流动的。

为了更好地指导实践路径设计，可以借鉴国内外的典型案例。例如，美国著名的蓝岭公路，以其独特的风景和丰富的文化历史吸引了大量游客前来体验。在国内，也有一些成功的红色旅游公路案例，如延安的"红色旅游公路"等。通过对这些案例的分析和总结，可以提炼出一些成功的经验和做法，为流动性视角下的红色旅游公路实践路径设计提供有益的参考。

在总结研究结论的基础上，可以对未来研究提出一些建议和展望。例如，进一步深入研究红色旅游公路的价值内涵和实践路径设计的关系；探讨如何更好地将流动性视角应用于红色旅游公路的研究和实践；研究如何通过政策引导和市场机制推动红色旅游公路的可持续发展等。通过这些研究，可以为未来的红色旅游公路发展提供更加科学和全面的理论支持和实践指导。

（三）实践路径的实施策略与措施

在流动性视角下，红色旅游公路的价值不仅体现在其作为交通工具的使用价值上，更在于其对于区域经济、文化和社会发展的推动作用。为了充分发挥红色旅游公路的价值，需要制定和实施一系列的实践路径策略与措施。首先，政府应加大对红色旅游公路的投资力度，提高其建设和维护标准，确保其具备良好的通行条件和旅游服务功能。同时，还应鼓励社会资本参与红色旅游公路的建设和运营，形成多元化的投资和经营模式。其次，要注重红色旅游公路与周边环境的协调发展，加强生态保护和文化传承，提升旅游价

---

[1] 杨蕾. 红色旅游背景下广州红色文化景观的保护和利用研究 [D]. 广州：华南理工大学，2013.

值和吸引力。此外，还应加强红色旅游公路的宣传推广，提高其知名度和美誉度，吸引更多的游客前来体验和游览。为了确保实践路径的有效实施，还应建立完善的监测和评估机制，及时发现问题并采取相应的改进措施。

1. 加强宏观指导与协调，整合各部门和各方面的资源

红色旅游景区景点分布全国各地，归属及体制各异，目前缺乏有效的统一管理及调度，亟须进行协调与整合，形成有序发展的大格局。如很多红色景区景点在内容上有相近之处，如果每个地方都搞小而全，不仅会造成社会资源的浪费，而且将影响红色旅游的整体形象。有关方面应从宏观上对全国红色旅游景区景点加以规划管理，明确每一景区景点的特色、工作重点和发展方向，以避免各景区景点盲目发展带来的资源浪费，努力形成全国红色景区景点一盘棋的有序发展格局。要大力促进景区景点间的交流。目前虽然部分景区景点间也有交流活动，但缺乏有组织性，交流成果没有公开化、理论化、系统化，很少能找到指导红色景区景点发展的理论文章。有关部门可以组织不同主题的研讨和交流活动，汇集成果，用以指导景区景点的实际工作。此外，要采取有效措施优化文物资源的配置。进入市场经济时代后，文物资料的交流非常困难，建议有关方面统一调度，合理配置文物资源，最大限度发挥文物作用，避免文物的闲置和浪费。

2. 新技术赋能发展，改善旅游体验

伴随 VR、AR、5G 等新技术的涌现，线上文博、数字博物馆等新兴业态开始兴起，旅游的数字化转型为红色旅游公路的发展注入了新活力。现代科技手段提升红色旅游公路的管理和服务水平，例如，通过引入智能化交通管理系统，实现交通流量实时监测和调度，提高公路的通行效率和安全性。此外，还可以通过开展线上线下互动活动、引入 VR/AR 技术等方式增强游客的沉浸感和参与感，提升红色旅游公路的体验价值。

利用大数据和云计算技术可通过游客在搜索与浏览所产生的实时需求、页面停留时间、转载评价内容等进行数据分析，快速建立预测性模型，特别

是对青年人和老年人这类群体的旅游轨迹、参与特征、选择偏好等消费行为进行精细捕捉，立体化地分析公路资源的利用率和影响力，形成红色旅游公路资源的个性化推荐，促进红色旅游产品的差异化供给。大数据从宏观层面上把握旅游者思想情感和价值观念的变化，对于评估红色公路旅游所带来的社会效应和红色教育实效性具有重要参考价值。"数字化再现"实现沉浸式体验、个性化定制和智能互动。通过打造"云研学+旅游"新模式，建设远程培训平台，还能为游客提供公路研学服务，建立结构虚拟却最真实的红色"田野教学"场景。

3. 坚持融合发展，打造特色品牌

红色旅游的融合发展一方面需要以文化生态协同发展为支撑，创新"红色+"业态模式。不断推进红色旅游与民俗文化、乡村文化、自然景观相结合。使旅游景观、旅游要素与红色文化相融合，将红色元素植入游憩体验和娱乐活动中。主题驿站、主题绿道、马道、主题餐厅等公路设施从功能型向游憩型转变，凸显红色主题文化特色。江苏沙家浜以其独特的自然生态资源和民俗文化优势，打造出红色旅游与生态旅游融合发展的新样板。沙家浜景区通过党性教育、生态观光、实景演艺、特色民宿等板块，成为引领红色旅游发展的典范，走出了沙家浜特色红色旅游发展之路。

红色旅游发展的关键在于如何将地域特色和文化记忆有机融入产品设计和项目开展之中，让游客在旅游观赏中产生更为深入的人文理解与情感认同。不同地区红色景区要根据资源特质和社会表征，因地制宜，打造独特的文化品牌，树立整体形象。与此同时，也要不断加强专业人才的培养，将人才的培养和应用与特色区域品牌相结合，促进红色旅游的发展。

红色旅游的融合发展需要以文化生态协同发展为支撑，创新"红色+"业态模式。不断推进红色旅游与民俗文化、乡村文化、自然景观相结合。红色旅游还要加强同爱国主义教育基地的融合，拓展红色教育的"第二课堂"，彰显红色文化的时代价值。依托红色旅游，广泛运用各种媒体进行宣传，实

现线上线下融合发展,以潜移默化的形式让游客接受爱国主义教育。红色旅游能够将爱国主义教育基地串珠成链,较好地彰显出红色文化的价值内涵。

4. 加大扶持力度,加强对红色旅游基础建设的投入

发展红色旅游不仅是文化工程、经济工程,也是政治工程,必须依靠政策扶持。从中央到地方都要加强对红色旅游基础建设的投入。有关方面应制订积极的财政政策,建立财政投入稳定增长机制,对免费开放场馆进行经济补偿机制,重点加强旅游交通等基础设施建设。研究制订鼓励红色旅游开发的政策,在税收、用地等方面给予投资者优惠。研究制订奖励政策,对开发红色旅游公路相关的企业、旅行社等给予奖励。加大红色旅游公路旅行的公益宣传,推动形成全社会关心红色旅游发展的浓厚氛围。

5. 注重人才培养,建立专业智库团队

红色旅游公路的研究和实践需多学科交叉的知识体系,要求具备交通运输、旅游管理、文化审美等方面多元复合的人才队伍。在学校人才培养中,应注重研究性高校和职业类院校在红色旅游公路主题知识方面的交流学习。通过专题研讨会的形式,从交通建设、景观设计和路网影响等方面激发新的业态和技术体系。从地域性特征出发,建立具有针对性的多元专家智库团队,为红色旅游公路的科学可持续发展提供智力支撑。

五、结论与展望

(一)研究结论

流动性视角为红色旅游公路的价值内涵和实践路径提供了新的视角和思考方式,通过深入挖掘红色旅游公路的价值特点和影响因素,以及评估其实践路径的实施效果,发现旅游公路的红色基因及创新性发展的路径。首先,红色旅游公路的价值不仅体现在其作为交通工具的基本功能上,更体现在文化、历史、生态等多方面的价值上。这些价值在流动性视角下得到了更全面、更深入的挖掘和呈现。其次，流动性视角下的红色旅游公路价值评估方法为实践提供了科学依据和指导，有助于更好地实现其价值的最大化。最后，通过实践路径的实施，红色旅游公路的文化、历史、生态等方面的价值得到了更好的保护和传承，同时也为当地经济发展带来了新的动力和机遇。

为了进一步丰富和完善红色旅游公路的价值内涵和实践路径，我们建议未来研究可以从以下几个方面展开：一是深入研究红色旅游公路在不同区域、不同文化背景下的价值特点和影响因素，以得出更具普适性和针对性的结论；二是加强红色旅游公路价值评估方法的研究和创新，以提高评估的科学性和准确性；三是探索红色旅游公路与当地经济、社会、文化等方面的互动关系，以实现其价值的多元化和可持续发展。

（二）对未来研究的展望

在未来的研究中，可以从以下几个方面进一步深化对红色旅游公路价值内涵与实践路径的探讨：首先，加强跨学科研究，融合旅游学、地理学、经济学等多个学科的理论和方法，以更全面深入地理解红色旅游公路的价值内涵和实践路径。其次，深化定量研究，运用大数据、GIS等技术手段，对红色旅游公路的客流量、游客行为、资源环境等进行精细化的定量分析，为价值评估和实践路径设计提供科学依据。此外，还需要加强案例研究，针对不同地区、不同类型的红色旅游公路进行深入的案例分析，总结提炼出具有普适性的价值内涵和实践路径模式。同时，注重国际比较研究，借鉴国外旅游公路的先进经验和发展模式，为我国红色旅游公路的发展提供有益参考。最后，加强政策研究，分析当前红色旅游公路发展的政策环境和制度约束，提出针对性的政策建议和优化措施，推动红色旅游公路的健康、可持续发展。

山西革命纪念馆文旅融合发展①

山西大学历史文化学院　张红艳

摘　要：革命纪念馆是保存革命文化的重要载体，是弘扬红色文化的重要途径，是发展红色旅游的重要资源，在国家认同、政党认同和民族复兴中有着重要的作用。山西是革命老区，红色文化遗存丰富。本文分析了革命纪念馆内涵特征，对山西省内的革命纪念馆进行了分类和整理，分析了山西的革命纪念馆文旅融合的背景和现状，指出存在的不足：产品形式单一、区域发展不平衡、陈列内容良莠不齐、宣传营销有待提高等。对山西的革命纪念馆文旅融合发展提出建议：一是政策导向，红色文化记忆场景；二是科技引擎，活化利用；三是品牌建设，打造形象；四是人才建设，构建体系；五是资金支持，完善政策。

关键词：山西；革命纪念馆；文旅融合

党的十八大以来，习近平总书记就革命文物保护利用和革命纪念馆工作做过多次重要指示。成立国家文物局革命文物司，20个省（市、区）和部分革命文物大市、大县增设革命文物保护管理机构。2020年山西省文物局获批增设革命文物处，成为全国第6个省级文物行政部门单独设立革命文

---

①基金项目：山西省哲学社会科学规划课题"新时代山西红色资源保护与开发利用模式研究"（2022YD029）；实施乡村振兴战略研究课题"乡村振兴背景下旅游发展对山西脱贫地区内生动力路经研究"（202303-04）。

作者简介：张红艳，山西大学历史文化学院副教授，硕士生导师，主要从事红色旅游、旅游开发研究。

物处。

随着中国共产党历史展览馆、中国共产党第一次全国代表大会纪念馆、中国共产党早期北京革命活动纪念馆等一批具有重大意义的新建、扩建场馆落成开放，革命纪念馆建设不断创新突破。[①] 新时代的十年，中央文件首次部署实施革命文物保护利用工程（2018—2022年），以中国共产党历史展览馆为代表的一批标志性革命纪念馆建成开放，革命文物行政管理机构从无到有，基本实现全覆盖，这是革命文物领域具有重要意义的大事。中国革命纪念馆工作与新时代同向同行，取得了历史性成就，迎来了新机遇，站上了新起点。[②]

一、革命纪念馆

（一）纪念馆

1. 纪念馆的发展历程

纪念馆是为纪念有卓越贡献的人或重大历史事件而建立的建筑物。大多以事件发生的地点和人物出生、居住、工作的地方为馆址，保存和恢复历史原状；也可另辟馆址，集中陈列有关历史资料或人物生平资料。

作为一个特殊的文化场所，纪念馆历史悠久，起源最早可以追溯到远古文明时期。随着社会政治的巨大变革，法国大革命与拿破仑等一系列历史事件的发生，以及两次世界大战的发生，推动了纪念馆的建立，以怀念战争年代的英雄及杰出人物。[③] 中国历史上以不同形式、不同内容建立的纪念馆层

[①] 新华社. 用好红色资源 赓续红色血脉 中国革命纪念馆高质量发展峰会·2021 在宁举行 [EB/OL].（2021-07-23）.https://www.163.com/dy/article/GFJN04KM0550E728.html.

[②] 国家文物局官网. 中国革命纪念馆高质量发展峰会·2022 在重庆举行 [EB/OL].（2022-11-04）.http://wwj.zj.gov.cn/art/2022/11/4/art_1639078_59020134.html.

[③] 李晓燕. 解读纪念馆的文化内涵 [J]. 文化产业，2024（7）：52-54.

出不穷。中国最早的纪念馆，当属孔子庙堂。公元前5世纪（在山东曲阜的阙里收集孔子生前著作、衣冠、用具等陈列，建立的孔子庙堂，供人瞻仰，是中国最早的纪念馆。①古代纪念馆主要是以纪念对历史有重大贡献或重大影响的人物，形式以庙、堂、祠等为主，如为纪念诸葛亮而建的武侯祠，为纪念杜甫而建的杜甫草堂，为纪念郑成功而建的延平郡王祠等。古代纪念馆主要体现了中国传统文化中重视"慎终追远"的人文精神。

至近现代，纪念馆类型不断丰富，展示形式也不断更新。中国共产党领导人民反侵略、反压迫，在解放中国、建设中国的过程中，涌现出的革命先驱和具有重大意义的革命事件需要后人铭记，纪念馆成为最常见的一种媒介形式。如孙中山纪念馆、毛主席纪念堂、中国人民抗日战争纪念馆、八路军太行纪念馆等。现代的纪念馆，不仅仅是以实物、图片等实体展示为主，更加采用声、光、电等科技手段来表现人物、事件的精神。

2. 纪念馆的特征

纪念馆可以是属于博物馆的一种类型，但作为纪念场所，又区别于综合类、专门类的博物馆。具有以下几个特点：

（1）特定的专题性。这是纪念馆的基本特征。相较于综合性和地质性的博物馆，纪念馆以"专"为基本特征，其主题主要为一人或一事，一个特定主题或一个特定区域，主题较单一纯粹，个性鲜明。如周恩来纪念馆、延安革命纪念馆、瑞金中央革命根据地纪念馆、新四军纪念馆等。

（2）选址的区域性。纪念馆的选址一般都是依托于人物或事件发生的有关遗址而建立起来的，具有区域性。没有遗址，也就失去了建立纪念馆的基础。个别纪念馆选址新建，也不是任意选址，所选的馆址都与所纪念的人或事有一定联系。因而，独特的区域性是纪念馆的重要特征。

（3）感情的丰富性。相对于博物馆客观性的"物"，纪念馆更有"情"。

---

① 安廷山. 中国纪念馆发展历史初探 [J]. 中国博物馆，1995（1）：32-38.

纪念馆通过实物展示、场景模拟、互动多媒体等手段和方式，再现所蕴含的文化内涵，更加注重对人物或事件内容和过程的重现，在展示中侧重体现丰富的情感，维系情感、震动人心、凝聚精神、激发追求。如，名人类纪念馆中，名人使用过的实物，因赋予丰富的故事内涵，尽管没有使用价值，但具有较高的精神价值。

（二）革命纪念馆的内涵和功能

1. 革命纪念馆的内涵

《革命纪念馆工作试行条例》（1985年文化部发布，此条例已于2016年8月25日废止。）指出："各类革命纪念馆是为纪念近现代革命史上重大事件或杰出人物并依托于有关的革命遗址、纪念建筑而建立的纪念性博物馆，是有关革命遗址、纪念建筑和文物资料的保护收藏机构、宣传教育机构和科学研究机构，是我国博物馆事业的重要组成部分。"

当前，在社会主义精神文明建设持续深入推进和实现中华民族伟大复兴背景下，革命纪念馆承担着传承文化与弘扬精神的重要作用愈发显著，其内涵也更加丰富。如纪东海认为："革命纪念馆是中国共产党领导的中国革命历史的实物见证，是历史的一个缩影，是中国当代主流文化的载体之一，它们在为政治文明、精神文明、物质文明建设服务中起到了积极的、无可替代的作用。"[①] 刘立勇则强调革命纪念馆是一个修心养性、正身清心的场所，也是一个弘扬民族精神、培育爱国情怀的课堂，更是一处将历史人文、社会教育与休闲游玩融为一体的胜地。[②] 革命纪念馆不仅仅是一种物质存在和收藏、宣传、科研的机构，更是一种历史见证和革命精神的体现和载体。

革命纪念馆特点：一是纪念对象更明确；二是依凭的物质条件更丰富。

[①] 纪东海.论革命纪念馆打造"红色旅游"品牌[J].徐州工程学院学报，2005（S1）：9.

[②] 刘立勇.浅谈如何打造革命纪念馆红色旅游品牌，充分发挥其社会教育功能——以湖南第一师范青年毛泽东纪念馆为个案[J].当代教育论坛（校长教育研究），2008（1）：76.

一般以相关的革命遗址或建筑实体为依托,并从事有关文物史料的保护、科研和展出的工作。①

2. 革命纪念馆的功能

（1）红色文化重要的基因储存库

中国的红色文化是指为了实现民族独立和民族解放,为了实现人民富裕和民族复兴,中国人民在反帝反封建过程中,特别是在中国共产党领导下在新民主主义、社会主义革命和建设时期以及改革开放中创造的先进文化。②红色文化是一种中国独有的文化现象,也是一种特殊的政治文化意识形态。革命纪念馆建立的目的是为了及时有效地保存、研究和宣传红色文化。革命文化纪念作为纪念馆的一项重要内容,其所包含的物质和精神,是中国红色文化基因的重要储存库,是党和国家的红色基因库。

（2）弘扬红色文化的重要场所

红色文化是适合中国特色的先进文化,具有特殊的内在价值。习近平总书记非常重视红色文化的弘扬,多次指出"要把红色资源利用好、把红色传统发扬好、把红色基因传承好"。作为承载党和人民艰苦奋斗历史的重要载体,革命纪念馆蕴含着丰富的红色文化,凝聚着共产党人以人民为中心的人生观,不断奋斗进取的价值观,实事求是的方法论。不仅是政治教育和党史教育的重要场所,也是爱国主义教育的重要实践场所;同时,也是开发红色研学和红色旅游的重要资源,在当今社会中,具有更为重要的政治意义和现实意义。

（3）政党认同和文化认同的重要传播者

政党认同是政治主体对政党做出的一种心理反应和行为表达。政党认

---

① 安廷山主编. 中国纪念馆概论 [M]. 北京:文物出版社,1996:196.
② 徐仁立主编. 中国红色旅游融合创新研究 [M]. 北京:中国言实出版社,2020:21-27.

同的四个主要形成基础是政党意识形态、政党领袖、政党组织和政党绩效。①而文化认同是人们在一个民族共同体中长期共同生活所形成的对本民族最有意义的事物的肯定性体认，其核心是对一个民族的基本价值的认同。"过去不是被保存下来的，而是以当下为基础进行建构的。"因而，基于共感的社会记忆并非固定属性，会随代际更迭而衰减乃至被遗忘。反复再现被选择的重要信息，塑造社会集体对过去的认知。革命纪念馆作为革命文化的重要载体，在传承历史记忆和社会记忆的过程中通过反复再现信息以加强社会记忆，是革命文化的重要媒介和传播者。

（4）文化遗产的有效保护途径之一

革命纪念馆中所保存革命文物，是中国革命历史的见证者，是研究我国革命发展历程的宝贵历史资料和实物资料。2004—2010年、2011—2015年、2016—2020年三期全国红色旅游发展规划纲要中，对红色资源的内涵做了不断的完善和扩充，作为保存红色资源的一种重要形式，革命纪念馆中革命文物的范围相应地扩充和完善，即红色文物指自1840年鸦片战争至社会主义革命完成期间所留下的文物。

我国建国以来就很重视革命文物的保护，建国之初成立了很多革命纪念馆，如延安革命纪念馆、瑞金中央革命根据地纪念馆、南昌八一纪念馆、西柏坡纪念馆、鲁迅纪念馆等的建立成为保护这些革命遗产的有效途径。

（三）革命纪念馆文旅融合的相关研究

我国对于革命纪念馆的建设和研究一直很重视。在中国知网进行搜索，最早的关于革命纪念馆的文献，是1951年《文物参考资料》的一篇名为《延安革命纪念馆下乡蒐集文物的几点经验》的文章，介绍了1950年6月

---

① 柴宝勇. 论中国的参政党认同：问题及对策——基于政党认同形成基础的分析[J]. 探索，2011（3）：69-73.

6日成立延安革命纪念馆的基本情况和意义。① 伍木的《办好更多的革命纪念馆为建设社会主义而服务》一文中，最早阐述了革命纪念馆的选址问题、恢复原状问题。② 以"纪念馆"为篇名，对刊物和论文进行检索，共搜索到5400多条结果。从1951年到1962年9月，相关的文献共51篇，其中有42篇来自《文物参考资料》和《文物》，大多数文献都是关于对中国革命有着重要作用的名人和事件类纪念馆的。

尽管国家对革命纪念馆比较重视，但相关的研究却一直不是很多。2020年以来，关于革命纪念馆的研究开始受到关注。主要内容涉及红色文化及其传播路径、爱国主义教育、红色旅游等方面。也有一些学者从其他角度做了探讨。如从摄影角度对革命纪念馆的工作做了一些探讨，指出摄影在其中的重要作用和工作现状。③ 在开发形式和展布方面，结合新时代背景做了一些相应的探讨，如在革命纪念馆的临展方面的多维模式④、与高校合作构建"大思政课"的长效机制⑤、数字化的展示与保护⑥、VR技术的应用⑦、红色文创推动高质量发展⑧等，都是一些有探索性的研究。

近年来，从红色旅游角度进行红色资源和红色文化的研究较多，但基于文旅融合背景下的革命纪念馆的研究并不多。以"革命纪念馆"和"文旅融

---

① 延安革命纪念馆下乡蒐集文物的几点经验[J].文物参考资料，1951(10)：100-103.

② 伍木.办好更多的革命纪念馆为建设社会主义而服务[J].文物参考资料，1957(5)：9-16.

③ 徐迎.关于革命纪念馆摄影工作的思考[J].文化创新比较研究，2023，7(5)：129-133.

④ 李健宁.革命纪念馆打造多维临展宣教模式的探索——以韶山毛泽东同志纪念馆为例[J].文物鉴定与鉴赏，2023(2)：60-63.

⑤ 崔占龙，孟超.革命纪念馆与高校合作构建"大思政课"的长效运行机制研究[J].长江师范学院学报，2023，39(1)：100-107.

⑥ 黄思思，刘芝.南昌八一起义纪念馆馆藏革命文物数字化展示与保护[J].南方文物，2023(5)：107-112.

⑦ 王磊，宋文君，祝翠翠.基于VR全景技术的红色文化景点云漫游系统设计与实现——以冀鲁豫边区革命纪念馆为例[J].新媒体研究，2023，9(19)：33-36，89.

⑧ 谢静.以红色文创推动湖南革命纪念馆高质量发展[J].艺海，2023(10)：84-89.

合"为篇名进行搜索,仅仅搜索到三篇学术论文,分别从小学研学旅行[①]、文化产品开发[②]和产业会计监督[③]不同的角度进行了一些研究。这三篇论文结合当前红色旅游发展的热潮,从研学模式、文旅融合思想构建、行政体制改革、红色资源保护与利用,以及职能创新等方面提出一些相应的解决措施,为革命纪念馆的文旅融合发展提供了案例研究和基础。

二、山西革命纪念馆

山西革命遗存资源丰富、类型多样,现存革命文物2500余处。近年来,山西省开展了革命文物资源调查,出台了《山西省革命文物保护利用工程实施方案》,指导全省革命文物保护利用工作,革命文物资政育人的作用不断彰显。为了进一步贯彻落实中共中央办公厅、国务院办公厅《关于实施革命文物保护利用工程(2018—2022)的意见》精神,山西省于2020年12月31日、2023年1月29日分别公布了两批全省革命文物名录。已公布为各级文物保护单位和不可移动文物有1150处,可移动革命文物12767件/套。[④⑤]

(一)山西省公布的革命文物概况

革命文物是我国在特殊的历史环境下形成的,由中国共产党领导中国人

[①] 郑娟娟.基于文旅融合的绥德县革命历史纪念馆小学研学旅行模式研究[J].西部旅游,2023(4):74-76.

[②] 杨彦立.文旅融合背景下革命纪念馆进行文化产品开发的研究[J].文物鉴定与鉴赏,2022(22):66-69.

[③] 张立南,刘婧宇.浅析文旅融合下革命纪念馆文旅产业会计监督面临问题与解决对策[J].文物鉴定与鉴赏,2021(14):157-159.

[④] 山西省文物局.山西省文物局关于公布全省第一批革命文物名录的通知[EB/OL].(2021-01-01).https://wwj.shanxi.gov.cn/zwgk/zfxxgk/zdgkjbml/ztfl/tzgg_31084/202210/t20221008_7229074.shtml.

[⑤] 山西省文物局.山西省文物局关于公布全省第二批革命文物名录的通知[EB/OL].(2023-02-1).http://wwj.shanxi.gov.cn/zwgk/tzgg_31117/202302/t20230201_7903106.html.

民长期以来为争取民族独立、人民解放和社会主义建设胜利的艰苦革命中积累下来的宝贵的物质财富。不仅具有重要的文化价值、纪念意义，更具有重要的政治价值和教育价值。革命纪念馆是是依托革命文物而建立的，具有保护、利用、研究革命文物的功能。目前，从山西省文物局公布的两批革命文物名录来看，其概况如下。

1. 山西第一批、第二批文物保护名录概况

从山西省文物局公布的两批革命文物情况来看，各级别不可移动文物总数已有上千个，可移动文物已有上万件。其中，全省第一批革命文物名录中，包括各级文物单位687处，珍贵文物4478件/套。全国重点文物保护单位22处、省级文物保护单位52处、市级文物保护单位79处、县级文物保护单位534处；可移动革命文物，一级文物541件/套、二级文物251件/套、三级文物3686件/套。全省第二批革命文物名录中，包括各级不可移动革命文物463处，其中，省级文物保护单位20处、市级文物保护单位52处、县级文物保护单位140处、尚未核定公布为文物保护的单位251处；可移动革命文物8289件/套，其中，一级文物20件/套、二级文物10件/套、三级文物102件/套、一般文物3150件/套、未定级文物5007件/套。如表1。

表1 山西省第一批和第二批文物保护名录概况

批次/数量	文物保护单位/不可移动文物					可移动革命文物					
第一批文物保护概况	总数	全国重点	省级	市级	县级		总数	一级	二级	三级	一般	未定级
	687	22	52	79	534		4478	541	251	3686	—	—
第二批文物保护概况		全国重点	省级	市级	县级	未核定		一级	二级	三级	一般	未定级
	463	—	20	52	140	251	8289	20	10	102	3150	5007
合计	1150						12767					

（资料来源：山西省文物局官网数据整合）

2. 山西省全国重点文物保护单位

山西省公布的不可移动的革命文物有一千多处，其中全国重点文物保护单位有 22 处。忻州 7 处，吕梁 5 处，所占比例最多。如表 2。

表2 山西省革命文物全国重点保护单位

序号	全国重点文物保护单位	行政区
1	中共太原支部旧址	太原市
2	高君宇故居	太原市娄烦县
3	平型关战役遗址	大同市灵丘县
4	忻口战役遗址	忻州市忻府区
5	西河头地道战遗址	忻州市定襄县
6	徐向前故居	忻州市五台县
7	白求恩模范病室旧址	忻州市五台县
8	南茹八路军总部旧址	忻州市五台县
9	金岗库村晋察冀军区司令部旧址	忻州市五台县
10	平型关战役遗址	忻州市繁峙县
11	八路军前方总部旧址	晋中市左权县
12	八路军 129 师司令部旧址	晋中市左权县
13	大寨人民公社旧址	晋中市昔阳县
14	临县中央后委机关旧址	吕梁市临县
15	临县陕甘宁晋绥联防军指挥部旧址	吕梁市临县
16	晋绥边区司令部旧址	吕梁市兴县
17	晋绥日报社旧址	吕梁市兴县
18	北坡中共中央晋绥分局旧址	吕梁市兴县
19	黄崖洞兵工厂旧址	长治市黎城县
20	八路军总司令部旧址、八路军总司令部北村旧址	长治市武乡县、潞城区
21	太岳军区司令部旧址	长治市沁源县
22	小李村太岳行署旧址	临汾市安泽县

（资料来源：山西省文物局官网）

（二）山西革命纪念馆概况

1. 山西革命纪念馆分类

纪念革命事件、历史阶段发生地、革命人物等不同类型的革命纪念馆、革命展览馆、纪念堂等数量较多。根据其性质和主题的不同，山西革命纪念馆主要分六种类型：

（1）人物类纪念馆

为了纪念在本地从事过革命活动的、在中国革命史上有过重要贡献的人物，或为革命事业做出过突出贡献的本地革命人物，一般是在工作、生活原址或原址附近建立纪念馆。

（2）重要革命事件类纪念馆

为了纪念在本地发生的、对中国革命或对本地有着重要影响的事件、战役等，而在发生地遗址、原址上建立的纪念馆。

（3）阶段性革命类纪念馆

为了纪念在特定时期发生的持续性事件，以及对中国革命或建设过程具有重大意义的历史阶段。

（4）综合性纪念馆

为纪念中国革命史的综合性纪念馆。

（5）精神类纪念馆

为纪念民主革命和社会主义建设阶段所形成的具有特色精神价值的纪念馆。

（6）其他特殊意义纪念馆

为纪念革命历史时期产生和形成的有独特性质的纪念馆。

2. 山西主要革命纪念馆

主要的纪念馆有近50处，如表3。

表3 山西革命纪念馆（园）①

序号	名称	行政区
1	山西国民师范纪念馆	太原市
2	太原解放纪念馆	太原市
3	解放太原支前纪念馆	太原市阳曲县
4	高君宇故居纪念馆	太原市娄烦县
5	太原孙中山纪念馆	太原市
6	彭真生平暨中共太原支部旧址纪念馆	太原市
7	大同煤矿"万人坑"遗址纪念馆	大同市
8	"雁北星火"党史教育展览馆	大同市广灵县
9	平型关大捷纪念馆	大同市灵丘县
10	右玉精神纪念馆	朔州市右玉县
11	五台晋察冀军区司令部旧址纪念馆	忻州市五台县
12	徐向前元帅纪念馆	忻州市五台县
13	五台白求恩纪念馆	忻州市五台县
14	定襄西河头地道战纪念馆	忻州市定襄县
15	毛泽东路居纪念馆	忻州市繁峙县
16	原平续范亭纪念堂	忻州市原平市
17	左权将军纪念馆	晋中市左权县
18	麻田八路军前方总部旧址纪念馆	晋中市左权县
19	和顺八路军石拐会议纪念园	晋中市和顺县
20	大寨展览馆	晋中市昔阳县
21	寿阳尹灵芝纪念馆	晋中市寿阳县
22	八路军129师司令部旧址纪念馆	晋中市左权县
23	范村民兵纪念馆	晋中市太谷县
24	阳泉市革命烈士纪念馆	阳泉市

① 纪念堂、纪念园、展览馆也列入其内，不包括烈士陵园。

续表

序号	名称	行政区
25	石评梅纪念馆	阳泉市平定县
26	赵亨德纪念馆	阳泉市平定县
27	武乡八路军太行纪念馆	长治市武乡县
28	王家峪八路军总部旧址纪念馆	长治市武乡县
29	八路军总部砖壁旧址纪念馆	长治市武乡县
30	沁源太岳军区司令部旧址纪念馆	长治市沁源县
31	平顺西沟展览馆	长治市平顺县
32	泽州八路军鞋厂纪念馆	晋城市泽州县
33	阳城晋豫边抗日纪念馆	晋城市阳城县
34	阳城孙文龙纪念馆	晋城市阳城县
35	临汾战役纪念馆	临汾市
36	红军东征永和纪念馆	临汾市永和县
37	隰县晋西革命纪念馆	临汾市隰县
38	王辽洞纪念馆	运城市芮城县
39	刘胡兰纪念馆	吕梁市文水县
40	"四八"烈士纪念馆	吕梁市兴县
41	刘志丹将军纪念馆	吕梁市柳林县
42	红军东征纪念馆	吕梁市石楼县
43	晋绥边区革命纪念馆	吕梁市兴县
44	三交镇红军东征纪念馆	吕梁市柳林县
45	临县中央后委机关旧址	吕梁市临县
46	临县陕甘宁晋绥联防军指挥部旧址	吕梁市临县
47	北坡中共中央晋绥分局旧址	吕梁市兴县

三、山西革命纪念馆文旅融合发展现状

（一）革命文物的文旅融合是新时代社会主义建设的要求

近年来，革命纪念馆革命文物展的"质"和"量"都有了较大提高，发挥着以史鉴今、资政育人的重要作用。据统计，全国已建成革命历史类博物馆、纪念馆1644家，全国革命历史类纪念馆累计推出主题展览1.5万个，累计接待观众超28亿人次，其中绝大多数被列为爱国主义教育基地、党性教育基地等。①

革命纪念馆的文旅融合是发展红色旅游、发展革命老区经济、促进乡村振兴的重要内容。《"十四五"旅游业发展规划》中，纳入了红色旅游融合发展示范区的建设，提出将红色旅游打造成展示革命老区发展成就和弘扬红色文化的重要载体、进行爱国主义教育和革命传统教育的重要媒介、推动革命老区经济转型升级的重要力量。2022年12月，文化和旅游部公布了10个全国红色旅游融合发展试点单位的名单，包括山西省长治市武乡县、江苏省淮安市淮安区、福建省龙岩市上杭县古田镇、江西省吉安市井冈山市、山东省临沂市、河南省信阳市新县、湖北省黄冈市红安县、湖南省湘潭市韶山市、广西壮族自治区桂林市全州县、陕西省延安市宝塔区。2023年3月，国家文物局印发了《革命文物主题陈列展览导则（试行）》。

国家注重运用科技，加强革命文物的文旅融合。2021年，国务院办公厅印发的《"十四五"文物保护和科技创新规划的通知》指出，需要加大革命文物的保护力度，合理运用现代化科技手段，增强革命文物陈列展览表现

---

① 革命文物主题陈列展览导则[EB/OL].（2023-05-25）. https://baike.baidu.com/item/%E9%9D%A9%E5%91%BD%E6%96%87%E7%89%A9%E4%B8%BB%E9%A2%98%E9%99%88%E5%88%97%E5%B1%95%E8%A7%88%E5%AF%BC%E5%88%99/62807357?fr=ge_ala

力、传播力与影响力，持续推进革命文物数字化展示传播与保护。①《革命文物主题陈列展览导则（试行）》中，对陈列展览的内容、形式设计、宣传推广、文创产品等方面做了相应的规定。②

（二）山西公布的革命文物保护利用优秀案例

为切实把革命文物保护好、管理好、运用好，提升山西省革命文物保护利用工作的社会影响力和公众参与度，有效推进山西省革命文物保护利用整体水平，由山西省文物局主办、山西省博物馆协会承办组织的"全省革命文物保护利用优秀案例推介活动"成功举行，共有6项革命文物保护利用优秀案例入选，获评优秀。③

1."从馆藏革命文物中汲取精神的力量"

山西博物院选送。该案例是在对馆藏革命文物保护研究的基础上，通过展览、教育等结合的方式对研究保护成果进行深度传播的实践与探索。主要亮点：一是对馆藏革命文物资料进行了系统的整理、保护，并进行了数字化保护；二是从叙事结构上突破了以往传统革命文物展览以"时代陈列法"叙事结构为主的线型模式以及平铺直叙的叙事方式，对革命文物展品图片按照展览主题进行重组，充分彰显了伟大建党精神在三晋大地红色热土上的"生根发芽"。三是组织开展相关的主题教育活动，让革命文物资源"活"起来。该案例在实施过程中，受到了广大观众和媒体朋友的关注，为传承保护红色基因发挥了积极作用。

---

① 国家文物局.国务院办公厅关于印发"十四五"文物保护和科技创新规划的通知[EB/OL].（2021-11-08）.http：//www.ncha.gov.cn/art/2021/11/8/art_2376_179532.html.

② 国家文物局.国家文物局关于印发革命文物主题陈列展览导则（试行）的通知[EB/OL].（2023-03-28）.http：//www.ncha.gov.cn/art/2023/3/23/art_2318_46057.html.

③ 山西省文物局.6项！山西省革命文物保护利用优秀案例公布.（2024-01-26）.http：//wwj.shanxi.gov.cn/gzdt/szdt/202401/t20240126_9492036.shtml.

2. "八路军总部王家峪旧址'1+4'片区统筹革命文物保护利用双文章"

武乡县文化保护和旅游发展中心选送。该案例整合了八路军总司令部旧址王家峪村周边的八路军野战总政治部下合村旧址、中共中央北方局党校上北漳旧址、中共中央北方局妇训班石圪垤旧址、鲁迅艺术学校下北漳旧址4处革命旧址,以"八路军总司令部及其领导下的敌后抗战"为主题,以革命旧址连片保护开发为抓手,创新思维,采取了"以点带面,重点突破"的策略,着力打造了王家峪"1+4"革命文物保护利用主题片区。主要的亮点:一是文物保护方面,统筹利用上级文物保护资金、县级文物保护资金、中国革命老区项目资金、乡村振兴资金、文物认养资金五类资金,用于片区文物本体修缮、消防系统改造、游客接待中心建设等;二是展示利用方面,针对不同主题进行了陈展;三是红色教育方面,将博物馆建设、干部培训、青少年教育与革命文物保护利用相结合,坚持让历史说话、让文物说话;四是文旅融合方面,开设了木刻体验、鲁艺3D照相馆等"旅游+文创"特色活动、拥军展示区、纺织体验区、研学活动区,增加了纺花、织布染布、做军鞋等沉浸式体验活动。真正做到了有址可寻、有史可证、有物可看、有事可讲,建设成为了集参观学习、文化体验、艺术创作、红色研学、文艺展演、拓展训练于一体的红色旅游地。

3. "'唱支山歌给党听'百年红色音乐文物展实践项目"

晋城市文物保护研究中心(晋城博物馆)选送。该案例围绕弘扬"太行精神",聚焦建党百年的辉煌成就,创新探索了红色音乐文物联合办展模式,广泛动员社会力量全程参与展览。以不朽名作《在太行山上》、大型歌剧《赤叶河》和经典名著《小二黑结婚》为叙事主线,深度再现了太行革命老区培养的艺术家投身革命、创作红色经典的历史画面。主要亮点:一是南太行百年红色旋律记忆展;二是红色宣讲;三是县区主题党日活动、"踏寻红色印记 传唱红色旋律"主题宣教活动;四是"祖国颂"大型红色群众主题展演。该案例充分利用自身文博资源和官方公众号、抖音等新媒体平台宣传矩阵优势,利用云展播、VR虚拟体验和展厅内的智能多媒体互动设备,通过学音乐唱红歌、祖国颂红色艺术展演、上党古戏曲联唱、艺术专题讲座、主题党日宣誓等个性化、场景化的演绎方式,增加和丰富了展览项目的动态体验。

4. "革命旧址做'课堂'革命文物做'教材'"

山西国民师范旧址革命活动纪念馆选送。该案例通过严谨求实的陈列展览和种类多样的革命文物,开展了灵活多样的现场教学、情景教学活动。主要亮点:一是情景剧助力精品党课现场教学,包括"抗日救亡挺身而出——山西牺牲救国同盟会""抗日民族统一战线的时代价值";二是革命文物发力大思政课;三是创新沉浸式讲解模式,配合如模拟传递情报、电台发报、集会游行等参与性活动以增加互动性;四是以文物故事传承革命文化主阵地等;五是举办各式各样的活动,因人施讲、因地制宜,将红色文化融入思政教育中,以革命旧址做"课堂",革命文物做"教材"。参与人群从幼儿到大学生再到社会各团体,形成了无缝式衔接,通过体验与参与提升思想教育效果,1000多场的思政课更是吸引多家主流媒体报道150余次,得到了线上线下的一致好评。

5. "强化五个突出 做好整体保护利用——小李村太岳行署旧址"

安泽县文化和旅游局选送。该案例深入挖掘太岳红色文化,把红色资源优势转化为红色文化旅游发展优势。主要亮点:一是突出高位谋划,做到精准定位。通过安泽县南片太岳革命根据地旧址群的提质升级,全力打造党史教育首选地和研学旅行优选地。二是突出资金保障,提升利用水平。持续加大革命文物资金投入力度。三是突出连片区域打造,凸显规模效应。四是突出联动合力,拓宽活化渠道。五是突出宣传效应,扩大红色影响。该项目先后被中央、省、市媒体宣传报道,并投资拍摄了历史题材的电影,增强了革命文物的吸引力与传播力,更好地在传承红色基因工作上起到了积极的推动作用。

6."蓝色队伍护守兵工战史 赤诚红心续写时代使命——公益诉讼助力八路军兵工厂杨家庄旧址保存与发展案例纪实"

左权县文物所选送。该案例通过对杨家庄红色文化遗址保护利用,积极探索"走出去,请进来",充分凝聚各方在舆论宣传、公益监督、文旅建设、文物保护、英烈保护、史料研究等方面的职能作用,形成红色文化遗址保护的强大合力,让爱国主义教育基地名副其实。主要亮点:一是通过公益诉讼守住了该处红色遗址。在整村搬迁的扶贫政策下,依法启动行政公益诉讼诉前程序,申报该处不可移动文物为文物保护单位,守护住了该处红色遗址,实现了法律效果、政治效果和社会效果的有机统一,有效地解决了脱贫攻坚与文物保护之间的矛盾。二是通过保护利用措施实现了传承发展。摸清了历史文脉,厚植了存续根基;落实保护修缮专项资金,续写兵工新篇章。

(三)山西革命纪念馆文旅融合发展创新

1. 红色演艺

传统上,革命纪念馆以展陈为主,但随着红色旅游的发展,红色演艺也开始成为革命纪念馆文旅融合的一种方式。如晋中左权麻田八路军纪念馆的"剧场+巡演"形式的《太行奶娘》;山西国民师范旧址革命活动纪念馆的情景短剧《自由与抉择》《最后的嘱托》《迟来的团聚》;晋商博物院的情景短剧《英雄牌匾》;平型关大捷乔沟遗址处的大型实景剧《平型关记忆》等。

2. 沉浸式体验

突破常规的解说形式,以不同形式的讲解,如小讲解员、视频讲解、动手参与等,以增加互动性,参与性和体验性。如八路军太行纪念馆的"博物馆打卡做徽章活动——手绘心中的红色记忆"。

3. 线上线下双管齐下

通过云展播、VR虚拟体验和展厅内的智能多媒体互动设备提供良好游览体验。利用网络资源如微信小程序,在特殊阶段如清明节,开发网上纪念等活动。如刘胡兰纪念馆,开发"网上缅怀",主要有"缅怀亲友""免费建馆""个人中心"三个菜单,可以为故人或者革命烈士建立网上纪念馆,方便网上缅怀;武乡八路军太行纪念馆开发网上虚拟旅游"太行八路军纪念馆三维全景漫游系统",可让游客在网上进行参观体验;八路军总部砖壁旧址纪念馆的公众号 VR 展示等。

(四)山西革命纪念馆文旅融合发展存在的不足

山西革命纪念馆类型较多,绝大多数较为传统,主要以展陈为主。在文旅融合方面还处于初级阶段,从上述优秀案例中可以看出,山西革命纪念馆的利用已经迈出了新的步伐,做了新的探索,形式上更加注重文物的活化利用;投入上,资金多渠道;管理上,逐步完善;功能上,不仅仅是体现政治教育功能,更加关注与乡村振兴和当地经济发展转型的有效衔接。主要的不足有以下几个方面:

1. 产品形式单一

大多数革命纪念馆是建立在原址或者事件发生地,或有密切关联的位址。大部分规模较小,以静态展陈为主,主要展示实物、照片等,讲解内容和过程比较程序化,代入感不够强。主要目的是保护革命文物,为相关研究服务。大部分成为不同级别的革命教育基地,为干部或学生提供实地教学。

2. 区域发展不均衡

不同区域的革命纪念馆文旅融合发展差异较大。知名度较高的纪念馆如武乡县的八路军太行纪念馆、麻田八路军前方总部旧址纪念馆等开发形式较多,有情景短剧或者演艺,有现实与虚拟的体验,设备也比较完善。其他革命纪念馆多数仅仅停留在简单的展陈阶段,设施也不完善。此外,国家领导人的视察也会对当地革命纪念馆产生较大的影响。

3. 陈列内容良莠不齐

在陈列内容上,革命纪念馆仍然存在着问题,如主题陈列在展陈内容、时间范畴上有凭空拼凑、扩展或任意拉长的现象，在历史事件、人物的评价上无据夸大、拔高或矮化，现代化展示手段存在喧嚣炫目、蓄意烘托、喧宾夺主等问题。

4. 宣传营销有待提高

大部分纪念馆并不注重宣传营销。如从马蜂窝的数据看，知名度较高的武乡八路军太行纪念馆，拥用国家一级博物馆、4A 景区、教育部第一批全国中小学生研学实践教育基地、全国知名红色旅游景点景区等众多名誉，然而蜂蜂点评仅有 22 条记录，最近的一条是 2019 年 7 月 14 日。位于太原市中心的山西国民师范旧址革命活动纪念馆，为全国爱国主义教育基地、全国知名红色旅游景点景区、2023 年全国最具创新力博物馆等，蜂蜂点评仅有 7 条，最近一条是 2015 年 9 月 23 日。

四、山西革命纪念馆文旅融合发展建议

（一）政策导向，建构红色文化记忆场景

革命纪念馆是储存和呈现红色文化记忆的重要媒介，通过建立不同形式的符号识别系统重塑社会集体的社会记忆。红色文化记忆建构需要采用多维叙事，建构红色文化记忆链条，激发记忆主体的能动性，以实现红色文化记忆的时代价值。

1. 建筑景观的场景指向

革命纪念馆以独特的建筑和展厅空间设计、传递意象的展品陈列，呈现红色文化记忆。在这一空间中，革命纪念馆是文化记忆的生产者和创造者，在时空叙事的有形空间中以场景化的表现方式完成文化与记忆的二次生产和传播。

如八路军太行纪念馆，是中国唯一一座全面反映八路军和华北抗日根据地八年抗战史实的大型军事专题纪念馆。广场中央有 11 位八路军将领组

雕，19.37米的抗战纪念碑，窑洞战遗址的演示实景，主展馆的布局，在路线、展品、绘画、造型、灯光、色彩、音乐配置等方面，重塑历史场景。

2. 叙事性设计的应用

文学中的叙事性理论被逐渐引入革命纪念馆的文旅融合应用中，为革命纪念馆设计的逻辑与策略提供了多样化的探索思路。革命纪念馆中的文化脉络是比较复杂的，尤其是综合性较强的纪念馆。采用叙事性理论，对展馆空间进行设计，对红色文化遗存进行整合，用铺叙、高潮、反转的场景变化，营造生动完整的观感体验。

（二）科技引擎，推动革命文物活化利用

数字科技正深刻改变我国的生产方式、社会关系和社会形态，是文旅高质量发展的重要动力。物联网、人工智能、可视化平台、区块链、大数据、云计算等众多技术，成为推动文旅融合高质量发展的重要引擎。

1. 多种沉浸式体验产品开发

在新时代背景下，纪念馆/博物馆的理念发生了变化，由"以物为中心"转变为"以人为中心"。功能上，也由以收藏为主，转变为以教育为主。研学旅行的发展，沉浸式体验的兴起，促进了这种运营模式顺应时代的变化而变化。注重文旅融合的特征和要求，开发多种形式的体验性产品，如演艺、场景还原、角色扮演、动手参与等，采用高科技技术对视觉、味觉、嗅觉、体感等感官形成刺激，增强参与性和体验性。

2. 文创产品开发设计

《革命文物主题陈列展览导则（试行）》（文物革发〔2023〕7号）第十五条指出，"依托革命文物主题陈列展览进行文创产品开发设计，必须坚持正确价值导向，尊重历史事实，深入挖掘阐释革命文物价值，突出公益属

性,保护知识产权,不得违反国家法律法规和公序良俗"。①

革命纪念馆的文创产品是传播红色文化的重要纽带和载体。然而在开发上却不尽如人意,主要表现为产品同质化严重、缺乏特色、未形成体系等。文创产品是体现景区或当地文化的重要指代,但许多革命纪念馆并未开发文创产品。挖掘文化特色进行提炼,更易形成对本土文化的认同情感,赋予文创产品红色文化价值和革命精神。

3. 利用科技手段,开发虚拟纪念馆

在文旅融合中,利用数字化、多媒体、VR/AR等高科技赋能展览,更加符合年轻群体的审美及体验需求。当今,人工智能对各行业产生了广泛而深远的影响,应用于革命纪念馆的个性化定制服务、智能服务、数据分析等方面,可以将过去的场景进行复活,使静态的展品动态化。

4. 区域联合,打造复合融合模式

一般情况下,革命纪念馆的规模并不是很大,这并不利于文旅融合的发展。在整合上,不仅应整合本地资源,还可以与周边其他省市的红色资源进行整合,区域联合,打造"大纪念馆";与其他类型的资源组合,形成"纪念馆+研学""纪念馆+绿色""纪念馆+综色""纪念馆+美食""纪念馆+休闲度假"等多种复合式的文旅融合模式。

(三)品牌建设,打造独特IP形象

品牌是指识别一个或一群产品或劳务的名称、术语、象征、记号或设计及其组合,以和其他竞争者的产品或劳务区别。② 品牌是人们对一个企业及其产品、售后服务、文化价值的一种评价和认知,是一种信任,一种无形资产。品牌建设是对品牌进行规划、设计、宣传、管理的行为和努力。

---

① 国家文物局.国家文物局关于印发《革命文物主题陈列展览导则(试行)的通知》[EB/OL]. http://www.ncha.gov.cn/art/2023/3/23/art_2318_46057.html.

② 吴映红.革命纪念馆"红色旅游"品牌的打造[J].当代旅游,2020,18(Z2):65-66,84.

不同类型和规模的革命纪念馆所承载和阐释的文化内涵不同。从文化特色入手，突出教育功能，打造精品展设，优化纪念空间，设计特色文创，打造独特 IP，创新独特体验，策划数字营销，做好品牌建设，提升形象和影响力。

（四）人才建设，构建多层次人才体系

人才是发展的第一动力，文旅融合高质量发展需要依靠坚实、可靠、专业的人才队伍。在革命纪念馆文旅融合发展过程中，要壮大文物人才队伍。一是推进革命文物的专业建设，加强文物科学与技术相关学科建设，开展文物科技创新研究。二是构建多层次文物人才培养体系。培育一批以领军人才和中青年骨干创新人才为主体的高层次文物人才队伍，加强文物领域保护人才培养。三是激发革命文物人才创新活力。关心爱护革命文物工作者，完善人才激励机制，支持鼓励更多优秀专业人才和青年人才从事文物保护研究。四是建设革命文物机构队伍。进一步加强革命文物保护队伍建设，持续加强基层文物保护研究队伍建设，保持队伍稳定。支持社会力量参与，构建多渠道基层文物保护看护机制。纪念馆专业人才既需要进行理论学习，又需要通过实践考验，这样才能逐渐成长为一名合格的从业人员。

（五）资金支持，完善财政支持政策

资金投入是革命纪念馆得以持续发展的基本保障。大部分革命纪念馆的运营均为财政支持，由于革命纪念馆属于公益性质，政府并不愿意投入较大资金，导致革命纪念馆发展缓慢。为解决这个问题，从政府层面应注重社会效益和长远效益，调整优化支出结构，优先支持级别较高的革命纪念馆；拓宽科技创新投入渠道，加大投资支持力度；社会层面，积极鼓励社会力量参与革命文物的保护创新。

山西红色文化旅游经典线路研究[①]

山西大学历史文化学院　张海鸥

摘　要：全国红色旅游经典景区名录中的山西景区，分布在大同市、忻州市、阳泉市、太原市、吕梁市、晋中市和长治市这7个城市，以上述内容为依据，结合著名A级旅游景区、全国上榜的乡村旅游重点村镇，设计出7个城市的红色文化旅游经典线路。结合山西红色文化的价值内涵，明确山西红色文化旅游主题线路。结合周边省份著名红色文化旅游资源，设计出河北与山西、河南与山西、陕西与山西的协作型红色文化旅游经典线路。

关键词：红色旅游；经典景区；旅游线路

通过红色文化旅游，可以观光赏景，也可以了解革命历史，增长革命斗争知识，学习革命斗争精神，培育新的时代精神。为保护好珍贵革命遗址遗迹，有效加强红色文化旅游教育功能，2016年12月19日，在《全国红色旅游经典景区第一批名录》和《全国红色旅游经典景区第二批名录》的基础上，国家发展改革委、中宣部、财政部、旅游局、教育部、民政部、住房城乡建设部、交通运输部、文化部、民航局、文物局、铁路总公司、文献研究室、党史研究室联合印发《全国红色旅游经典景区名录》，共有300处全国红色旅游经典景区收入名录，其中山西省有9处，即长治市红色旅游系列景区、晋中市左权县麻田八路军前方总部旧址景区及左权将军殉难处、大同市红色旅游系列景区、忻州市红色旅游系列景区、吕梁市红色旅游系列景区、

[①] 作者简介：张海鸥，山西大学历史文化学院旅游系副教授，博士，硕士生导师，主要从事红色旅游、乡村旅游、旅游信息化研究。

太原市红色旅游系列景区、阳泉市狮脑山百团大战遗址、吕梁市石楼县红军东征纪念馆、晋中市昔阳县大寨展览馆及长治市平顺西沟展览馆。单体经典景点景区共计29个。山西省的全国红色旅游经典景区是山西红色文化旅游线路设计的基本依据，在此基础上，可以形成山西"红色文化＋著名景区＋美丽乡村"的市级组合线路、山西红色文化旅游主题线路、山西与周边红色旅游线路。

一、山西红色旅游经典景区市级线路组合

全国红色旅游经典景区名录中山西部分的景区，分布在大同市、忻州市、阳泉市、太原市、吕梁市、晋中市和长治市这7个城市，这7个城市的红色文化旅游建设成为山西旅游发展的重要组成部分。在设计红色文化旅游组合线路时，除了原址观光模式，还可考虑以"红绿"结合模式、"红古"结合模式、综合开发模式来拓展红色文化旅游线路，围绕全国红色旅游经典景区名录中山西部分这个核心，将山西省丰富的自然旅游资源与人文旅游资源融入其中，在乡村振兴的背景下，将山西省上榜的全国乡村旅游重点村镇（乡）融入山西红色文化旅游线路中。[①][②]

（一）大同市红色文化旅游路线

大同市经典红色旅游系列景区包括大同煤矿"万人坑"遗址纪念馆，灵丘县平型关大捷遗址、平型关烈士陵园。围绕上述内容，结合大同古城（包括4A级华严寺景区、4A级善化寺景区、4A级晋华宫国家矿山公园井下探秘游景区）、5A级云冈石窟景区、4A级北岳恒山景区、大同火山群国家地

---

① 柴寿升，孔令宇，单军．共生理论视角下红色文旅融合发展机理与实证研究——以台儿庄古城为例 [J]．东岳论丛，2022，43（4）：121-130．

② 谭娜，万金城，程振强．红色文化资源、旅游吸引与地区经济发展 [J]．中国软科学，2022（1）：76-86．

质公园、桑干河国家湿地公园、灵丘县红石塄乡（全国乡村旅游重点乡镇）、灵丘县红石塄乡下车河村（全国乡村旅游重点村），可设计1—5日游的线路（见表1）。

表1 大同市红色文化旅游线路组合资源

经典红色旅游景区	著名A级旅游景区	全国上榜的乡村旅游重点村镇（乡）
大同煤矿"万人坑"遗址纪念馆	大同古城	灵丘县红石塄乡
灵丘县平型关大捷遗址	4A级华严寺景区	灵丘县红石塄乡下车河村
平型关烈士陵园	4A级善化寺景区	
	4A级晋华宫国家矿山公园井下探秘游景区	
	5A级云冈石窟景区	
	4A级北岳恒山景区	
	大同火山群国家地质公园	
	桑干河国家湿地公园	

（二）忻州市红色文化旅游路线

忻州市经典红色旅游系列景区包括五台县晋察冀军区司令部旧址纪念馆、徐向前故居和纪念馆、代县雁门关伏击战遗址、夜袭阳明堡机场遗址。围绕上述内容，结合5A级五台山风景名胜区、5A级雁门关景区、4A级芦芽山风景区、4A级忻州古城，以及四个全国乡村旅游重点村（岢岚县宋家沟镇宋家沟村、忻府区合索镇北合索村、偏关县老牛湾镇老牛湾村、宁武县化北屯乡宁化村），可设计1—5日游的线路（见表2）。

表2 忻州市红色文化旅游线路组合资源

经典红色旅游景区	著名A级旅游景区	全国上榜的乡村旅游重点村
五台县晋察冀军区司令部旧址纪念馆 徐向前故居和纪念馆 代县雁门关伏击战遗址 夜袭阳明堡机场遗址	5A级五台山风景名胜区 5A级雁门关景区 4A级芦芽山风景区 4A级忻州古城	岢岚县宋家沟镇宋家沟村 忻府区合索镇北合索村 偏关县老牛湾镇老牛湾村 宁武县化北屯乡宁化村

（三）阳泉市红色文化旅游路线

阳泉市经典红色旅游景区是狮脑山百团大战遗址，结合4A级藏山旅游景区、4A级娘子关景区、4A级翠枫山自然风景区，以及六个全国乡村旅游重点村镇（郊区平坦镇桃林沟村、郊区义井镇小河村、郊区西南舁乡咀子上村、平定县娘子关镇、平定县娘子关镇娘子关村、盂县孙家庄镇王炭咀村），可设计1—4日游的线路（见表3阳）。

表3 阳泉市红色文化旅游线路组合资源

经典红色旅游景区	著名A级旅游景区	全国上榜的乡村旅游重点村镇
狮脑山百团大战遗址	4A级藏山旅游景区 4A级娘子关景区 4A级翠枫山自然风景区	郊区平坦镇桃林沟村 城区义井镇小河村 郊区西南舁乡咀子上村 平定县娘子关镇 平定县娘子关镇娘子关村 盂县孙家庄镇王炭咀村

（四）太原市红色文化旅游路线

太原市经典红色旅游系列景区包括山西国民师范旧址革命活动纪念馆、太原解放纪念馆、高君宇故居、彭真生平暨中共太原支部旧址纪念馆、双塔陵园。围绕上述内容，结合4A级汾河景区、4A级晋祠景区、4A级蒙山大佛旅游区、4A级东湖醋园、4A级太原市森林公园、4A级中国煤炭博物馆，以及三个全国乡村旅游重点村（娄烦县静游镇峰岭底村、娄烦县天池店乡河北村、阳曲县黄寨镇上安村），可设计1—5日游的线路。太原市红色文化旅游线路组合的资源除高君宇故居远在太原市行政区的西北角，其他多位于太原市区（见表4）。

表4　太原市红色文化旅游线路组合资源

经典红色旅游景区	著名A级旅游景区	全国上榜的乡村旅游重点村
山西国民师范旧址革命活动纪念馆	4A级汾河景区	娄烦县静游镇峰岭底村
	4A级晋祠景区	娄烦县天池店乡河北村
太原解放纪念馆	4A级蒙山大佛旅游区	阳曲县黄寨镇上安村
高君宇故居	4A级东湖醋园	
彭真生平暨中共太原支部旧址纪念馆	4A级太原市森林公园	
双塔陵园	4A级中国煤炭博物馆	

（五）吕梁市红色文化旅游路线

吕梁市经典红色旅游系列景区包括文水县刘胡兰纪念馆、兴县"四八"烈士纪念馆、晋绥边区革命纪念馆、临县中共中央后方委员会旧址、中共中央西北局旧址、陕甘宁晋绥联防军旧址、石楼县红军东征纪念馆。围绕上述内容，结合4A级北武当山风景区、4A级玄中寺景区、4A级天宁寺景区、4A级汾酒文化景区、4A级贾家庄文化生态旅游区、4A级金龙山风景名胜区、庞泉沟国家级自然保护区、汾阳市贾家庄镇贾家庄村（全国乡村旅游重点村）、柳林县三交镇三交村（山西省4A级乡村旅游示范村），可设计1—5日游的线路（见表5）。

表5　吕梁市红色文化旅游线路组合资源

经典红色旅游景区	著名A级旅游景区	全国上榜的乡村旅游重点村
文水县刘胡兰纪念馆	4A级北武当山风景区	汾阳市贾家庄镇贾家庄村
兴县"四八"烈士纪念馆	4A级玄中寺景区	柳林县三交镇三交村
晋绥边区革命纪念馆	4A级天宁寺景区	
临县中共中央后方委员会旧址	4A级汾酒文化景区	
中共中央西北局旧址	4A级贾家庄文化生态旅游区	
陕甘宁晋绥联防军旧址	4A级金龙山风景名胜区	
石楼县红军东征纪念馆	庞泉沟国家级自然保护区	

（六）晋中市红色文化旅游路线

晋中市经典红色旅游景区包括左权县麻田八路军前方总部旧址景区、左权将军殉难处、昔阳县大寨展览馆。围绕上述内容，结合5A级平遥古城景区、5A级绵山风景区、4A级乌金山国家森林公园、4A级榆次老城景区、4A级镇国寺景区、4A级双林寺景区、4A级张壁古堡景区、4A级红崖峡谷景区、4A级石膏山风景名胜区、4A级太行龙泉旅游区，以及五个全国乡村旅游重点村镇（平遥县段村镇横坡村、介休市龙凤镇南庄村、榆次区乌金山镇、榆次区乌金山镇后沟村、寿阳县宗艾镇下洲村），可设计1—5日游的线路（见表6）。

表6　晋中市红色文化旅游线路组合资源

经典红色旅游景区	著名A级旅游景区	全国上榜的乡村旅游重点村镇
左权县麻田八路军前方总部旧址景区 左权将军殉难处 昔阳县大寨展览馆	5A级平遥古城景区 5A级绵山风景区 4A级乌金山国家森林公园 4A级榆次老城景区 4A级镇国寺景区 4A级双林寺景区 4A级张壁古堡景区 4A级红崖峡谷景区 4A级石膏山风景名胜区 4A级太行龙泉旅游区	平遥县段村镇横坡村 介休市龙凤镇南庄村 榆次区乌金山镇 榆次区乌金山镇后沟村 寿阳县宗艾镇下洲村

（七）长治市红色文化旅游路线

长治市经典红色旅游系列景区包括武乡县八路军太行纪念馆、武乡县王家峪八路军总部旧址景区、武乡县百团大战砖壁指挥部旧址、黎城县黄崖洞景区、沁源县太岳军区司令部旧址、平顺县西沟展览馆。围绕上述内容，结合5A级太行山大峡谷八泉峡景区、4A级太行水乡风景区、4A级通天峡景区、4A级天脊山风景区，以及五个全国乡村旅游重点村镇（上党区振兴新区振兴村、壶关县大峡谷镇、壶关县大峡谷镇大河村、壶关县石坡乡南平头坞村、平顺县石城镇岳家寨村），可设计1—6日游的线路（见表7）。

表7 长治市红色文化旅游线路组合资源

经典红色旅游景区	著名A级旅游景区	全国上榜的乡村旅游重点村镇
武乡县八路军太行纪念馆	5A级太行山大峡谷八泉峡景区	上党区振兴新区振兴村
武乡县王家峪八路军总部旧址景区	4A级太行水乡风景区	壶关县大峡谷镇
武乡县百团大战砖壁指挥部旧址	4A级通天峡景区	壶关县大峡谷镇大河村
黎城县黄崖洞景区	4A级天脊山风景区	壶关县石坡乡南平头坞村
沁源县太岳军区司令部旧址		平顺县石城镇岳家寨村
平顺县西沟展览馆		

二、山西红色文化旅游主题线路

2022年6月28日，山西省文化和旅游厅举办山西省"红色芳华——清廉山西"主题宣讲活动，会上发布了20条红色旅游线路。这些线路可作为主题红色文化旅游活动的重要参考。①

（一）烽火太行红色旅游线路

地点：太原→阳泉→晋中→长治
主要红色景点：
山西国民师范旧址革命活动纪念馆（太原）→彭真生平暨中共太原支部

---

① 山西新闻网.每一步都是红色印迹山西这20条线路等你来打卡.[EB/OL].[2022-08-13]. http://news.sxrb.com/GB/314060/9884719.html.

旧址纪念馆（太原）→狮脑山百团大战纪念馆（阳泉）→左权麻田八路军前方总部旧址纪念馆（晋中）→黎城黄崖洞景区（长治）→武乡百团大战砖壁指挥部旧址（长治）→武乡王家峪八路军总部旧址（长治）→八路军太行纪念馆（长治）→沁源太岳军区司令部旧址（长治）。

巍巍太行，雄踞华北。抗日战争全面爆发后，中国共产党领导八路军和太行儿女，在这里前仆后继、浴血奋战，谱写了无数英雄篇章，培育和造就了光耀千秋的太行精神。烽火太行之旅，将带您走进华北抗战中枢"太行根据地"的腹地，深入了解太行山红色文化，缅怀革命先烈的丰功伟绩。

（二）英雄吕梁红色旅游线路

地点：太原→吕梁

主要红色景点：

山西国民师范旧址革命活动纪念馆（太原）→彭真生平暨中共太原支部旧址纪念馆（太原）→文水刘胡兰纪念馆（吕梁）→石楼红军东征纪念馆（吕梁）→柳林刘志丹将军殉难处（吕梁）→兴县蔡家崖晋绥边区革命纪念馆（吕梁）→兴县"四八"烈士纪念馆（吕梁）。

从石楼县传出的千古绝唱《沁园春·雪》，久久回荡在表里山河的上空；身处红军东征总指挥部所在地，仿佛听到了冲锋号声；站在刘胡兰雕像下，感受革命英雄的大义凛然。革命老区吕梁，是延安的东部屏障、红军东征的主战场。正是这片黄土遍布、山峰耸立、沟壑纵横的土地，在烽火岁月和艰苦建设年代，锻造出宝贵的"吕梁精神"。

（三）长城抗战红色旅游线路

地点：太原→忻州→大同→朔州

主要红色景点：

太原双塔革命烈士陵园（太原）→高君宇故居（太原）→代县雁门关伏

击战遗址（忻州）→代县夜袭阳明堡机场遗址（忻州）→五台县徐向前故居和纪念馆（忻州）→五台山晋察冀军区司令部旧址纪念馆（忻州）→平型关大捷纪念馆（大同）→塞北革命纪念馆（朔州）→右玉精神展览馆（朔州）。

长城抗战是抗日战争的重要组成部分，平型关大捷是八路军出师以来打的第一个大胜仗，也是全民族抗战以来的第一个大胜仗。在馆前广场塑有参与此战的 10 位将领铜像，将英雄的形象永远留存。雁门关伏击战、夜袭阳明堡机场等战斗谱写了震撼人心的英雄史诗。

（四）"走向胜利"红色旅游线路

地点：吕梁→忻州

主要红色景点：

临县碛口高家塔毛泽东东渡黄河纪念碑广场（吕梁）→临县碛口寨子山毛泽东东渡黄河路居处（吕梁）→兴县蔡家崖晋绥边区革命纪念馆（吕梁）→岢岚县毛主席路居纪念馆（忻州）→代县毛主席路居纪念馆（忻州）→五台山毛主席路居纪念馆（忻州）→繁峙伯强毛主席路居纪念馆（忻州）。

1948 年，毛泽东、周恩来等中央领导从延安到西柏坡途经山西，进行了重要的革命活动。此条线路多为毛泽东等老一辈领导人在不同地区居住的旧址，再现了老一辈领导人领导中国革命的足迹。

（五）铁血东征红色旅游线路

地点：临汾→吕梁

主要红色景点：

永和红军东征纪念馆（临汾）→乾坤湾西渡黄河旧址（临汾）→石楼红军东征纪念馆（吕梁）→柳林刘志丹将军殉难处（吕梁）→交口大麦郊东征指挥部旧址（吕梁）→孝义兑九峪战役遗址（吕梁）。

红军东征在山西境内历时 75 天，作为一次影响中国革命进程的战略行动，奏响了中国共产党领导下的人民军队奋起抵抗日本侵略军的战斗序曲，为在抗日战争初期中共中央、中央军委把山西作为坚持敌后抗战的战略支点奠定了历史性基础，是中国革命走向胜利的一个极其重要的里程碑。

（六）追寻八路军总部红色旅游线路

地点：太原→晋中→长治

主要红色景点：

太原成成中学（太原）→和顺八路军石拐会议纪念馆（晋中）→左权麻田八路军前方总部旧址纪念馆（晋中）→黎城县黄崖洞兵工厂旧址（长治）→武乡县王家峪八路军总部旧址（长治）→八路军太行纪念馆（长治）。

抗战时期，八路军总部曾在山西70多个村庄驻扎，一大批老一辈革命家在此运筹帷幄，指挥华北军民进行了百团大战等著名战役，有力推动了整个华北根据地的巩固和发展。此条线路包含八路军在山西多处总部旧址，在此可以领略八路军的抗战精神。

（七）晋察冀根据地红色旅游线路

地点：晋中→阳泉→忻州→大同

主要红色景点：

和顺八路军石拐会议纪念馆（晋中）→狮脑山百团大战遗址（阳泉）→代县夜袭阳明堡机场遗址（忻州）→代县雁门关伏击战遗址（忻州）→五台县徐向前元帅故居和纪念馆（忻州）→五台山晋察冀军区司令部旧址纪念馆（忻州）→平型关大捷纪念馆（大同）。

晋察冀根据地是中国共产党在敌占区心脏地带建立的第一个敌后抗日根据地。在此根据地共作战32000多次，歼灭日伪军35万余人，被誉之为"敌后模范的抗日根据地及统一战线的模范区"。它的创立、巩固和发展，对坚持华北敌后抗战和全国持久抗战起了"坚强堡垒"的作用。

（八）红色军工之旅红色旅游线路

地点：太原→晋中→长治

主要红色景点：

山西北方机械制造有限责任公司（太原）→榆社韩庄八路军军工部兵工厂（晋中）→左权芹泉镇高峪村八路军军工三所、杨家庄炸弹厂旧址（晋中）→麻田镇南井八路军兵工厂旧址（晋中）→麻田河北沟八路军总部测绘室旧址、军工部炮弹一厂旧址（晋中）→黎城黄崖洞兵工厂旧址（长治）→武乡八路军工部（长治）→太行工业学校温庄村旧址（长治）→长治淮海工业集团刘伯承兵工厂旧址（长治）。

山西红色军工创建于民族危亡时刻，为夺取革命战争的胜利、保卫祖国的安宁、支援社会主义建设做出了重大贡献。其中最著名的当属1941年发生在长治黎城县的黄崖洞保卫战。红色军工之旅将引领我们回望山西红色军工光辉发展历程，追寻红色记忆，凝聚奋进力量。

（九）清廉山西旅游经典线路

地点：大同→朔州→忻州→太原→晋中→吕梁→阳泉→长治→临汾→晋城→运城

主要红色景点：

平型关大捷纪念馆（大同）→平鲁区李林烈士陵园（朔州）→五台县徐向前元帅故居和纪念馆（忻州）→高君宇故居纪念馆（太原）→平遥监察文化博物馆（晋中）→方山于成龙故居（吕梁）→七亘大捷景区（阳泉）→八路军太行纪念馆（长治）→荷花小镇文化传习馆（临汾）→皇城相府陈廷敬纪念馆（晋城）→闻喜县家风家教文化基地（运城）。

全面建设清廉山西，事关全方位推动高质量发展全局，事关3500万山西人民根本利益。清廉山西旅游经典线路是清廉思想、清廉制度、清廉干部、清廉作风、清廉文化等各种清廉要素相互作用、叠加集成的综合反映，以文化人、以廉润心，让清廉成为党员干部的自觉追求，成为广大群众的价值观念。

（十）红色芳华——清廉山西旅游线路之一

地点：太原

主要红色景点：

太原解放纪念馆→山西国民师范旧址革命活动纪念馆→彭真生平暨中共太原支部旧址纪念馆→太原双塔革命烈士陵园→阳曲店子底支前纪念馆→牛驼寨战斗遗址→娄烦高君宇故居。

线路所经之地均是广大党员、干部、群众和青少年进行党史学习教育、革命传统教育和爱国主义教育的重要基地。走进这里缅怀革命先烈、传承红色基因的同时，可进一步树牢知党史、感党恩、立远志的思想，进一步激发守初心、担使命、践行忠诚卫士的决心与责任。

（十一）红色芳华——清廉山西旅游线路之二

地点：大同

主要红色景点：

大同煤矿"万人坑"遗址纪念馆→平型关大捷纪念馆→平型关烈士陵园→天镇县李二口长城景区。

充分运用平型关大捷纪念馆等红色资源，积极打造有影响、有实效的清廉载体，激励全市各级党组织凝心聚力、齐抓共建，统筹推进新时代大同廉洁文化建设，让清廉成为新时代大同的风尚和名片，让"清廉大同"品牌走进群众、走出大同、走向全国。

（十二）红色芳华——清廉山西旅游线路之三

地点：朔州

主要红色景点：

右玉精神展览馆→金沙滩生态旅游区→塞北革命烈士纪念馆→李林烈士陵园。

以全国爱国主义教育示范基地——右玉精神展览馆为代表的红色文化、地域文化、廉政文化资源打造宣传阵地。通过一系列靶向施策的廉政"套餐"，让廉政教育真正入脑入心、触及灵魂，助推清廉建设走深走实。

（十三）红色芳华——清廉山西旅游线路之四

地点：忻州

主要红色景点：

代县毛主席路居馆红色教育基地→繁峙平型关大捷遗址以及纪念馆→伯强毛主席路居馆→五台山毛主席路居馆、晋察冀军区司令部旧址→五台县白求恩纪念馆、南茹村八路军总部旧址→五台县徐向前元帅故居和纪念馆→忻口战役遗址。

从毛主席路居馆、徐向前元帅故居到白求恩纪念馆，在这条线路上，游客可以从中领略革命前辈的风采。

（十四）红色芳华——清廉山西旅游线路之五

地点：吕梁

主要红色景点：

刘胡兰烈士纪念馆→于成龙故居→石楼红军东征纪念馆→柳林刘志丹将军殉难处→临县碛口高家塔毛泽东东渡黄河纪念碑广场→临县双塔村后委旧址→兴县蔡家崖晋绥边区革命纪念馆→兴县"四八"烈士纪念馆。

吕梁是革命老区,在不同的革命时期,这片红色热土上都留下了丰富的红色革命遗迹。沿着这条线路,走遍红色热土聆听英雄故事,寻访"小延安",传承红色基因,体味峥嵘岁月,弘扬吕梁精神,弘扬廉政文化,弘扬榜样精神。

(十五)红色芳华——清廉山西旅游线路之六

地点:晋中

主要红色景点:

麻田八路军总部纪念馆→平遥察院博物馆→张壁古堡抗日秘密交通线纪念地→左权将军纪念馆→晋冀鲁豫边区临时参议会旧址。

线路以廉政文化教育基地、革命纪念地为核心,结合晋中丰富多彩的历史和文化资源,以此涵养风清气正、共谋发展的政治生态,营造以廉为本、言行有范的社会氛围。

(十六)红色芳华——清廉山西旅游线路之七

地点:阳泉

主要红色景点:

狮脑山百团大战遗址公园→小河古村评梅景区→南庄抗战地道景区→红育口村→七亘大捷景区→阳泉市博物馆。

将廉洁文化与景区旅游融合,以润物细无声的方式,让游客在享受旅行的同时,感受当地人文风采,得到内心的触动,进一步提升勤政廉政意识。

(十七)红色芳华——清廉山西旅游线路之八

地点:长治

主要红色景点:

八路军太行纪念馆→前方鲁艺学校下北漳旧址→八路军总部王家峪旧

址→八路军游击战体验园→八路军文化园→大型实景演艺《太行山上》→黎城县黄崖洞兵工厂遗址→平顺县西沟村。

长治市是八路军的故乡，子弟兵的摇篮，是伟大太行精神的孕育地，革命传统教育资源丰富。这条线路依托丰富的红色文化资源，着力打造独具特色的"红色军事"品牌，引导游客树立正确的人生观、价值观与世界观，让红色基因薪火相传，让革命精神生生不息。

（十八）红色芳华——清廉山西旅游线路之九

地点：晋城

主要红色景点：

孙文龙纪念馆→晋城市烈士陵园→阳城太岳烈士陵园→晋豫边抗日纪念馆→中国抗日军政大学太岳分校旧址→晋冀鲁豫野战军十二纵队整军地旧址。

晋城既有厚重的历史文化底蕴，又有光荣的革命传统。在这块血与火的土地上，留下了灿烂辉煌的红色文化。沿着这条线路，感受光耀千秋、彪炳史册的太行太岳精神。

（十九）红色芳华——清廉山西旅游线路之十

地点：临汾

主要红色景点：

临汾烈士陵园（临汾战役纪念馆）→曲沃石桥堡红色教育基地→彭真故居→隰县晋西革命纪念馆→永和红军东征纪念馆。

临汾作为革命老区，曾为中国革命和建设做出过不可磨灭的贡献，因而留下了大量的红色遗迹。走进这方浸染着鲜血和汗水的红色土地，回顾历史、缅怀先烈，也是新形势下人文精神、榜样精神的回归。

（二十）红色芳华——清廉山西旅游线路之十一

地点：运城

主要红色景点：

盐湖区烈士陵园→夏县堆云洞→闻喜陈家庄→新绛革命纪念馆→中条山抗战纪念馆（垣曲皋落）→平陆六十一个阶级弟兄纪念馆→傅作义故居（临猗孙吉）。

革命的印迹不应该被忘记，红色旅游的意义显而易见。沿着这条线路，参观红色旅游景点，缅怀河东儿女的英勇事迹，具有重要的教育意义和历史意义。

三、山西与周边红色旅游线路

（一）河北、山西红色旅游协作线路

明确山西省、河北省红色旅游协作线路，即雄安新区—保定市—石家庄市—邯郸市—长治市，并向全国红色旅游者推介，旅游者可根据日程和时间选取具体的景点景区。

雄安新区著名的红色旅游景点景区有白洋淀雁翎队纪念馆。

保定市著名的红色旅游景点景区有易县狼牙山五壮士纪念地、清苑县冉庄地道战遗址及纪念馆、保定市莲池区留法勤工俭学运动纪念馆、阜平县晋察冀边区革命纪念馆及旧址、唐县白求恩柯棣华纪念馆、高阳县高蠡暴动纪念馆、涞源县白石山抗战纪念馆等。

石家庄市著名的红色旅游景点景区有平山县西柏坡景区，石家庄市桥西区华北军区烈士陵园、华北革命战争纪念馆、华北人民政府成立大会会址纪念馆、新华区石家庄解放纪念馆、鹿泉区河北省英烈纪念馆等。

邯郸市著名的红色旅游景点景区有邯郸市邯山区晋冀鲁豫烈士陵园、峰峰矿区冀南山底抗日地道景区，涉县八路军 129 师司令部旧址及纪念馆、朝鲜义勇军总部旧址、新华广播电台涉县旧址，武安市中共晋冀鲁豫中央局和军区旧址，磁县太行五区第一兵工厂陈列馆等。

（二）河南、山西红色旅游协作线路

明确河南、山西红色旅游协作线路，即郑州市—焦作市—新乡市—鹤壁市—安阳市—长治市，并向全国红色旅游者推介，旅游者可根据日程和时间选取具体的景点景区。

郑州市著名的红色旅游景点景区有二七区的"二七"纪念堂、郑州烈士陵园，登封市革命烈士纪念馆，巩义市豫西抗日纪念馆等。

焦作市著名的红色旅游景点景区有中站区西大井 1919 文旅景、十二会村、解放区焦作市烈士陵园，武陟县嘉应观、人民胜利渠渠首，博爱县晋冀鲁豫野战军第九纵队司令部旧址等。

焦作市著名的红色旅游景点景区有新乡县刘庄村，辉县郭亮洞挂壁公路、裴寨社区、回龙天界山，卫辉市河南太行八路军抗战纪念馆等。

鹤壁市著名的红色旅游景点景区有山城区石林会议旧址、淇滨区毛连洞红色教育基地，浚县裴庄景区等。

安阳市著名的红色旅游景点景区有林州市红旗渠、安阳县马氏庄园、滑县烈士陵园、殷都区安阳烈士陵园、林州市烈士陵园、内黄县"四一二"革命纪念地等。

（三）陕西、山西红色旅游协作线路

黄河两岸晋陕交界的延安市、榆林市、吕梁市三地，作为革命战争年代陕甘宁边区和晋绥边区所在地，均为全国著名的革命老区。向全国红色旅游者推介榆林市—延安市—吕梁市三地协作线路，旅游者可根据日程和时间选取具体的景点景区。

榆林市著名的红色旅游景点景区有：横山区肖崖革命旧址、榆阳区红石峡会议旧址，米脂县杨家沟革命旧址，吴堡县毛主席东渡黄河纪念地，神木市神府革命纪念馆，佳县神泉堡革命旧址，绥德县革命纪念馆、李子洲故居，靖边县小河毛泽东旧居，清涧县革命历史展览馆等。

延安市著名的红色旅游景点景区有宝塔区延安革命纪念馆、中共中央西北局革命旧址、宝塔山、杨家岭革命旧址、枣园革命旧址、南泥湾、凤凰山革命旧址、清凉山，洛川县洛川会议旧址纪念馆。

四、结语

山西省人民政府《关于核定公布第一批省级红色文化遗址名录的通知》于2021年11月2日公布。根据《山西省红色文化遗址保护利用条例》有关规定，省人民政府核定中共太原支部旧址（彭真生平暨中共太原支部旧址纪念馆）等191处山西省第一批省级红色文化遗址名录。

为进一步贯彻落实中共中央办公厅、国务院办公厅《关于实施革命文物保护利用工程（2018—2022年）的意见》精神，根据《国家文物局关于开展革命文物名录公布工作的通知》和《国家文物局办公室关于核定公布革命文物名录的补充通知》要求，在各市文物主管部门报送的基础上，山西省文物局组织相关专家对全省革命文物名录进行了核定，并于2021年1月11日，公布全省第一批革命文物名录。[①] 山西省第一批革命文物名录，包括"山西省第一批不可移动革命文物名录"和"山西省第一批可移动革命文物名录"，主要涵括：与中国共产党领导中国人民进行革命、建设、改革相关的史迹、实物和纪念设施；与近代以来中国人民争取民族独立和人民解放（含抗日战争）相关的史迹、实物和纪念设施；与近代以来著名民主党派和

---

① 山西省文物局.山西省文物局关于公布全省第一批革命文物名录的通知[EB/OL].（2021-01-01）[2023-08-13].http://wwj.shanxi.gov.cn/zwgk/tzgg_31117/qtgg/202210/t20221008_7229059.shtml.

无党派爱国人士相关的史迹、实物和纪念设施。第一批不可移动革命文物名录有 687 处,包括:全国重点文物保护单位 22 处、省级文物保护单位 52 处、市级文物保护单位 79 处、县级文物保护单位 534 处。第一批可移动革命文物名录有 4478 件(套),包括:一级文物 541 件(套)、二级文物 251 件(套)、三级文物 3686 件(套)。

为进一步贯彻落实中共中央办公厅、国务院办公厅《关于实施革命文物保护利用工程(2018—2022 年)的意见》精神,深入推进我省革命文物保护利用工作,根据《中央宣传部 国家文物局关于持续开展革命文物名录公布工作的通知》(文物革发〔2022〕13 号)要求,2023 年 1 月 29 日,山西省文物局在各市文物部门和相关收藏单位申报、专家审核认定、广泛征求意见的基础上,确定了山西省第二批革命文物名录。[①] 名录包括不可移动革命文物 463 处,其中省级文物保护单位 20 处,市级文物保护单位 52 处,县级文物保护单位 140 处,尚未核定公布为文物保护单位的不可移动文物 251 处。可移动革命文物 8289 件(套),其中一级文物 20 件(套),二级文物 10 件(套),三级文物 102 件(套),一般文物 3150 件(套),未定级文物 5007 件(套)。山西省两批革命文物中不可移动革命文物共 1150 处,可移动革命文物共 12767 件(套)。

上述内容除去与山西红色旅游经典景区重复的部分,可组合到各类红色文化旅游线路中。并可与周边的河北省、河南省、陕西省的红色文化旅游线路相整合,开展区域性合作和主题融合的红色文化旅游交流,更好地发挥红色文化旅游在弘扬革命精神、传承红色基因、推动社会经济发展等方面的重要作用。

---

① 山西省文物局.山西省文物局关于公布全省第二批革命文物名录的通知[EB/OL].(2023-03-31)[2023-08-13].http://wwj.shanxi.gov.cn/zwgk/tzgg_31117/202302/t20230201_7903106.html.

红色文化旅游目的地建设

山西省革命老区红绿融合发展的实践探究
——以山西省左权县为例①

山西文旅产业规划设计研究院有限公司　朱建民　张金瑞　高雯昊

摘　要：山西省是著名的革命老区，红色资源存量大、类型多、品位高，开发潜力巨大。近年来，山西省加大力度全方位推动革命老区高质量发展，但红色资源要素开发利用力度仍显不足，存在集群效应有待形成、产业链条有待延伸、内生动力有待激活等问题。在深入分析左权县红绿融合发展成功经验的基础上，探索提出推动山西省革命老区红绿融合发展的对策建议，一是深挖红色资源，"红色+"赋能乡村振兴；二是深化产业融合，联动形成集群效应；三是强化宣传交流，塑造红色文旅品牌；四是重视环境效益，打造生态宜居乡村；五是加强数字建设，智慧展现红色资源；六是强化人才支撑，发挥村民主体作用。

关键词：革命老区；红色资源；山西左权

革命老区是党和人民军队的根，是中国人民选择中国共产党的历史见证。党的十八大以来，习近平总书记多次赴革命老区考察调研，强调要把革命老区建设得更好，让老区人民过上更好生活。2021年1月，国务院印发了《关于新时代支持革命老区振兴发展的意见》，各地区、各部门认真贯彻

---

① 作者简介：朱建民，山西文旅产业规划设计研究院有限公司副研究员，博士，山西财经大学、太原师范学院硕士研究生校外导师，主要从事文化旅游、乡村振兴、城乡规划研究；张金瑞，山西文旅产业规划设计研究院有限公司助理研究员，硕士，主要从事文化旅游、旅游地理研究；高雯昊，山西文旅产业规划设计研究院有限公司，硕士，主要从事文化旅游、区域经济研究。

落实党中央、国务院决策部署,加快健全支持革命老区振兴发展的"1+N+X"政策体系①,老区发展取得了重要进展。2023年4月,国家发展改革委印发了《革命老区振兴发展2023年工作要点》,细化了在衔接推进乡村振兴、加快基础设施建设、传承弘扬红色文化、促进绿色转型发展、加快重点区域发展、加大政策支持等6个方面的任务。

一、山西省革命老区发展基本情况

(一)革命老区的概念和分类

中国革命老区是指在土地革命时期和抗日战争时期,由中国共产党领导创建的革命根据地。中国老区建设促进会将革命老区划分为四类:90%以上的乡镇为老区的县为一类老区县,全国共有409个;50%—89%的乡镇为老区的县为二类老区县,共有486个;10%—49%的乡镇为老区的县为三类老区县,共有419个;9%以下的乡镇为老区的县为四类老区县,共有75个。山西是全国著名的革命老区,有一类老区县64个,二类老区县23个,三类老区县17个,四类老区县1个(见表1)。

---

① 赵曼如,吴振磊.革命老区建设与经济高质量发展[J/OL].当代财经[2024-03-23].https://doi.org/10.13676/j.cnki.cn36-1030/f.20240201.001.

表1　山西省革命老区分类情况表①

类别	革命老区县、市（县级市）、区
一类老区县	娄烦、古交市、灵丘、广灵、盂县、平定、晋城市郊区、泽州、阳城、高平市、陵川、沁水、河曲、保德、偏关、五寨、岢岚、神池、宁武、静乐、五台、原平、代县、繁峙、定襄、兴县、临县、方山、岚县、柳林、离石、中阳、交口、石楼、交城、左权、榆社、和顺、昔阳、榆次、平顺、黎城、武乡、襄垣、屯留、壶关、沁县、沁源、安泽、古县、浮山、洪洞、乡宁、大宁、吉县、永和、隰县、蒲县、汾西、夏县、右玉等
二类老区县	阳曲、浑源、阳泉市郊区、孝义市、汾阳市、文水、寿阳、太谷、祁县、平遥、介休市、灵石、长子、长治市潞城区、长治市郊区、霍州市、翼城、曲沃、襄汾、平陆、垣曲、应县等
三类老区县	天镇、阳高、左云、大同、侯马市、芮城、永济市、临猗、万荣、河津市、稷山、绛县、闻喜、山阴、怀仁、朔州市朔城区等
四类老区县	新绛

（二）山西革命老区发展取得的成就

1. 政策机制不断健全

山西省着力构建政策体系，加大力度全方位推动全省革命老区高质量发展。2022年，山西省发展和改革委员会印发了《山西省"十四五"特殊类型地区振兴发展规划》，对加快革命老区振兴发展进行专篇规划，要求统筹推进革命老区协调发展、发展壮大特色优势产业、大力传承弘扬红色基因。2021年11月，山西省人民政府印发了《关于新时代支持山西太行革命老区振兴发展的实施意见》（晋政发〔2021〕36号），支持山西全省列入太行革命老区的35个县（市、区）在新发展阶段巩固拓展脱贫攻坚成果。2024年，

---

① 中国老区网. 山西省革命老区 [EB/OL]. (2020-07-24). http://www.zhongguolaoqu.com/index.php?m=content&c=index&a=show&catid=16&id=692.

山西省制定了《山西省人民政府关于推动文旅产业高质量发展的实施意见》，强调有序发展红色旅游，重点培育兴县、左权、右玉等成为全国知名红色旅游目的地和红色旅游创新发展基地。

2. 基础设施不断完善

一是深入推进农村供水保障工程建设。以革命老区晋城市阳城县等为试点启动实施城乡供水一体化建设，推行农村供水"一县一公司"管理，加快农村供水保障项目建设。二是积极推进新能源开发布局。太行革命老区共配置风电光伏发电项目65个，完成浑源抽水蓄能电站建设投资3.5亿元，组织太行革命老区4个项目申报"新能源+储能"试点示范项目，规模总量18万千瓦。三是加强新型基础设施建设。加快5G基站建设，推进5G融合应用，在革命老区寿阳县召开全国采矿行业"5G+"工业互联网现场会，打造阳城县皇城相府5G+AR实景演艺、高平市医疗集团"5G+"远程医疗试点、左权县泽城村5G直播仓等一批5G融合新模式、新业态。

3. 文旅产业不断发展

一是繁荣发展红色文化。打造舞台剧《太行山上》、晋剧《石拐灯火》、晋剧《铸城》、上党梆子《申纪兰》、话剧《太行》等与革命文化相关的艺术精品，举办"太行丰碑——中国画名家邀请展"，受到国内书画界普遍关注和好评。二是加强革命文物保护利用。制作上线15个全国爱国主义教育示范基地网上全景展馆，山西省五台白求恩纪念馆被中宣部命名为"全国爱国主义教育示范基地"。三是加快推动黄河、长城、太行一号旅游公路建设。截至2023年10月，全省共建成三条一号旅游公路共9797公里，其中，黄河一号3229公里，长城一号2868公里，太行一号3700公里，占规划总里程的76%，实现主线贯通，同步建成慢行道685公里、驿站100个、房车营地42个、观景台125个[①]。四是促进旅游景区提质升级。推动革命老区内

---

① 冷雪.2024年我省全面建成三个一号旅游公路[N].山西日报，2023-10-16（3）.

平型关大捷景区通过国家 4A 级旅游景区创建评定、王莽岭景区通过省级旅游度假区评定、中太行片区黎城县壶山温泉度假区通过省级旅游度假区评定。

（三）山西革命老区发展的短板和问题

一是红色资源挖掘不足，集群效应有待形成。经济相对落后的乡镇，红色资源保护经费短缺，社会力量参与不足，缺乏对于红色资源延伸价值的开发和利用，红色资源产业化发展水平较低。同时，山西省红色资源多是孤立而碎片化呈现，各区域间合作力度不够[①]，游客只能点对点逐个游览参观，不利于将资源优势转化为发展优势。

二是资源要素融合不足，产业链条有待延伸。山西省红色资源与其丰富的自然人文资源多处于分离状态，融合性不足，复合型旅游产品较少，资源优势未转化为经济优势。红色旅游与生态游、乡村游、冰雪游、民俗游、研学游融合发展模式还需进一步探索和创新，红色资源独特的精神价值没有得到充分体现。

三是人才资源短缺，内生动力有待激活。随着城镇化进程的加快和现代产业体系的迭代升级，人才成为制约革命老区发展较为突出的短板。乡村大多数青壮年外出务工，存在人才流失严重，人员结构老化，知识技能型人才短缺，人员素质相对较低的情况。

二、左权县红绿融合发展的实践

（一）左权县基本情况

1. 区位条件较好

山西省晋中市左权县位于山西省东南部、太行山主脉西侧，地处晋、

---

① 吴红云. 深入开发红色文化资源 助推山西高质量转型发展 [J]. 三晋基层治理，2022（2）：109-112.

冀、豫三省要隘，承东启西，东瞰华北平原，西窥晋中盆地。东与河北邢台、武安、涉县接壤，西接榆社，南邻武乡、黎城，北连和顺。境内多条省道和县乡公路纵横交错，形成以和汾高速、天黎高速、G207 国道、S319 省道为骨架的"井"字形路网结构，实现"城景通、景景通"的交通体系大格局。自驾 3 个小时覆盖石家庄、邢台、邯郸、安阳、太原等多个城市，区位条件较好。左权县现辖 8 个乡镇、1 个城区社会事务服务中心、1 个省级文旅示范区，160 个行政村，14.5 万人。全县总面积 2028 平方公里（折合 304 万亩），其中耕地面积 24 万亩，有"八山一水一分田"之称。①

2. 自然地理条件独特

左权县地处太行山区，地势呈西高东低，境内平均海拔 1100 米，最高峰海拔 2141 米，最低谷海拔 650 米，属温带大陆性季风气候，气候温和，夏季凉爽，四季平均气温 7.4 摄氏度。县境内山川秀美，420 余座山峰巍峨高峻。清漳河东西两源于县境内交汇，全县拥有大小河流 2260 余条，是全省富水县之一。左权县深入践行"两山"理论，全国首创生态公园经济，全省首推清漳河全流域治理，获批建设清漳河国家湿地公园，形成了八大公园、20 个小游园的绿地格局，森林覆盖率、林木绿化率分别达到 38%、57%，全县空气质量综合指数连续三年全市第一，先后获得全国卫生县城、全国文明县城、国家园林县城等荣誉。左权县还是"中国核桃之乡"，其"左权绵核桃"是国家地理标志保护产品。

3. 历史文化底蕴深厚

左权县历史与华夏文明同步，远古时代火神祝融筑城于此，4000 多年前先人们就在这里繁衍生息。左权县建县史 1700 余年，曾三为州治，有辽阳、辽山、辽州、辽县之称，是中国历史最悠久的地方之一。经各级人民政府确定为保护单位的不可移动文物达 105 处，其中国家级重点文物保护单位

---

① 左权县人民政府官方网站.左权简介[EB/OL].（2023-05-27）.http://jzzq.gov.cn/rwzq/zqgk/zqjj/content_42791.

5处、省级文物保护单位10处、市级文物保护单位3处、县级文物保护单位87处。

左权县也是全国颇具盛名的"歌舞之乡",左权开花调和小花戏历史悠久、享誉全国,均入选国家非物质文化遗产保护名录,享有"万首民歌千出戏"的美誉,被文旅部命名为"中国民间文化艺术之乡"。左权县有非遗项目69项,已挂牌的非遗传习所9个。围绕"左权民歌汇"品牌,左权县连续两届举办国际民歌赛,并2次登上新浪微博热搜榜首,掀起一股"左权热""民歌热"。

4. 红色旅游资源富集

左权县是一个以英雄名字命名的县份,1942年5月25日,八路军副参谋长左权将军在山西辽县(今左权县)指挥部队反"扫荡"作战时壮烈牺牲,为纪念左权将军,易名辽县为左权县。左权县是全国著名的革命老区,是太行革命根据地的诞生地和民主政权"三三制"的策源地。抗战时期,左权县是华北敌后抗战的政治、军事、经济、文化中心,八路军总部、中共中央北方局、129师司令部等150多个机关单位在此驻扎五年之久,在左权县建立了真正符合"三三制"原则的抗日政权,打响了百团大战之榆辽战役、苏亭伏击战等。

左权县境内共有红色遗址269处,其中,领导人故居15处,战斗遗址30处、革命纪念地104处、烈士陵园1处,属全国100个红色旅游经典景区之一。其中,麻田八路军总部纪念馆、晋冀鲁豫边区临时参议会旧址纪念馆分别列入国家4A级和国家3A级旅游景区,麻田八路军总部纪念馆和十字岭左权将军殉难处入选国务院公布的国家级抗战设施、遗址名录。在这些丰富的红色资源的基础上,左权县已经形成麻田八路军总部纪念馆—十字岭左权将军殉难处—桐峪晋冀鲁豫边区临时参议会旧址—左权将军纪念馆—西河头129师司令部旧址"五点一线"的红色旅游专线。

（二）左权县红绿融合发展的成功经验

1. 延伸产业链条，促进产业振兴

左权县以"红色基因传承、绿色生态引领、产业融合创新"为发展理念，大力发展农村文旅产业。其泽城村打造3A级乡村旅游示范村，构建"乡村+旅游、乡村+研学、乡村+写生、乡村+民宿"等多产业融合链条，全面推动乡村五大振兴耦合发展。全县聚焦区域优势主导产业——核桃产业，推行核桃、中药材套种模式，实施全产业链建设，构筑"核桃+"一、二、三产融合发展产业链条。推动核桃单一种植产业、初加工产业向"种植基地+加工基地+电子商务+观光旅游+文创体验"方向发展，激活产业提质发展动力，积极壮大农业观光、红色旅游、写生产业等第三产业，打通农业、农产品加工业、乡村旅游服务业的融合，打造联村成片乡村旅游发展新格局，实现经济效益和社会效益的双赢，带动农业产业资源转化，提档升级，提质增效。

2. 践行绿色发展理念，推动红绿融合

左权县深刻践行"绿水青山就是金山银山"理念，充分发挥其独特的红色文化、太行山水风光、原生态乡村资源组合优势，通过资金扶持，将生态资源转化为生态资产，发展特色写生文旅产业，"向山、向水、向田、向大美自然要产业"，走出一条山区无工矿资源地区，生态旅游赋能乡村振兴的新路径。积极打造太行风情红色文化、农产品特产展示区、太行山居红色乡村记忆体验空间项目，传承弘扬太行革命精神。同时，大力推进污水治理、垃圾处理、旅游厕所建设，积极推进庭院经济建设，以露营N计划营地建设为抓手，以生态环境提升为出发点，嫁接产业项目，有效改善乡村及周边区域的生态宜居环境，拓宽生态价值转化渠道。

3. 加强乡村现代化建设，突出数字转型

左权县打造基层智慧党建系统，运用信息化手段推进党组织建设，以政务惠民为辅,集政务、经济、服务为一体,充分利用现有"党建引领乡村治理数字化平台",构建数字乡村智慧运行中心,创新村集体经济应用管理、一站式数字化公共文化云等各类智慧治理应用。打造智能化平安核桃产业园,在出入口、重要节点、公共复杂场地等重点部位,通过新建、利旧等方式建设视频、人脸抓拍、车辆抓拍、消防等感知设备,利用互联网、视频专网接入方式,建立多维物联感知网。同时,完善监控安防系统,推进平安乡村建设。

4. 多措并举引进人才,助力乡村发展

左权县积极推行"选、培、引、联"人才策略,从农业、工业、红色旅游、医疗、教育、文旅等领域,向左权籍在外人才连续发布6条集结号,招募左权籍在外各方面人才参与左权家乡建设。坚持"抓两头、带中间",提升全县村"两委"主干达到大专以上学历,实施"一村一名大学生"培育计划,开展乡村产业振兴带头人培训"头雁"计划,建设乡村技培中心,实施高素质农民培育计划,加强农村电商等乡村人才培育,保证持证率80%以上,打造山西省乡村振兴致富带头人省级示范实训基地。

三、推动革命老区红绿融合发展对策建议

(一)深挖红色资源,"红色+"赋能乡村振兴

一是以红色文化传承、红色基因赓续为核心,深入挖掘革命遗址、历史建筑、红色教育基地、红色文艺作品以及乡村非遗民俗、生产生活方式等多元文化资源,打造精品红色旅游项目,提升红色旅游品质,推进红色娱乐项目多业态发展。尊重乡村肌理,借助古村落活态利用、特色产业的培育,实施"乡村文化记忆工程",发扬革命精神,传承红色记忆。二是对红色旅游开发及产业发展进行深入研究,推动提质升级。根据游客数据进行深入分析和专业研判,立足资源的文化内涵,明晰市场的需求和变化,特别是针

对90后、00后客源群体，更需要系统而深入地剖析，提升红色旅游参与兴趣和积极性，增强青少年对红色文化的价值认同。三是推动红色旅游与相关产业融合，凸显红色资源的多元价值。探索"红色+乡村""红色+基层治理""红色+研学""红色+康养""红色+会展""红色+文创"等融合模式，在红色旅游发展中提高文化软实力和文旅知名度，同时带动村民参与文旅融合生产实践，不断激发乡村振兴的内生动力，进一步提升当地的经济社会发展水平。

（二）深化产业融合，联动形成集群效应

一是针对省内红色文化资源零散以及不同地区在红色资源开发上差异性不足的问题，对红色资源进行整体策划，有效整合红色文化资源，构建具有地域特色的红色文化产品体系。打造精品旅游线路，串联地理区位相近、具有一定发展差异、发展特色鲜明的红色旅游项目、村庄，实现各红色资源点的联动发展。二是从周边城市和乡村入手，配套相对完善的商业要素，培育成熟的社区生活环境，满足游客的游览、住宿、餐饮、购物等现实需求，让游客在缅怀先烈和英雄事迹、继承遗志、传承精神的同时，也能够切实感受到当地生产、生活的变化和社会的发展[1]。三是以乡村为载体，积极壮大农业观光、体验农业、康养旅游、研学旅行、文化创意等第三产业，打通红色旅游与休闲农业、农产品加工业、乡村旅游服务业的融合，打造联村成片旅游发展新格局，实现农业产业资源转化，提档升级，提质增效。

（三）强化宣传交流，塑造红色文旅品牌

一是丰富红色文化宣传方式。利用革命老区红色景区和景点，结合建党、建军、国庆等重大纪念日及革命历史事件时间标志，开展宣传教育和集

---

[1] 戴斌，马晓芬. 大力推进红色旅游高质量发展的若干思考[J]. 湖南社会科学，2021（4）：77-85.

中展示活动,彰显其蕴含的红色文化价值。整合宣传力量,通过专题宣传、公益广告等多种方式推介红色旅游,进一步扩大革命老区红色旅游知名度。充分利用山西省旅游发展大会、山西红色文旅推介大会等平台,宣传推广红色旅游新模式、新线路,提升红色旅游影响力。二是加强数字宣传营销。有效利用自媒体、新媒体等渠道进行宣传推广,学习借鉴哈尔滨冰雪旅游以及"淄博烧烤"在宣传营销方面的成功经验,加强旅游品牌推介和红色文化营销。三是讲好红色故事。用好目标群体喜闻乐见的宣传媒介进行靶向宣传和精准推介,营造文化氛围,强化口碑营销,提高品牌的美誉度。重视加强景区内容建设,增强游客的参与感和活动的趣味性,持续提升红色旅游的影响力、吸引力和综合效益。

(四)重视环境效益,打造生态宜居乡村

一是从"绿水青山"中挖掘"金山银山",向生态要效益,向美丽要经济,营造优越生态环境,形成"生态+"经济。依托山清水秀的生态资源,按照"保护优先、统筹利用"的原则,科学合理推进古村落、古建筑的保护开发,提升村容村貌,在改善设施、风貌提升、环境整治、功能优化、短板补齐等方面发力,持续建设环境优美,功能完善,宜居、宜业、宜养、宜游的生态宜居乡村。二是突出红绿融合,以红色文化为主基调,山水田园环境为基底,通过资金扶持,将生态资源转化为生态资产,群众全方位参与,村民就地创业就业,"向山、向水、向田、向大美自然要产业",推动实现艺术创造乡村,产业激活乡村,文化引领乡村,产业联农带农,走出一条建设宜居宜业和美乡村的新路径。三是持续改善乡村人居环境,以A级旅游景区要求高标准建设乡村。通过污水治理、垃圾处理、旅游厕所建设,扎实推进乡村文明建设,推动公共文化服务向农村延伸。同时,改善村容村貌,形成美丽乡村、美丽生活、美丽经济的一体推进。

（五）加强数字建设，智慧展现红色资源

一是利用数字技术，对红色资源进行数字化采集与保存。对红色遗址遗迹、革命文物等物质文化资源可运用三维扫描和数字重建等技术采集其空间三维信息和色彩纹理信息，对于红色故事、红色精神、红色文献等非物质文化资源可采用拍照、制作音频、视频等方式存档，形成红色资源数据库，为红色资源后期的管理、修复、研究和再利用提供支撑。二是创新体验内容，实现旅游体验个性化。在红色旅游项目建设上，推进以"互联网+"为代表的旅游场景化建设，充分利用AR、VR、XR、5G等信息技术，创新发展沉浸式互动体验、虚拟展示、智慧导览、角色扮演、互动游戏、文创体验、全息投影等新型旅游服务，丰富展示解说交互等手段，以增加红色旅游项目的体验性和参与性。三是建设红色旅游信息服务平台，实现旅游管理数字化[1]。探索依托山西文旅云平台，建设涵盖红色旅游资源地理空间数据、景区流量数据、客源市场数据、游客消费行为属性数据等动态数据的红色旅游信息服务平台，通过红色旅游公共信息互联网采集和旅游大数据挖掘分析，提升红色旅游精准营销能力，提供更为接近游客的旅游产品。

（六）强化人才支撑，发挥村民主体作用

一是探索实践多渠道培育人才，提升人才队伍水平。吸纳高素质人才充实农村基层组织，提升管理治理能力。同时，加大投入和政策倾斜，吸引具有新知识、新理念、新技术的人才返乡从事红色旅游，围绕红色旅游规划开发、管理运营、宣传推广、教育培训、文创设计等方面加大人才培养力度，为红色旅游发展提供坚强的人才保障。二是采用"公司+合作社+村集体+农户"的形式，联村组建农业托管公司、农机托管服务公司、农事服务公

---

[1] 石培新.红色旅游教育功能提升与可持续发展机制创新[J].宏观经济管理，2020（5）：83-90.

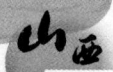

司，带动片区及周边农户增收，增加本地务工就业岗位，带动村集体经济增收。全力支持农业新型经营主体特别是龙头企业发展壮大，通过就业带动、保底分红、股份合作等多种形式，让农民参与乡村规划、建设、监督、运营，让农民分享全产业链增值收益，夯实经营性收入。

雁门关长城红色文化的形成与内涵价值研究[①]

山西大学历史文化学院　王勇鹏

摘　要：雁门关长城是山西乃至全国著名的旅游景区，具有悠久的红色革命传统。雁门关长城红色文化始于新民主主义革命时期，历经五四运动、抗日战争、解放战争，在民族独立和民族解放过程中逐渐形成和成熟。深入挖掘雁门关长城红色文化，了解其红色文化的形成、内涵和当代价值，对于促进雁门关景区文旅深度融合、助力长城国家文化公园（山西段）高质量发展有着非常重要的意义。

关键词：雁门关长城；红色文化；内涵价值

红色文化是具有鲜明中国特色的一种文化形态，它深深地印刻着中国共产党人百年来浴血奋斗的光辉历程[②]，是中国共产党领导人民在努力寻求民族解放、实现民族伟大复兴的历史进程中逐渐积淀下来的强大文化精神和伟大实践[③]，是党和国家最宝贵的精神财富[④]。红色文化是对中华优秀传统文化和一切人类文明优秀成果的继承与发展，蕴含着极其丰富的革命精神和无比

[①] 作者简介：王勇鹏，山西大学历史文化学院讲师，主要从事长城文化旅游、旅游目的地策划以及红色旅游等方面的研究。

[②] 申格格. 北京长城红色文化的特征及其当代价值 [J]. 经济与社会发展研究，2021（34）：251-253.

[③] 高翔. 充分认识红色文化的深刻内涵 [J]. 红旗文稿，2019（11）：40.

[④] 刘润为. 红色文化：中国人的精神脊梁 [J]. 红旗文稿，2013（18）：4-9，1.

厚重的文化内涵[1]，作为中国特色社会主义先进文化的重要组成，红色文化、红色资源根植于中国特色社会主义的伟大实践，已成为中华文明和文化的代表性标识[2]。红色文化的核心内容包括中国共产党领导的新民主主义革命、社会主义革命与社会主义建设，以及改革开放和中国特色社会主义新时代的历史进程中，所形成的一切物质文化和精神文化的总称。雁门关长城地处山西省代县西北20公里处，西界黄河，东连太行，北拒塞外高原，南屏忻定盆地。[3] 其历来是"兵家必争、历代戍守"之要塞，素以关山雄固、军事要冲而闻名于世，对促进中原汉民族与北方少数民族的文化交流、民族融合起到了重要的作用。千年雄关雁门关，见证了中华民族不屈不挠的民族精神，抗日战争期间的雁门关大捷、忻口战役、夜袭阳明堡机场等重大战斗都是发生在雁门关及其附近。回顾山西长城雁门关段的红色历史，了解其红色文化的形成、内涵和价值意蕴，对于促进雁门关景区文旅深度融合、助力长城国家文化公园（山西段）高质量发展有着非常重要的意义。

一、雁门关红色文化形成的三个历史阶段

长城和中华民族的命运息息相关，凝聚了自强不息的奋斗精神和众志成城、坚韧不屈的爱国情怀，已经成为中华民族的代表性符号和中华文明的重要象征。[4] 雁门关长城沿线一带，遍布着中国共产党人带领人民群众进行新民主主义革命、抗日战争和解放战争以及社会主义革命和建设的足迹，承载了丰富厚重的红色文化，是山西红色文化的构成部分，也是长城国家文化公园（山西段）保护建设的重要内容。

---

[1] 全根先. 红色文化的概念及其基本特性 [EB/OL].[2019-08-10].https：//m.hswh.org.cn/articles/58058.html.

[2] 宋昌耀，厉新建，张琪. 红色旅游的高质量发展 [J]. 旅游学刊，2021，36（6）：3-5.

[3] 马素萍. 雁门关旅游景区的文化内涵研究 [D]. 山西大学，2007.

[4] 关于加强保护和利用推进长城国家文化园建设的提案 [J]. 中国发展，2023，23（1）：44.

雁门关长城南控中原，北扼漠原，现仍存有"三城六寨""雁门十八险隘""三十九堡十二联城"等①，关下古代州就曾建有三十九堡、十二联城，故常把代县称作"雁门大地"。雁门关长城红色文化是一种具有地域特色和历史代表性的区域红色文化，它产生于新民主主义革命时期的代县地区，其红色文化的形成既有自然因素，也有当地良好的群众基础、强有力的组织领导和进步的文化自觉构成的社会因素。

（一）起步阶段

1915年2月，袁世凯尊孔复古逆流甚嚣尘上，激起了社会进步力量的强烈抵制，陈独秀、李大钊等一批民主主义者高举民主和科学的旗帜，在思想文化和教育领域掀起了一场声势浩大的新文化运动。在新文化思潮的影响和进步师生的推动下，一股倡导科学民主的学风很快成为了代县各学校教学的主流，当时的《新青年》《小说月报》《创造十年》《每周评论》等杂志大受学生欢迎。②1919年，北京爆发了五四运动，山西各校青年学生纷纷集会游行以声援学生爱国行动，代县境内的省立第五师范学校（五师）、代县中学、第一高等小学师生亦举行联合罢课示威游行，禁封日货，并组织讲演团、宣传队，在县城和各乡镇进行反帝爱国主义宣传。1925年，上海发生五卅惨案，代县中学与第三女子师范即接受五师的倡议，上街游行示威，进行声援。③6月初，代县学生罢课、工人罢工、商人罢市，上街游行示威，声援上海五卅运动。④1930年9月，共产党员李志敏前来代县进行革命活动，并在五师发展党员；1932年7月，五师聘请共产党员郝德青为史地教员，郝

---

① 刘燕芳.论雁门关的历史作用 [J].文物世界，2012（6）：40-43.

② 李国宏.百年代中的奋斗之路之爱国代中.[EB/OL].[2022-05-05]https：//mp.weixin.qq.com/s/QOcykaoT9vAdJ2eKZ1Zlxw.

③ 李国宏.百年代中的奋斗之路之爱国代中.[EB/OL].[2022-05-05]https：//mp.weixin.qq.com/s/QOcykaoT9vAdJ2eKZ1Zlxw.

④ 代县地方志编纂委员会.代县志 [M].北京：书目文献出版社，1988：11.

到校后组织"课外史地研究会"、党的外围组织"反帝大同盟",宣传马列主义,从事革命活动。①其间,九一八事变发生后,代县五师、三女师等学校师生联合罢课,示威游行,抗议蒋介石的不抵抗政策。12月,代县学生罢课游行,捣毁国民党代县县党部。李志敏、郝德青、史怀璧、蓝玉琳、林佐夫等共产党员的革命活动,激发了师生及社会人士的爱国热情,在代县广泛地传播了马列主义思想,培养造就了一批革命人才。②新文化运动、五四学生运动,以及共产党员的革命活动,为雁门关长城红色文化的形成奠定了坚实的思想基础。但是由于雁门关长城一带地处北方内陆,近代的经济也比较落后,远离国民革命的中心,党团组织的创立虽然较早,却仅局限于少数先进知识分子,革命思想未能在广大工农群众中广泛传播,使得雁门关长城红色文化在这一时期的发展还处于起步阶段。

（二）高峰阶段

抗战时期是雁门关长城红色文化最集中、最典型、最突出体现,雁门关的地理位置和地形特点决定了它是抗战中山西的攻守门户。1937年"大同会战"失利后,阎锡山将战线南移,全军退守雁门关一线,准备进行"雁山会战",周恩来、朱德、彭德怀等人分别于1937年9月5日、8日、22日先后三次前往太和岭口,会晤阎锡山,就八路军入晋抗战、开展独立自主的山地游击战及粮草、弹药补给等问题与阎锡山进行了谈判,并商定了在雁门关一线与日军作战的部署。③为配合国民党军队在正面战场作战,八路军120师358旅716团在团长贺炳炎、政委廖汉生的指挥下,18日和21日两次成功伏击日军从广武向南和从阳明堡向北的运输车队,共击毙击伤日军500余人,摧毁军车30余辆,有力地配合了忻口战役,鼓舞了全国人

---

① 代县地方志编纂委员会.代县县志[M].北京:书目出版社,1988:12.
② 代县地方志编纂委员会.代县县志[M].北京:书目出版社,1988:248.
③ 侯文正,张晓光,王凤岗.雁门关志[M].太原:三晋出版社,2010:105-109.

民的抗日斗志。此战，史称"雁门关伏击战"。10月19日，八路军129师769团，在团长陈锡联的带领下，趁夜突袭了日军扩建后的阳明堡飞机场，将24架敌机尽数炸毁，大大削弱了日军进攻忻口的空中力量，开创了步兵歼灭大量敌机的范例，有力支持了正面战场作战。这两大战役是我军在抗日战争时期最值得称道的以少胜多、以弱胜强的经典战例之一。雁门关伏击战作为120师抗战之初有代表性的一仗，被载入了八路军英勇抗战的光荣史册。夜袭阳明堡机场战斗，显示了八路军的作战能力，打出了八路军的军威，提高了共产党在抗日战争中的政治影响。雁门关伏击战和夜袭阳明堡机场战斗之后，中国全民族抗战的爱国热情像火山一样迸发在大后方，各界人士踊跃投入抗日战争，全国各族人民的统一战线逐步建立。[①] 在这两场著名战役中，当地群众也是战役致胜的关键力量。忻口会战开始后，雁门关地区的群众为躲避日军祸害，几乎跑光了，当八路军抵达之后，当地群众陆续回来全力支持抗战。雁门关伏击战和夜袭阳明堡机场战斗中，雁门关下的老百姓在后勤保障、输送情报、信息保密等环节发挥了积极作用，协助八路军取得了辉煌战果。

日军侵占雁门关以南地区后，为了控制交通，加强戒备，在雁门关沿线制高点修筑了大量据点、炮楼等工事。进入冬季后，如遇大雪封山，据守日军无柴取暖，陆续将雁门关内包括关楼、六郎庙、角楼等多处幸存的历史古迹拆毁殆尽，将各种木料运至据点以作柴火，这也是雁门关自此满目疮痍、几成废墟的重要原因。[②] 此后，八路军在雁门关南北坚持敌后游击战，雁门关一线南北两翼多为崇山峻岭，这里就成为八路军坚持敌后游击战、不断袭扰日军的重要战场。在游击战争中，八路军不断打击日伪军，壮大自己，在百团大战和历次反"扫荡"中取得了不断的胜利。同时，雁门关周边地

[①] 韩建保，何平，刘妍. 抗战初期激发全民抗战的两场战役[C]//. 纪念中国人民抗日战争暨世界反法西斯战争胜利70周年理论研讨会论文[C].2015：591-592.

[②] 侯文正，张晓光，王凤岗. 雁门关志[M].太原：三晋出版社.2010：105-109.

区在抗日战争时期先后成立抗日自卫队、抗日义勇军、代县营、游击大队、县大队等地方抗日武装组织,在当地积极配合八路军部队作战,发挥了重要作用。

(三)扩展阶段

抗战后期,全国进入战略反攻阶段,雁门关长城一带抗日斗争形势也日渐好转,抗日根据地日益扩大,基层党支部已有新的发展。1945年,雁门关长城一带基层党支部由1942年的16个,增加到175个;党员由1942年的206人增至2003人。① 1946年7月上旬,中国人民解放军晋绥军区主力和晋冀鲁豫军区主力各一部,以及晋察冀军区部分部队,互相配合,发动了晋北战役,解放了雁门关长城一带地区。② 1948年4月6日,毛泽东、周恩来等一行在去河北平山西柏坡途中路经代县,参观了雁门关并登上天险楼,遥望万里长城;在路居代县期间,毛泽东听取了郝德青、苏黎关于土改工作的汇报并高度赞扬了代县贫苦农民的革命热情。③ 解放战争时期,在参军参战、支援前线、生产自救和土地改革运动中,代县又培养和锻炼了不少新的积极分子,给党增添了新的血液,党的队伍迅速壮大。截至1949年底,代县基层党支部发展到334个,党员发展到3713人。同时,雁门关长城一带群众革命热情持续高涨。据统计,1948—1949年期间,代县出动支援前线民工258万人次,畜力工183万人次,而当时全县人口仅12万人,两年间,全县男女老少均轮番支前达30余次。④ 解放战争时期的雁门关长城红色文化是抗战时期的延续,保持了抗战时期新民主主义文化的基本特点,并随着

---

① 代县地方志编纂委员会.代县县志[M].北京:书目出版社,1988:261.
② 侯文正,张晓光,王凤岗.雁门关志[M].三晋出版社,2010:105-109.
③ 代县地方志编纂委员会.代县县志[M]卷一·大事记.北京:书目出版社,1988:18.
④ 韩建保,何平,刘妍.抗战初期激发全民抗战的两场战役[C]//.纪念中国人民抗日战争暨世界反法西斯战争胜利70周年理论研讨会论文集.2015:591-592.

八路军转战全国和干部南下而传播到全国各地。1948年8月，代县18名干部由朱凯带队，在临汾集中，随晋绥边区各县干部支援西南解放区，到四川工作；9—12月，代县当地民兵1600余人，先后参加太原战役、支援平津战役之绥远战场，以及参加中国人民解放军，开赴西北战场。1948年底，为支援西北新解放区，代县18名干部由白鹤鸣带队调绥远省工作。1949年3月15日，代县127名干部西调支援陕西。雁门关长城红色文化也随着干部和军队调度向全国各地扩展，传播到了全国各地。

二、雁门关红色文化的内涵

雁门关红色文化的核心，是中国共产党在新民主主义革命时期带领雁门关长城一带地区的人民群众，在长期的革命斗争中形成的以共产主义为价值导向的革命信念、革命意志、革命意识、革命品质和精神状态的总和。继承革命传统，弘扬红色文化，必须充分认识红色文化的深刻内涵。在我们党领导中国革命的伟大斗争中积淀、形成的红色资源、红色传统和红色精神，都是红色文化的重要组成部分。[①] 就此而言，雁门关长城红色文化内涵即包括特定历史阶段所形成的红色资源、红色传统和红色精神。

（一）雁门关红色文化的物质资源

雁门关红色文化物质资源主要表现为遗物、遗址等革命历史遗存与纪念场所两大类。雁门关长城一带革命历史遗存主要有可移动与不可移动革命文物两方面内容，其中在代县博物馆现保存有35处可移动革命文物，不可移动革命文物主要有雁门关关隘战斗遗迹、太和岭口国共会谈遗址、八路军夜袭阳明堡机场遗址、八路军雁门关伏击战遗址、滩上村抗日民主政府旧址、富村党支部和抗日地方武装代县营旧址、凤凰观晋东北游击司令部第四抗日

---

① 高翔.充分认识红色文化的深刻内涵[J].红旗文稿，2019（11）：40-44.

游击大队革命旧址等。还有如1944年八路军于沿村办起粉坊、豆腐坊、油坊，利用原阳支线铁轨制造农具、地雷、手榴弹，修配枪械，1945年1月30日毛泽东以此例撰写《游击区也能够进行生产》的文章，在《解放日报》上发表。①另一类是革命纪念场所类，指在原址改造或直接新建的场所和设施，在该区域范围内，现有毛泽东路居纪念馆和代县烈士陵园。在这些红色文化物质资源中，大到战争遗迹、纪念建筑等，小到历史图片、文献手稿、革命实物等，都是红色革命历史的重要见证，是重要的红色文化物质财富。当下，承载着雁门关长城红色革命历史的这些纪念地和标志物既成为人们回顾光辉岁月的重要实物凭证，也成为激发人们爱国情感和弘扬民族精神的重要物质载体。

（二）雁门关红色文化的非物质资源

雁门关红色文化非物质资源主要可以分为精神文化、制度文化以及艺术文化等几类资源。精神文化主要体现在革命战争年代当地人民在中国共产党领导下所展现出的不畏牺牲、英勇抗争的爱国主义精神。比如雁门关一带的军民在抗日战争中所体现的抗战精神，在雁门关伏击战和夜袭阳明堡机场战斗中，八路军与当地人民于民族危亡之际，不畏强敌，挺身而出，狠狠打击了日寇的嚣张气焰，极大地鼓舞了全国人民的抗日斗志，成为抗战史上的著名战例。制度文化主要体现在党在制度、路线、理论等方面的创新与实践，如太和岭口会谈不仅使国共两党抗日统一战线的路线和政策在实践上有了具体体现，使中国共产党确立的抗战主张、战略决策、军事方针、作战原则很快得以实施，为共产党领导的八路军顺利奔赴抗日前线、创建抗日革命根据地提供了方便和条件，而且在统一战线的具体内容范畴、合作程度上有了扩大和发展②。艺术文化主要是指在革命战争年代和在革命

---

① 代县地方志编纂委员会. 代县县志[M]. 北京：书目出版社，1988：17.
② 朱跃蓉. 忻州党史重大事件（二）[N]. 忻州日报，2021-05-20.

精神感召下当地军民所创造的文艺作品。抗日战争时期,雁门关一带有"槐树开花碎纷纷,军民亲如一家人,八路军来了烧开水,日本人来了埋地雷"的唱词,反映了人民对子弟兵的热爱,对侵略者的仇恨。解放甘里铺后,有"六月六解放了甘里铺村,打跑了汉奸顽固军,欢天喜地、欢天喜地,人民都高兴,都高兴"的民歌。八路军夜袭日军阳明堡飞机场后,有《打飞机》的民歌。土改运动中有《土改翻了身》的民歌。1948年毛泽东路居代县后,有《滹沱河,水清清》的民歌,倾注了人民群众对党、对毛主席的热爱。这些红色文化非物质资源是当时中国共产党领导雁门关军民创造和传承的红色精神和优秀文化,不仅在当时起到振奋人心、凝聚人心的作用,还成为极为宝贵的精神财富,为后代所不断继承和创新。雁门关红色文化非物质资源是山西红色文化的重要组成部分,体现了山西红色文化的深刻内涵,值得大力继承和弘扬。

三、雁门关红色文化的当代价值

红色文化是中国共产党领导的革命、建设和改革成功经验的历史积淀,反映了老一辈无产阶级革命者坚定的理想信念,彰显出他们全心全意为人民服务的宗旨和决心,也是新时期传承红色基因和涵育社会主义核心价值观的天然载体与宝贵精神财富。[①] 深入挖掘雁门关长城红色文化的历史价值与当代价值,使广大党员干部在潜移默化中学习当地军民忠诚守初心、奋斗担使命的革命风范,深刻感悟大无畏的革命精神,对于党员干部坚定理想信念、增强党性修养、丰富党史知识等方面具有重要意义。对此,可以从文化价值、政治价值、教育价值、经济价值四个方面对雁门关红色文化的当代价值进行阐释。

---

① 赵宇,马明忠.循化县红光村红色文化资源的历史形成及当代价值研究[J].青藏高原论坛,2021(1):48-52.

(一) 文化价值：坚定文化自信，凝聚爱国情怀

红色文化作为一种文化形态，必然有其生成的历史和文化渊源。如果说红色文化是中华民族精神和优秀传统文化在中国革命和建设时代的不断凝聚和升华，雁门关长城红色文化则是对长城作为民族之魂这一文化象征的凝练和积淀。习近平总书记在甘肃考察嘉峪关长城时强调："长城凝聚了中华民族自强不息的奋斗精神和众志成城、坚韧不屈的爱国情怀，已经成为中华民族的代表性符号和中华文明的重要象征。要做好长城文化价值发掘和文物遗产传承保护工作，弘扬民族精神，为实现中华民族伟大复兴的中国梦凝聚起磅礴力量。"① 作为万里长城重要关口的雁门关，扼广阔中原进入漠北草原重要通道之咽喉，历来为兵家必争之地，从西周姬幸长期镇守雁门关到抗日战争初期雁门关伏击战，发生在雁门关一带有记录的大小战争就多达2000起之多。在整个中国历史上，跨越秦汉魏晋南北朝和隋唐五代宋元明2000多年时间，且对中华民族存亡产生过巨大影响的关塞当首推雁门关。② 回望历史，无数将士血战沙场、为国捐躯，他们的英雄事迹一直成为鼓舞中国人民抵御外敌的巨大力量。巍然屹立的长城与中华民族威武不屈、勇于消灭一切来犯之敌的民族精神高度契合，也就是我们所讲的长城精神。新时代，大力开发和利用雁门关长城红色文化，就是要进一步努力弘扬坚贞不屈、视死如归的爱国主义精神，深入阐释雁门关长城红色文化的文化价值就在于有利于凝聚爱国情怀和坚定文化自信。"文化是一个国家、一个民族的灵魂。文化兴国运兴，文化强民族强。没有高度的文化自信，没有文化的繁荣兴盛，就没有中华民族伟大复兴。要坚持中国特色社会主义文化发展道路，激发全民族文化创新创造活力，建设社会主义文化强国。"③ 长城正是中华民族精神

---

① 宋圭武. 研究长城文化，弘扬民族精神[EB/OL].[2019-09-16].https://m.gmw.cn/baijia/2019-09/16/33159096.html.

② 刘燕芳. 论雁门关的历史作用[J]. 文物世界，2012（6）：40-43.

③ 本书编写组. 党的十九大报告学习辅导百问[M]. 北京：党建读物出版社，2017：32.

和传统优秀文化发展的重要历史载体,而雁门关长城红色文化扎根于中国长城文化的沃土之中,是在马克思主义指导下的近代中国革命、建设和改革的伟大历史实践的成果结晶。

(二)政治价值:深化民族融合,推动政治引领

雁门关乃兵家必争之地,也是中国北方历史上一次次民族融合的见证,在民族融合的历史上,起了举足轻重的作用。在华夏数千年历史中,雁门关见证了北方少数民族与中原民族的交流与融合,他们或温和交流,或激烈冲突,或内迁外徙,杂居通婚,血液交融,渐渐具备相近或共同的文化信仰、习俗,民族差别消失,最终汇入中华民族多元一体的伟大洪流之中,共同创造了中华民族优秀的历史与光辉灿烂的文明。[①]古代如此,在中国共产党领导的革命战争中亦如此,太和岭口会谈开创了国共合作抗战的新局面,对全民族抗日统一战线的建立起到重要的推动作用,在雁门关长城一带,全国各地、各民族军民汇集一起,奋起抗日,是中国近现代史上又一次民族融合的具体表现。雁门关长城红色文化在突出民族融合时代性和地域性特点的同时,以全民族共同抗战的典型事迹深刻阐发了中华民族共同体的丰富内涵与拓展创新。对此,可以将"中华民族共同体意识""各民族交往交流交融""共同团结奋斗、共同繁荣发展"等概念有机结合起来,不断增强人民群众的历史认同、文化认同和政治认同。同时,雁门关长城红色文化承载着党的政治优势、党的优良传统作风,这也是其本质内涵和核心要义。中国共产党在长期奋斗中形成的理论优势、政治优势、组织优势、密切联系群众的优势等,都在党领导的雁门关长城一带革命斗争中和根据地建设中得到具体运用和成功实践。如雁门关伏击战、夜袭阳明堡机场等战斗中,以民族抗战为中心思想,用游击战理论为指导,军民紧密配合,取得了抗战前期关键性

[①] 武勇.雁门关与民族交流融合[N].学习时报,2023-04-10(A3版).

战斗的胜利，也体现了共产党在革命实践中积累的丰富政治智慧和政治价值。同时，可以以雁门关长城红色文化积极引导和启发党员干部坚定信念和锤炼党性，能有效推动党员干部在以红色文化引领前进方向、凝聚奋斗力量的参观、学习和交流中，树立正确的人生观、世界观、价值观。

（三）教育价值：传承红色基因，赓续抗战精神

弘扬红色文化，发挥红色文化资源的作用，能够更好地激发人们的爱国情感，弘扬民族精神。一方面，雁门关长城红色文化资源可为广大党员干部学习党史提供丰富可靠的素材，依托太和岭口国共会谈、夜袭阳明堡机场、雁门关伏击战等遗址为载体，讲述共产党人高瞻远瞩的战略思维以及八路军将士足智多谋、英勇奋战、军民鱼水情深的故事，追忆革命战争年代的红色印记，将党的历史以一种生动具体的方式展现了出来。站在新的历史起点上，重温共产党领导雁门关当地人民开展革命斗争的艰辛历程，充分发挥党史以史鉴今、资政育人的重要作用，进而推动以党的伟大成就激励人，以党的优良传统教育人，以党的成功经验启迪人。特别是通过当地丰富而独特的红色文化资源强大的说服力和感染力，突出党史资政育人、传播正能量的重要作用，达到激发情感、启发思考、引导践行的目标，有效推动党史知识入脑入心，促进党史知识向价值力量转化。另一方面，雁门关红色文化能为广大党员干部锤炼党性修养提供实践路径，可以将雁门关长城一带的红色文化资源建设成为发扬红色传统、传承红色基因的精神殿堂，以及培育和践行社会主义核心价值观的生动课堂。因而，充分发挥雁门关长城红色文化资源优势作并将其作为开展党性教育的生动教材，把静止的、平面的红色资源转化为鲜活的、立体的教学内容，可以有效促进党员干部情感、理性和党性修养内化于心、外化于行的有机融合，从而引导党员干部深刻领会抗战精神，将红色基因融入血脉、铸入灵魂，有效推动党员干部将学习成果用以深化认知、改造思想和指导实践。

（四）经济价值：发展红色旅游，助推文旅融合

在新时代背景下，红色文化具有重大的经济价值，它是社会主义市场经济的强大动力，是新的历史条件下经济发展的重要媒介，也是区域新的经济增长点。[①]红色文化所蕴含的爱国主义、革命英雄主义、牺牲奉献精神等具有历久弥新的时代价值，是凝聚人心、激励向上的澎湃动力，而红色旅游发展的核心则是进行红色教育、传承红色基因。一方面，红色文化是红色旅游的灵魂所在。红色文化是我们党艰辛而辉煌奋斗历程的见证，是党的百年奋斗史最鲜活生动的历史教材，是具有鲜明中国特色的文化形态、文化现象，为形象说明、生动诠释红色基因提供了可看可感可信的文化视角、体验场景和实物证明。另一方面，红色旅游是红色文化的传承载体。红色旅游作为一种特殊的旅游形式，是活化利用红色文化的有效载体，在传播中华优秀传统文化、革命文化和社会主义先进文化方面发挥着重要作用。红色旅游凭借旅游受众的广泛性、旅游活动的综合性、旅游营销的灵活性、旅游体验的持久性等特征，以人民群众喜闻乐见、全身心体验的形式，让红色文化"动起来""活起来""火起来"。雁门关长城红色文化与旅游产业融合发展，不仅可以传承红色基因，展示中国共产党的奋斗历程，还能够带动文旅产业发展和代县当地的经济发展，推动乡村振兴，增加农民收入，促进长城文化遗产保护。对此，我们要深刻认识雁门关长城红色文化价值与红色旅游发展之间的互动关系，进一步在价值阐释、资源挖掘、形式创新、有效传播上下功夫，以红色旅游高质量发展促进红色文化高水平活化利用，让红色文化与红色旅游相得益彰。同时，要进一步拓展雁门关长城红色旅游的游客群体类型，不断扩大红色文化的受众群体，提高红色文化的传播深度和广度。

---

① 杨琴琴.论武威红色文化的形成发展和内涵价值[J].新丝路，2020（20）：1-3.

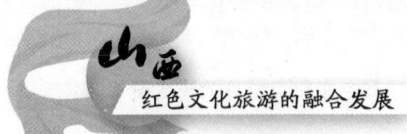

四、结语

在文化产业发展的新时期,将雁门关长城红色文化与遗产活化、教育培训、文化旅游、乡村振兴以及现代科技相结合,以新的方式和途径带动红色文化的发展和传播,无论是从教育导向、社会思潮的引领还是从红色文化产业发展所产生的经济效益上来看都彰显出它重要的实践价值。回望雁门关长城红色文化的形成,挖掘其红色文化的内涵价值,进一步发挥其红色文化的精神引领和导向作用,有利于当下人们坚定文化自信,践行社会主义核心价值观,赓续红色基因,传承红色血脉。同时,将雁门关长城红色文化赋能雁门关景区,同红色教育实践相融合,与当地文旅产业发展统一起来,代县力争在全省率先走出一条红色文化深化文旅融合、带动乡村振兴、助推长城国家文化公园高质量发展的时代新路径。

红色旅游体验情感特征及其影响因素研究
——以八路军太行纪念馆为例[①]

山西大学历史文化学院 杨锋梅 杜芳芳

摘　要：情感渗透于旅游体验的各方面，并在旅游体验中发挥着关键作用。本文以访谈文本为数据来源，基于扎根理论，通过内容分析和编码分析，探索八路军太行纪念馆游客的情感体验及变化，提炼出28个初始范畴，10个主范畴和"游客对八路军太行纪念馆内外部环境和社会关系的刺激生成情感体验反应与变化"这一核心范畴，并在此基础上构建八路军太行纪念馆游客的旅游情感体验模型。结果表明：游客的情感体验具有多样性和复杂性，并随着旅游行程不断发生变化，表现为积极的情感体验、消极的情感体验及情感体验转变三种状态。旅游者在八路军太行纪念馆景区的情感体验受到游客自我因素、景区资源与内部管理服务体系因素、社会关系因素以及中介因素的影响。

关键词：八路军太行纪念馆；红色旅游体验；情感体验；扎根理论；影响因素

随着西方"情感转向"文化的涌起，旅游领域的国内外学者对情感体验的研究也越来越重视[②]。旅游本质是"体验说"的观点在学术领域中占重要

[①] 作者简介：杨锋梅，山西大学历史文化学院讲师，博士，硕士生导师，主要从事文化地理、游客行为研究；杜芳芳，山西大学历史文化学院旅游管理专业硕士研究生。

[②] McCole P.Refocusing marketing to reflect practice：The changing role of marketing for business[J].Marketing Intelligence&amp；Planning，2004，22（5）：531~539.

地位，情感体验是旅游体验最重要的核心要素[①]，对旅游者在旅行过程中的体验具有重要影响。红色旅游概念自 1999 年首次被提出，到 2004 年红色旅游实践在全国普遍开展，红色旅游同时具有政治、文化和经济三大功能[②]。近年来，红色旅游作为文化和政治工程，在国家的高度重视和大力支持下，在产业实践和理论研究上得到了迅猛发展[③]。红色旅游对传播革命理念，弘扬革命文化，展现革命光辉历史，传播社会主义的意识形态，增强国家认同感和爱国主义情感具有重要作用。在红色旅游游客情感体验的研究上，其研究趋势和一般旅游游客情感体验的研究基本一致，主要研究游客情感体验作为中介因子，对认同感、满意度和行为意愿等方面的影响，但对其本体领域的研究稍显薄弱。因此，本文拟在红色旅游的情境下，利用扎根理论分析红色旅游游客情感体验的特征，以期丰富红色旅游游客情感体验本体领域的研究内容，提升红色旅游体验质量。

一、文献综述

（一）游客情感体验研究

旅游情感体验是旅游者对情感的认识和反应过程，包括对自我情感的体验和他我情感的体验，是情感达到意识水平的体验[④]。关于游客情感体验的研究主要聚焦于辨析游客情感体验的纬度、情感与满意度和行为意图等结果

[①] Aho, Seppo K .Towards a general theory of touristic experiences : Modelling experience process in tourism[J].Tourism Review, 2001, 56 (3/4): 33-37.

[②] 左冰.红色旅游与政党认同——基于井冈山景区的实证研究 [J]. 旅游学刊, 2014, 29(9): 60-72.

[③] 金鹏，卢东，曾小乔.中国红色旅游研究评述 [J]. 资源开发与市场, 2017, 33 (6): 764-768.

[④] 马天，谢彦君.旅游体验中的情感与情感研究：现状与进展 [J]. 旅游导刊, 2019, 3(2): 82-101.

变量之间的关系、对某种具体感情的研究、情感的测量、情感评价的影响因素以及其他相关研究[①]。在旅游体验中，游客的体验往往以情感或情绪的方式被表现出来[②]。随着情感体验研究的发展，游客情感体验的时空动态变化研究逐渐成为游客情感体验研究的突出方向[③]。对游客的情感体验评价具有重要作用，是满意度和行为意图的重要前因变量，同时，游客的情感体验也是感知整体形象和满意度评价的前因[④]。综合国内外研究成果来看，对游客情感体验的研究普遍倾向关联领域的研究，对于不同情境下游客情感体验等本体研究缺少一定的学术关切。

（二）红色旅游游客情感体验研究

红色旅游这一概念最早由中国学者提出，随着红色旅游的发展，逐渐成为学术界一大重要研究主题。红色旅游是爱国主义和革命传统教育的重要形式，它的前身和国外存在形式其实是爱国主义、历史怀旧和政治性产品，与国外对共产主义遗产旅游的研究十分相似。在概念界定上，红色旅游主要是基于其浏览内容的性质而提出的[⑤]，主要有两个观点：第一，红色旅游是指以游览革命老区、革命遗址，同时接受爱国主义教育为主的旅游方式；第

---

① 谢彦君. 基础旅游学[M].3 版. 北京：中国旅游出版社，2011.

② 黄潇婷. 基于时空路径的旅游情感体验过程研究——以香港海洋公园为例[J]. 旅游学刊，2015，30（6）：39-45.

③ Lee, Yi-Ju. The Relationships Amongst Emotional Experience, Cognition, and Behavioural Intention in Battlefield Tourism[J]. ASIA PACIFIC JOURNAL OF TOURISM RESEARCH, 2016, 21（6）：697-715.

④ Prayag, Girish, Hosany, Sameer, Muskat, Birgit 等. Understanding the Relationships between Tourists' Emotional Experiences, Perceived Overall Image, Satisfaction, and Intention to Recommend[J]. JOURNAL OF TRAVEL RESEARCH, 2017, 56（1）：41-54.

⑤ 喻彩霞，张河清，陈宁英. 中国红色旅游研究综述[J]. 桂林旅游高等专科学校学报，2008（2）：272-276.

二，红色旅游主要是指以中国共产党领导人民在革命和战争时期建树丰功伟绩所形成的纪念地、标志物为载体，以其所承载的革命历史、革命事迹和革命精神为内涵，组织接待旅游者开展缅怀学习、参观游览的主题性旅游活动[①]。在国内红色旅游游客情感体验的研究中，情感经常被作为一个中介因素，来研究与认同感、满意度、行为意愿和感知价值等之间的关系。通过中介效应分析发现，红色旅游中，游客的敬畏情绪作为一种中介[②]。在已有的研究中，多数学者认为积极情感和消极情感是两种相互排斥的、不能同时被感受到的情感，但在红色旅游的情境中，除积极情绪和消极情绪外，还存在着一种积极的消极情绪。因此，红色旅游游客情感体验的反应类型可以分为积极情感（感动、惊奇、震撼、幸福）、积极的负面情感（悲伤、惋惜、愤怒、沮丧）和消极情感（淡漠、失望、疲惫、无聊）三类，在情感被唤起之前会受到某些因素的刺激，在红色旅游情景中主要体现为游客参与各类旅游活动体验，包括被动接受式和参与融入式[③]。而在情感触点概念的基础上，可以将刺激红色旅游游客产生情感反应的因素分为物理环境、氛围环境和社会互动三个维度[④]。

在红色旅游游客情感体验的研究中，情感多作为中介，研究其对认同感、满意度、感知价值的影响，对游客情感体验本体的研究较少。然而，红色旅游实践中，游客情感体验通常与其他旅游情境下产生的愉悦情绪不同，其特殊属性的情感类型，对于红色旅游目的地的可持续发展具有重要意义。本文将以八路军太行纪念馆为例，探讨红色旅游游客体验的情感特征与影响

[①] 郭俊伶，卢东，金鹏.红色旅游中敬畏情绪对游客国家认同的影响研究[J].资源开发与市场，2018，34（7）：1026-1031.

[②] 马天.从满意度到愉悦度：旅游体验评价的一体化转向[D].东北财经大学，2017.

[③] 田野，卢东，Samart POWPAKA.游客的敬畏与忠诚：基于情绪评价理论的解释[J].旅游学刊，2015，30（10）：80-88.

[④] GLASER B, STRAUSS A L. The discovery of grounded theory: Strategies for qualitative research[J]. Nursing Research, 1968, 17（4）：377-380.

因素，揭示影响游客情感体验生成与变化的因素，并据此促进红色旅游。

二、研究方法与数据来源

（一）研究方法

1. 扎根理论

扎根理论是由两位美国社会学者 Glaser 与 Strauss 首先提出的，他们认为扎根理论的核心任务在于生成与发展理论[①]。扎根理论是指在经验资料的基础上自下而上地构建理论，以寻找社会现象的核心概念及概念间的关系，强调数据收集与理论形成是一个不断循环的过程，通过数据收集与分析形成理论，再不断收集新数据完善理论，当新收集到的数据可以被已有范畴概括，不再产生新范畴，即可判断达到理论饱和。因此，饱和概念的重点主要落在数据中已找到的概念或理论的发展程度上。编码是提取文本概念形成初步范畴的技术手段，扎根理论的数据分析就是对资料文本进行三级编码（开放性编码—主轴编码—选择性编码）。结合本文研究内容与研究目的，实施扎根理论方法包含三个过程：首先，通过网络爬虫系统地收集资料文本并进行初步整合；其次，借助质性分析软件 NVivo12 Plus 对资料文本进行三级编码分析，在编码过程中发现资料文本中的内在逻辑并生成理论；最后，检验理论饱和度。

2. 内容分析法

内容分析法就是对于明显传播的内容进行系统的量化，并加以描述的一种研究方法，是描述和量化现象的一种系统的、客观的手段，计算机技术的传播与应用极大地推进了内容分析法的发展，将各种定性定量研究方法有效

[①] 谢爱磊，陈嘉怡. 质性研究的样本量判断——饱和的概念、操作与争议[J]. 华东师范大学学报（教育科学版），2021，39（12）：15-27.

地结合起来。① 研究中综合运用 NVivo12 Plus 软件和 ROST CM6 软件，根据资料文本中出现的表达情感态度的内容做情感倾向分析。

（二）文本采集与预处理

文本采集。本文的研究数据为八路军太行纪念馆有关的访谈内容，笔者于 2023 年 5 月至 2024 年 1 月共 4 次在八路军太行纪念馆对游客做开放式访谈。访谈内容重点关注游客对八路军太行纪念馆的认知，以及在八路军太行纪念馆的旅游情感体验与情感变化。访谈文本经整理共计 4 万字。

文本预处理。由于受访游客口语在记录时可能存在不规范情况，因此在不改变文本原意的基础上，对非结构化的文本进行预处理。首先把一些口语化、俏皮化的字、词等转化成正式文本，最终得到资料文本 3.4 万字。为了便于编码分析与饱和检验，将资料文本分成两部分，其中文本一用于编码分析，文本二（约 0.4 万字）用于理论饱和度检验。

三、分析过程

（一）旅游情感体验的内容分析

第一，"八路军""革命""精神"是游客体验最频繁的内容。内容词云中显示的热门词语包含了景区核心的红色旅游资源、厚重的历史文化价值、游客体验的情感表现。这不仅说明游客体验内容多样，同时体验深刻。第二，情感词云图中所出现的"值得""不错""震撼""洗礼"等词语反映了游客在八路军太行纪念馆景区游览时的激动情绪和心理状态，说明情感体验具有多样性。同时积极的情感也伴随着"遗憾""没什么"等充满负面情绪的词语，表明游客情感体验的复杂性。第三，通过 ROST CM6 软件对文本进

---

① 张科，周亚，BALVINDER K K. 内容分析法在中国旅游研究中的应用——基于 2009—2019 的统计综述 [J]. 内江师范学院学报，2020，35（8）：94-99.

行情感倾向分析，获取了游客对八路军太行纪念馆旅游体验在情感维度上的信息。分析结果如表1所示，79.01%的游客处于积极情绪状态，说明绝大多数游客对景区的旅游体验持正向满意态度，情绪分段结果表明超过1/4的游客处在高度积极情绪阶段。综上，游客在八路军太行纪念馆游览过程中主要呈现出积极的情感倾向，游客评价最高的是其厚重的历史文化价值和革命精神的启示作用。对八路军太行纪念馆旅游体验的消极评价不多，且表现强度低。游客对八路军太行纪念馆负面的情感主要体现在对展示内容不够丰富表示遗憾和节假日游客拥挤导致的烦躁。

表1　情感分析结果

情绪类型	百分比（%）	情绪分段类型	百分比（%）
积极情绪	79.01	一般	28.06
		中度	22.81
		高度	28.14
中性情绪	12.77	—	—
消极情绪	8.22	一般	6.38
		中度	1.58
		高度	0.26

（二）旅游情感体验的编码分析

1. 开放性编码

开放性编码是指通过对资料文本进行逐字逐句的检视，用概念来标示资料的资料诠释过程。本文首先对资料文本一进行拆分和理解，提取编码要素并进行初步概念化，共提取出150个概念；其次，对概念间的关系进行持续比较，删除前后矛盾或合并意义相同的概念，将同一类属的概念进行归集形成概念集；最后对概念集进一步理解和命名，总结形成了28个初始范畴。部分开放性编码结果如表2所示，初始范畴为：认知水平、个人怀旧、人工讲解、其他工作人员、旅游同伴、拥挤、红色资源、景区基础设施、配套服务设施、门票价值、电子讲解、展出资料的丰富程度、旅游交通设施、购票条件、时间紧张、游览时机、天气与气温、红色文化感知、震撼、值得、独特性、精致壮观、喜欢、佩服、惬意、学习新知识、遗憾、转变。

表2 部分开放性编码示例

初步范畴提取	概念化	资料文本
认知水平	历史价值认同	八路军太行纪念馆是全国唯一一座全面反映八路军和华北各根据地8年抗战史实的大型军事专题纪念馆。是名副其实的弘扬太行精神的生动课堂,一生一定要去看一回
个人怀旧	时隔八年重游	时隔八年再次来到武乡,景区扩大了面积,专职讲解员非常详细生动地介绍了八路军太行纪念馆的精华,让我温故而知新,深刻地了解了太行山革命根据地的历史,不虚此行
人工讲解	讲解推荐	建议请个讲解,这样会对历史文化了解得更详细,毕竟自己能了解到的知识有限
其他工作人员	检票人员	一共买了三张成人票,检票时告知小孩也要票。我问怎么补,检票员告知得回大厅补,可后面排的人很多,再回来起码半个小时,前边老人小孩都在那儿等着。问可不可以手机上补,检票员连头都不抬一下,也不搭理。这服务太差了
	工作人员帮忙找相机	尤其要感谢这里的工作人员,我家先生粗心把相机落在馆内,出了景区才发现。急忙回到出口处居然找到了相机,非常感谢纪念馆的工作人员
旅游同伴	与朋友同游	和朋友去时正好下雪,人不是很多,更多了一些神圣和肃穆的色彩,非常棒
拥挤	人挤人	检票口人太多了,人挤人,没有工作人员疏导,体验极差,服务不能丢啊

续表

初步范畴提取	概念化	资料文本
红色资源	展品数量	集教育、科研、旅游观光为一体的优秀爱国主义教育基地，主展区包括八路军简史陈列厅、八路军将帅厅、日军侵华暴行厅；游览区包括八路军游击战术演示厅、八路军抗战纪念碑、八路雄风碑林、徐向前元帅纪念亭等。
景区基础设施	用水方便	很好，景区打开水都方便，我感觉比麻田八路军总部旧址好多了！
配套服务设施	厕所干净	景区配套设施很好！厕所超级豪华，干净明亮洁净！
门票价值	价格偏高	门票稍微贵了一点，如果能再实惠点就好了，周末一点折扣都没有
电子讲解	电子讲解方便快捷	挺好的，方便快捷，能了解历史典故与信息，在自己手机上直接播放，非常便捷
石窟的保护与修复	对石窟的保护与修复表示满意	非常好的一次旅行，八路军太行纪念馆经过修缮，景区比过去规整，面积也扩大了不少，看得出当地对红色资源保护还是做了些事情的。
旅游交通设施	公共交通便利	从市区到景区交通方便，有多条线路的公交车
购票条件	携程购票	携程订票非常方便，到了景区用手机订的，国庆节游玩的人是相当多，不用排队买票
时间紧张	游览时间较少	由于后面还要去黄崖洞，下午4点左右才到八路军太行纪念馆，所以时间比较短，只能大致看了主展区，景点很好，名不虚传，可惜时间不够，有机会再来
游览时机	参观时间推荐淡季	淡季最好，游客稀少，感受太行山巍巍雄伟的气概。
天气与气温	适宜	去八路军太行纪念馆真的是太舒服了，外面天阴冷冷的，馆内温暖如春
红色文化感知	红色文化资源	红色文化资源，展示丰富，值得游览

续表

初步范畴提取	概念化	资料文本
震撼	震撼	抗战事实太震撼,真的看不够
值得	值得再来	武乡八路军太行纪念馆不愧是国内大型军事纪念馆,4A景区,硬件基础设施完善,景色宜人,历史文化积淀厚重,非常值得再来
	值得推荐	非常值得推荐!每一个中国人都必看的景点,关键是可以让你更好地了解抗战历史,对于每一个中国人来说都是值得亲身观看的!
独特性	太行山革命根据地	八路军太行纪念馆展示的抗战精神和游击战氛围最为浓郁
精致壮观	展示精美	场景再现,塑像精美,布展真实,很多单位都来进行爱国主义教育
喜欢	喜欢	非常喜欢去的景点了
佩服	佩服革命军人	真是佩服革命军人,条件艰苦卓绝,有信仰大格局
惬意	惬意自在	因为是自由行,所以时间自己把控,把这里当成了公园一样游览,非常惬意自在。其他攻略里说只游览2小时,其实我在这里大概待了5个小时
学习新知识	学习	听了主展区的抗战史实讲解,能学到不少新知识
遗憾	心痛	看到日本侵华暴行,很让人心痛
转变	心情由坏变好	本来还有点讨厌今天的坏天气,但看到如此美丽的外部雪景,感觉就应该下雪天来才好

2. 主轴编码

主轴编码是指通过对比分析初始范畴间的逻辑关系,归纳总结出主范畴以达到精炼和区分范畴的目的。本文通过对概念与初始范畴进行持续剖析和深度比较,最终将28个初始范畴归纳总结为10大主范畴,如表3所示,分别为游客自我因素、旅游社会关系、旅游资源、景区管理与服务体系、景区外部因素、时间维度、自然因素、积极情绪、消极情绪、情绪转变。

表3 主轴编码形成的主范畴

主范畴	主范畴意义	对应初始范畴	包含概念
游客自我因素	指游客自身的文化水平、家庭背景、生活环境等对八路军太行纪念馆旅游体验的反映	认知水平	历史价值认同、历史文化挖掘不足、提升自我
		个人怀旧	时隔八年重游、改变很大、不一样、沧桑、亲身体验
旅游社会关系	指游客在八路军太行纪念馆旅游体验中人与人之间的互动行为,包括肢体互动、表情互动、言语互动等	人工讲解	讲解推荐、讲解优秀、讲解声音小、讲解深刻、人性化、友善、微笑、亲切
		其他工作人员	检票人员和工作人员帮忙找相机、感谢、热情、警卫呵斥、骂战、动手
		旅游同伴	朋友、孩子、老人、家人、同事、情侣
		拥挤	人挤人、排队太长了、素质问题
旅游资源	指八路军太行纪念馆景区最核心的旅游吸引物	红色资源	革命纪念物、革命精神
景区管理与服务体系	指景区具备的基础设施和配套服务设施	景区基础设施	用水方便、交通通达、基础设施完善
		配套服务设施	管理很好、厕所干净、游览线路设计规划好、宠物管理得当、停车方便
		门票价值	价格偏高、太贵了、有点小贵、物有所值、门票太值了、电子票无法兑换成纸质票、节假日购票没有优惠、门票不包括讲解
		电子讲解	方便快捷、讲解太粗略、讲解不全面、边走边在手机播放

续表

主范畴	主范畴意义	对应初始范畴	包含概念
景区外部因素	指景区难以控制的外部交通状况和游客购票可能出现的情况	旅游交通设施	公共交通便利、出租很方便、旅游专线、堵车严重、自驾
		购票条件	携程购票、官网购票、景区购票处、刷身份证、团购
时间维度	指时间因素对游客游览的影响	时间紧张	游览时间较少、忙着去下一个景点、预留游览时间不足
		游览时机	参观时间推荐下午、春秋季合适、参观时间推荐淡季
自然因素	指景区的气候条件，主要体现为游客对气温的感知	天气与气温	太热了、太冷了、气温正好、天气合适、防晒、晒得不行
积极情绪	指游客在体验中的正面、积极的情绪状态	革命文化感知	革命信仰
		震撼	惊呆、无法言喻、视觉冲击、无法想象
		值得	值得再来、值得推荐、值得一去、一生必去、不虚此行、重游意愿强烈、很值
		独特性	独特、各不相同、历史再现
		崇高	荡涤
		佩服	佩服革命先辈
		学习新知识	收获、接触革命文化
消极情绪	指游客在游览中的负面的情绪状态	遗憾	心痛、遗憾、侵略
情绪转变	指游客在旅游体验中情绪"好坏"的转变	转变	心情由好变坏、心情由坏变好、

3. 选择性编码

发展故事线。故事线是针对已经收集到的资料，以及由此开发出的概念、类属、关系等来说明所研究的全部现象的核心。本文围绕10个主范畴，描述旅游者在八路军太行纪念馆进行的情感体验故事：旅游者在进入八路军太行纪念馆景区前，容易受到道路交通状况影响，也许一路畅通，也许堵车严重；如果游客提前在第三方平台购票，会受到第三方平台的影响，难免遇到购票手续复杂的情况；旅游者进入八路军太行纪念馆景区游览时，情感体验受到了游客内在自我因素、旅游社会关系、旅游资源、景区管理与服务体系影响，主要表现为积极和消极两大情绪状态，少部分游客会表现出由喜欢到厌恶或由厌恶到喜欢的情感转变。

发现核心范畴。通过发展故事线对主范畴间结构关系进行持续分析，梳理出本文的核心范畴是"游客对八路军太行纪念馆内外部环境和社会关系的刺激生成情感体验反应与变化"。即旅游者在游览过程中，受到自身因素、八路军太行纪念馆景区内部环境因素，景区外部难以控制的因素（中介因素），以及旅游体验中社会关系因素的影响，生成旅游者情感体验及情感变化。

四、模型构建

（一）模型构建

本文对资料文本二继续进行编码分析，发现反复出现相同编码，再无新的概念和范畴出现，说明已经达到饱和状态，进而构建八路军太行纪念馆游客的旅游情感体验模型图，如图1所示。该模型展现了旅游社会关系和景区内外部环境共同作用于游客所形成的旅游情感体验。

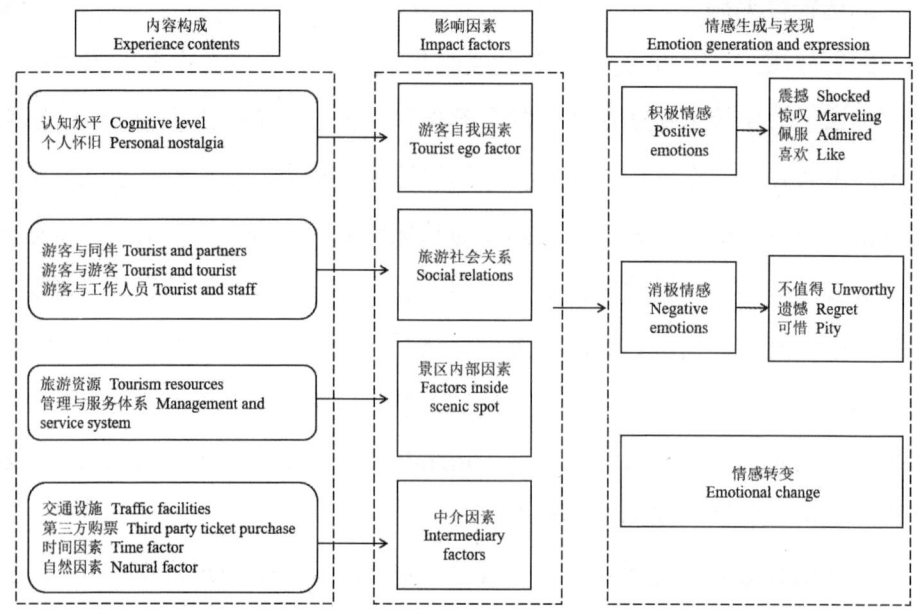

图1　八路军太行纪念馆游客的旅游情感体验模型

（二）旅游情感体验影响因素

1. 游客自我因素的影响

旅游者情感体验的生成来源于游客本身，从模型图可以看出旅游者自身的认知水平、怀旧体验即游客内部自我因素影响着游客在八路军太行纪念馆的情感体验。

旅游者的情感体验与旅游者本身的认知水平有密不可分的关系。旅游者对八路军太行纪念馆历史文化价值的认知与游览体验会产生如震撼、佩服、惊叹等积极情绪，也会产生悲愤、遗憾等消极情绪。这是游客内部自我因素的调控。

怀旧旅游可以分为个人怀旧、历史怀旧和场景怀旧三个维度，其中个人怀旧对旅游者重游意愿的影响程度最大。许多游客提到时隔多年重游会带来一种穿越感，如今八路军太行纪念馆的景象与之前记忆中的场景大不相同了，表明部分游客前往八路军太行纪念馆，以"历史怀旧"情绪为主，游客再次到达八路军太行纪念馆景区回忆过往、缅怀岁月，直接表示自己的真实情感。

2. 旅游社会关系的影响

社会关系指人与人之间的一切关系，旅游社会关系是指在旅游情境下人与人之间的各种联系。旅游途中避免不了与熟人或者陌生人的接触。熟人扮演的角色可能是同游者、推荐者、策划者等；陌生人可能扮演拥挤者、讲解者、互助者等角色。人与人之间真实的情感体验可以强化旅游者对旅游目的地的情感联结，本文将景区服务人员、旅游同伴、陌生游客间的互动归为八路军太行纪念馆旅游者的社会关系。旅游者选择什么层次的讲解员、什么类型的旅游同伴、与讲解员或旅游同伴或陌生游客间的互动都具有主观能动性。从模型图可以看出，景区工作人员、旅游同伴、游客与游客之间的距离会导致游客产生强烈的情感体验以及变化。

3. 景区资源与管理服务的影响

八路军太行纪念馆游客的旅游情感体验受到旅游资源和景区内部设施及管理方面的影响，表现为景区的红色旅游吸引物、基础设施与配套服务设施、门票价值、电子讲解。

八路军太行纪念馆以红色旅游资源为主要的旅游吸引物，红色资源的独特性和客观性会影响游客的旅游体验。旅游者的情感体验同时也受到八路军太行纪念馆内部的管理与服务体系影响。基础设施与配套服务设施是景区规划的基本内容，也是旅游者体验的基本要素。

4. 中介因素影响

中介因素是指游客在八路军太行纪念馆进行情感体验时，除了受自身因素、景区的资源与管理服务、旅游社会关系的影响，还受到景区难以控制的外部环境即一些中介因素的影响。这些中介因素主要包括购票条件、交通设施、时间因素等。

五、结论与启示

（一）结论

第一，旅游者的情感体验呈现出多样性和复杂性的特点，表现为积极的情感体验、消极的情感体验及情感体验转变三种状态。游客对八路军太行纪念馆的情感体验以正面积极的情感为主，消极情感较少，且表现程度较低。游客的情感体验会随着旅游行程的时间与空间变化而不断发生变化，呈现出动态性。

第二，基于扎根理论的三级编码分析，提取出150个概念，归纳总结出28个初始范畴，梳理范畴间逻辑关系形成10大主范畴，得出核心范畴：游客对场馆内外部环境和社会关系的刺激生成情感体验反应与变化，并构建出八路军太行纪念馆旅游者的情感体验模型。该模型展示出旅游者在八路军太行纪念馆景区的情感体验由游客内在自我因素、纪念馆景区内部的设施管理与服务体系、社会关系、中介因素这四大因素共同作用形成。

（二）启示

根据以上研究结论，为了更好地促进八路军太行纪念馆的旅游发展，改善和提高游客的旅游体验，笔者提出几点建议。第一，加快八路军太行纪念馆景区的基础设施与配套服务设施的升级改造。合理规划停车场空间，实行地上地下智能停车场模式，为游客解决节假日停车难的问题；优化卫生间设施，解决节假日游客"上厕所难"的问题。第二，切实发挥八路军太行纪念馆的宣传与展览作用，整合八路军太行纪念馆及周边文化资源，深度开发人文旅游活动项目，丰富旅游产品，提高旅游吸引力。第三，保障或提高游客游览期间的社会关系体验。通过集体培训提高讲解人员的讲解专业性与生动性水平，通过业务培训提升其他工作人员的服务态度与服务质量，通过合理管控客流保障游客间的良好秩序，从多方面提高游客积极的旅游体验。第四，对于一些较难控制的自然环境或者时间因素，景区官方可以提前通知游客游览当日的天气与气温，使游客具备防晒或者御寒的心理预期。

旅游情感体验的影响因素主要为旅游主体（游客）、旅游客体（旅游目的地）、主客体互动三大因素。本文将旅游客体因素与主客体互动因素进行结合与具体化，概括为旅游社会关系、景区资源与管理服务体系、景区外部难以控制的中介因素三方面。由于主客条件限制，本研究存在以下局限：第一，数据来源仅为实地访谈数据，受访者构成不够全面。第二，在分析游客内在自我因素时仅仅从认知水平和个人怀旧两方面出发，未涉及游客五感的感知体验、身体状况等方面。第三，在编码分析过程中可能存在自我认知的主观性。第四，本文总结的情感特征具有普遍性。笔者将在未来不断学习与探索，以期可以总结出八路军太行纪念馆景区游客独有的情感特征，为八路军太行纪念馆景区的深度旅游开发提出针对性意见。在未来的研究中，笔者会不断完善和补充影响八路军太行纪念馆游客旅游情感体验的因素，并对影响因素的影响程度进行排序，希望可以为景区的良性发展提供一定的帮助，从而间接为游客提供更加积极的情感体验。

具身认知理论视域下红色旅游资源研学旅行产品设计研究——以黄崖洞景区为例①

山西大学历史文化学院 刘 荻

摘 要：习近平总书记强调，要讲好党的故事、革命的故事、英雄的故事，把红色基因传承下去，确保红色江山后继有人、代代相传。红色研学旅行是重温红色历史、赓续红色血脉，在实践中感受红色文化蕴含的革命精神与民族精神的重要路径。本文基于具身认知理论的指导，充分结合国家级抗战遗址黄崖洞及景区内厚重的红色研学资源，围绕"具身性、情境性、体验性、探究性"的内核，在模块化课程的打造、体验活动创新和适应性的建构、沉浸式红色研学内容的设计、及时全面评价反馈机制的建立等四个板块上创设真正具有实践性身心涉入体验的研学活动，以达到历史感悟、身份认同、爱国情感，并促进内化为践行行为的研学目标。

关键词：具身认知；红色研学旅行；黄崖洞景区；产品设计

一、具身认知理论

具身认知（Embodied cognition），也称"具体化"（embodiment），是认知科学的一种重要理论。具身认知理论主要指生理体验与心理状态之间有着

---

① 基金项目：国家社会科学基金哲学社会科学领军人才项目"山西革命老区红色文化旅游发展研究"（22VRC034）
作者简介：刘荻，山西大学历史文化学院副教授，学士，硕士研究生导师，主要从事文化遗产及红色旅游研究。

强烈的关联①，认为人的认知与身体不是两个独立体，身体在与外部环境交互时，也必定会产生认知，认知的内容是由身体提供的。换言之，身体在感知外部环境时，身体对环境的感知产生的生理体验与人对环境的认知产生的心理体验，两种体验整合意义上构建出新的认知，该理论强调了人的认知、身体和外部环境三者是一个动态的统一体②。

教育教学是"具身认知"的重点研究领域，越来越受到学者们的关注。传统笛卡尔二元认识理论的核心是"物质和精神或身体与灵魂是二元实体的存在，强调我思故我在"。在此理论指导下的教育忽视了身体、经验以及环境在认知过程中的作用和功能。对应具身认知理论拥有三个层面的学术价值：具身性、情境性、生成性，具体到课程与教学意蕴，需要引发对课程本质观的反思（批判"旁观者式的认识论"）；提供重建教学实践的契机（批判"呆滞的思想"）；呼吁课程与教学整合的价值诉求（批判"课程预设性，忽视生成过程"）③。

二、研学旅行的定义和研究综述

（一）研学旅行历史演变

早在两千多年前，孔子周游列国，传播儒学，可谓"行走式教学"的研学旅行先师。放眼世界，研学旅行在欧洲多国、美国、日本、韩国和新加坡发展已久并具有代表性，是青少年教育成长的重要环节。17世纪的欧洲，上流社会热衷于以学习为目的的"大旅行"（The grand tour），后来逐渐演

---

① Niedenthal P M, Barsalou L W, Winkielman P, et al. Embodiment in attitudes, social perception, and emotion[J]. Personality and social psychology review, 2005, 9（3）：184-211.
② 叶浩生. 具身认知：认知心理学的新取向[J] 心理科学进展, 2010, 18（5）：705-710.
③ 张良. 论具身认知理论的课程与教学意蕴[J] 全球教育展望, 2013, 42（4）：27-32, 67.

变成高品质生活的一种方式①。19世纪的日本出现了"修学旅行"。目前已形成城市之间、学校之间以及就近参观学习的交流模式，且初中生和高中生每年要在全国乃至世界范围内进行为期一个月的社会学习②。在美国主要以"营地教育"模式体现，具有专业化、标准化、产业化等特征，已具有将近1.3万个营地的规模③。新加坡组织的"国际经验旅行"是以国家出资的形式，鼓励学生到亚洲各国家进行学习交流④。

随着我国基础教育改革的深入，新的教育方式层出不穷，研学旅行作为学校教育与校外教育衔接的创新形式，正朝着常态化方向发展⑤。自2013年2月国务院办公厅发布《关于印发国民旅游休闲纲要（2013—2020）的通知》中明确"逐步推行中小学生研学旅行"以来，经过不断的地方试点和政策部署，研学旅行逐渐被各中小学纳入教育教学计划，并与综合实践活动课程统筹考虑，研学旅行逐步在全国展开，呈蓬勃发展之势⑥。

（二）研学旅行的定义

研学旅行在我国尚处于起步阶段，对研学旅行的界定还存在较大的差异，现如今学术界并没有统一的定义，笔者从宏观政策定位和专家学者的观点出发，选用徐仁立关于研学旅行的界定。他认为2016年教育部和旅游局对研学旅行的定义虽反映了研学旅行的基本特征与功能，但两者存在一定的差异。教育系统的定义存在两方面不足：一是仅把研学旅行对象聚焦于学生群体，无视非学生群体，排斥了更大的客源市场。二是只强调学习、教育功

---

① 付有强."大旅行"研究述评[J]西华师范大学学报（哲学社会科学版），2010（4）：38-43.
② 王昆欣.国外研学旅游特点及启示[N]中国旅游报，2015-06-25.
③ 高峡.借鉴经验推进研学旅行建设[N]中国教师报，2019-10-15..
④ 姜英敏，闫旭.研学旅行制度建设的国际经验[J]人民教育，2019（24）：24-27.
⑤ 肖海燕，彭虹斌.多维视角下的研学旅行研究[J]教学与管理，2021，(18)：1-4.
⑥ 国务院办公厅关于印发国民旅游休闲纲要（2013—2020年）的通知[EB/OL].（2013-02-18）[2019-06-10].https：//www.gov.cn/gongbao/content/2013/content_2339520.htm.

能，无视其娱乐功能。研学旅行不是单纯地学习培训，它实质上是一种文旅教融合的新业态。故他提出新的定义，研学旅行可以分狭义和广义角度来认识，狭义的是指在校学生课外的研学旅游活动，这是教育方式改革的一项内容；广义的是指所有以研学（教育）为主题或目的，以旅游为手段或形式的出游活动[①]。

（三）研学旅行的研究综述

国内外对研学旅行的研究，主要从教育和旅游两个方向展开。国外学者着重集中于教育旅游理论的应用、旅游动机及影响因素的研究和研学旅行对学生的影响解析三方面内容。Ritchie 提出的教育旅游细分模型，被认为是此类研究问题的参考标准。同时他提出学生的研学动机分为幻想性动机和社会性动机两种[②]。在研学旅行的影响上，Falk 等人认为教育旅游增强跨文化意识，提高学生的适应能力、解决问题的能力等[③]。另外国外的学者较为关注教育旅游的可持续性研究。如 Joshua Long 等致力于总结提高教育旅行计划可持续性的理论和经验方法，并重新评估与教育旅行相关的潜在好处和负面影响[④]；Brack 则指出教育旅行已被证明是可持续发展和有利于环境的有效教育手段。虽然大多数学者对教育旅游的研究都把着眼点放在学生身上，但教育旅游的受众群体不仅仅局限于学生[⑤]。

国内学者的研究起始于 1996 年，吕可凤在其文章中探讨了来华修学旅

[①] 徐仁立. 文旅融合视阈下的原苏区研学旅行发展新探[J] 经济师，2020（1）：16-18.

[②] Ritchie B W. Managing educational tourism[M]. Channel View Publications, 2003.

[③] Falk J H, Ballantyne R, Packer J, et al. Travel and learning: A neglected tourism research area[J]. Annals of Tourism Research, 2012, 39（2）：908-927.

[④] Long J, Vogelaar A, Hale B W. Toward sustainable educational travel[J]. Journal of Sustainable Tourism, 2014, 22（3）：421-439.

[⑤] Hale B W. Wisdom for traveling far: Making educational travel sustainable[J]. Sustainability, 2019, 11（11）：3048.

游学生的教学方式①,"修学旅游"一词一直沿用至2013年。《国民旅游休闲纲要(2013—2020)》的颁布正式提出了"研学旅行",同步相关研究开始陆续出现,随着各类政策文件连续出台,学者们关于研学旅行的研究成果也越来越丰厚,可谓硕果累累。主要内容涉及分类②③、特征④、资源对接与整合⑤⑥、实践与对策⑦⑧、基础理论性研究⑨⑩等。

三、红色研学旅行研究现状

红色旅游是指以中国共产党领导人民在革命和战争时期建树丰功伟绩所形成的纪念地、标志物为载体,以其所承载的革命历史、革命事迹和革命精神为内涵,是组织和接待旅游者进行缅怀学习、参观游览的主题性旅游活动⑪。红色研学旅行是以红色旅游为载体的研学旅行,把素质教育融入教学

---

① 吕可风.话题讨论式教学——来华修学旅游学生教学方式探讨[J]旅游论坛,1996,15(1):60-61.

② 阳燕.基于课标的可可托海地质公园不同学段的研学旅行课程开发研究[D].新疆师范大学,2021.

③ 王润,张增田.研学旅行:价值取向与问题透视[J].河北师范大学学报(教育科学版),2017,19(6):90-95.

④ 丁运超.研学旅行:一门新的综合实践活动课程[J].中国德育,2014(9):12-14.

⑤ 黎萍.南京市研学旅游市场开发研究[J].西北成人教育学院学报,2019(6):76-80,18.

⑥ 宋烨.非物质文化遗产研学旅行研究[J].合作经济与科技,2020(07):38-39.

⑦ 吴颖惠,宋世云,刘晓宇.中小学研学旅行课程设计与实施策略[J].上海教育科研,2021(3):67-71.

⑧ 谌春玲.研学旅游市场的挑战与发展问题研究[J].经济问题,2020(6):88-93.

⑨ 成浩.研学旅行的理论基础与实施策略管窥[J].佳木斯职业学院学报,2020,36(7):123-124.

⑩ 沈和江,高海生,李志勇.研学旅行:本质属性、构成要素与效果考评[J].旅游学刊,2020,35(9):10-11.

⑪ 中共中央办公厅、国务院办公厅.2004—2010年全国红色旅游发展规划纲要[EB/OL].(2012-02-22)[2019-06-10].http://www.ncha.gov.cn/art/2005/3/7/art_722_110489.html.

全过程，通过游览观光、参观体验、研学教育和学习探讨等多种形式提高学生的综合素质。它将红色革命精神融入其中，更加突出红色内涵，具备特有的红色文化魅力，在培育社会主义核心价值观中具有不可替代的作用[1]。

目前，在国内研学旅行的研究中，对红色研学旅行的研究较少，在中国知网上输入关键词"红色研学旅行"进行检索，文献数仅为334条。主要涉及红色与研学旅行如何有机融合、基地建设、新媒体及技术应用、课程设计与产品开发等方面。

黄柳婷提出在文化融合的新形势下，红色旅游与研学旅行的文化教育理念不谋而合，并根据共生理论，从共生单元、共生模式和共生环境三个方面入手，探讨融合之路及产品开发路径[2]。苏予则从打造研学旅行实践基地的视角出发，探索打造中小学生研学旅行实践基地过程中如何最大程度发挥红色旅游景区资源优势，更好地发挥教育效果[3]。

基地建设的研究上，孙茜提出在红色研学基地发展时从差异化着手，以定制化为特点，整合研学资源，加强基地的规范性硬件建设，改善基地地理环境等[4]。付金梅从基地的重要性出发，指出红色旅游研学承担着教育功能、政治功能与社会功能，作为开展研学实践教育活动的重要基石和物质载体，其建设品质对教育成效至关重要[5]。

新媒体和新技术的应用。打造实境课堂、沉浸式体验等教育形式，能很

---

[1] 吴涛.红色研学旅行中的社会主义核心价值观教育研究 [J].湖北理工学院学报（人文社会科学版），2017,34（2）：32-34.

[2] 黄柳婷.共生理论视野下红色研学旅游产品开发路径分析 [J].绥化学院学报,2020,40（2）：40-42.

[3] 苏予.初探如何将红色旅游与研学融为一体——以红岩革命历史博物馆研学实践基地建设为例 [J].佳木斯职业学院学报,2019（11）：207-208.

[4] 孙茜.基于顾客满意度的红色研学旅游基地可持续发展研究 [J].湖北理工学院学报（人文社会科学版），2017,34（2）：27-31.

[5] 付金梅.红色研学旅行基地建设探究——以重庆红岩研学旅行基地为例 [J].中国集体经济,2021（17）：117-118.

好地调动学生学习积极性和提高研学的效果。这个新方向也是学者们积极研究和探讨的主题。江蓉通过新技术赋能教育的相关理论来分析和论证红色研学旅行的新技术适用性，归纳新技术支持对红色研学旅行发展的环境支持和线上、实地、混合式的支持方式，并通过案例分析构建出具体的中小学红色研学旅行的新技术支持路径①。孙茜，周国春提出利用VR技术开发一套模拟参观游览系统，既保护研学目的地的红色文化资源，又为红色旅游研学旅行提供选择空间②。

课程设计与产品开发是研究的中心，成果较为丰富。其中向春燕等人提出在整合红色旅游资源的基础上，深挖红色资源内涵，创新研学产品形式，增强产品体验性，根据不同学生群体的特征进行专题化产品设计③。研学课程开发与设计是研学育人的核心问题。陈翠与陈丽军深入分析大别山开发红色研学旅行课程的优势，构建了"123456"的课程开发模式。课程包括开发模式、课程设计及课程评价三部分，为丰富红色研学课程资源提供了思路和方法，具有参考价值④。蔡国英等人则以红色旅游资源厚重的甘肃省为例，从红色研学导师的培育、红色研学旅行产品产业链的延伸、红色研学旅行产品行业标准的提升以及反馈机制等方面，提出红色研学旅行产品开发的思路⑤。

无论从教育还是旅游的视角来看，红色研学旅行的价值核心是红色文化和红色旅游资源地，价值基础是通过具象的红色历史及情感投射唤起记忆，

---

① 江蓉. 中小学红色研学旅行的新技术支持路径研究 [D]. 扬州大学，2021.

② 孙茜，周国春. VR技术在研学旅行中的应用——以鄂东南地区中小学生红色旅游研学旅行为例 [J]. 湖北理工学院学报（人文社会科学版），2018，35（3）：83-86.

③ 向春燕，周春燕. 基于红色旅游资源的研学旅行产品开发——以重庆红岩景区为例 [J]. 重庆文理学院学报（社会科学版），2021，40（1）：68-79.

④ 陈翠，陈丽军. 大别山红色研学旅行课程设计与开发 [J]. 红色文化资源研究，2019，5（2）：134-143.

⑤ 蔡国英，赵继荣，马金莲等. 文旅融合视角下甘肃红色研学旅行产品的开发研究 [J]. 旅游纵览，2021（4）：113-115.

形成正确认知，通过塑造历史人物和情节链接共享情感、建构红色记忆。通过仪式操演与行为参与刻写红色记忆，使个体内化红色记忆的核心价值；红色记忆虽然作为集体的心智印象，但离不开个体的认知情感与实践参与[①]。按照"具身认知理论"的创始人之一梅洛庞蒂所说，这需要包含生理诸官能、身心以及与世界的统一等三个不同层面的统一[②]。也就是说，因为认知是具身的，而身体又是嵌入（embedded）环境中的，所以认知、身体以及环境这三者便组成了一个动态的统一体，共同参与才能一起实现。这凸显出"具身认知理论"对红色旅游资源研学旅行产品设计研究的重要性，在这方面的实证研究尤其是红色旅游资源大省山西省的研究更是寥若晨星。本文以山西省黎城县黄崖洞风景区为例，结合"具身认知理论"探究和设计其红色研学产品，力求为红色研学产品的设计提供新的思路和参考。

四、黄崖洞景区红色旅游资源与研学旅行产品现状

（一）黄崖洞景区红色旅游资源现状

1. 红色旅游资源概念及分类

（1）红色旅游资源概念

根据2004年12月，中央办公厅和国务院办公厅印发《2004—2010年全国红色旅游发展规划纲要》，红色旅游是一种主题性旅游形式。它以中国共产党领导人民在革命和战争时期建树丰功伟绩所形成的纪念地、标志物为载体，以其所承载的革命历史、革命事迹和革命精神为内涵，是组织接待旅

---

① 黄煌华.红色记忆的赓续逻辑：唤起、建构与刻写[J].思想理论教育，2022（4）：78-83.
② 范文翔，赵瑞斌.具身认知的知识观、学习观与教学观[J].电化教育研究，2020，41（7）：21-27，34.

游者开展缅怀学习、参观游览的主题性旅游活动[①]。

红色旅游资源作为旅游吸引物,是发展红色旅游的基础,有广义和狭义两种概念。广义的红色旅游资源是指能够顺应时代发展趋势,直接或间接地弘扬爱国主义和民族团结精神,凝结在一切革命和建设活动过程中的人文景观和积极健康向上的精神。狭义的红色旅游资源是指形成于1921年至1949年间,在一定地域空间客观存在的,能集中反映革命历史、革命事迹和革命精神的,并因其所具有的多重价值而对旅游者产生吸引力的革命历史遗存及社会文化现象,是中国新民主主义革命的产物,其保护和开发受到国家的特别重视[②③]。本文是在狭义概念的基础上对红色旅游资源进行的界定和分类。

(2)红色旅游资源分类

在《红色旅游资源分类及其评价》中,方世敏人等对红色旅游资源进行了分类,主要分为:历史文物、建筑、红色故事等[④]。他们以遗址、文物、纪念馆等为载体。具体分为以下几类:

第一,遗址遗迹类。指的是重大战役、事件遗留的痕迹和精神。如平型关战役遗址、遵义会议旧址等。第二,伟人故居类。指的是重要历史人物曾经生活和战斗过的地方,如毛泽东曾经住过的窑洞,鲁迅故居等。第三,烈士陵园。指的是为缅怀革命烈士而建造的纪念碑和陵园等。如人民英雄纪念碑、各地的革命烈士陵园等。第四,非物质文化遗产。指的是口口相传的革命事迹、英雄故事等。如用乳汁救伤员的沂蒙红嫂等。

[①] 中共中央办公厅、国务院办公厅:《2004-2010年全国红色旅游发展规划纲要》[EB/OL].(2007-09-25)[[2019-06-10].
https://www.ndrc.gov.cn/fggz/fzzlgh/gjjzxgh/200709/P020191104623060035836.pdf

[②] 唐黎,李明峰.基于层次分析法的红色旅游资源模糊综合评价研究——以兴安县为例[J].兰州商学院学报,2007(1):48-54.

[③] 唐丽萍,冯淑华.红色旅游资源的文化遗产价值及其评价——以南昌市八一起义纪念馆为例[J].旅游研究,2011,3(2):11-16,27.

[④] 方世敏,邓丽娟.红色旅游资源分类及其评价[J].旅游研究,2013,5(1):36-40.

（3）黄崖洞景区资源现状

黄崖洞现为4A级景区，2005年由政府成功引入社会资本开始联合打造，2018年之前持续封闭进行园区建设和修缮，筹备近三年时间，于2021年5月1日正式对外营业。

①旅游资源厚重

黄崖洞景区位于太行山脉的中段，黎城县北45公里处的黄崖洞镇上赤峪村西，面积大约14平方公里，因陡壁上有一个高25米、宽20米、深40米的天然山洞，名曰"黄崖洞"，此洞附近一带山地因之得名为"黄崖洞"。景区人文旅游资源类型丰富，拥有地文景观、水域风光、遗址遗迹、建筑与设施等。具体包括兵工厂遗址、烈士陵园、黄崖洞保卫战纪念馆、左权将军屋等种类齐全的红色文化资源；瓮圪廊、天上人家、挂壁栈道、日出、瀑布等多姿丰硕的自然旅游资源。

②研学价值极高

太行山是八路军坚持抗战的坚强堡垒，太行山区是中国共产党在争取民族独立与解放过程中具有重要意义的区域。黄崖洞景区拥有深厚的红色文化底蕴，如保存较为完好的八路军兵工厂遗址遗迹、黄崖洞保卫战遗址遗迹以及烈士陵园等红色旅游资源。学生具身认知景区，沉浸于抗战历史，利于培养和增强红色记忆，传承红色基因。同时，就区位而言此地覆盖晋、冀、豫三省，研学旅行市场客源丰富，景区核心景点分布集中，交通便利、配套完善，具有较为完善的红色研学旅行条件和开发价值。

（二）黄崖洞景区研学旅行产品开发现状

笔者在2021年至2023年分四次以黄崖洞景区作为案例地进行的调研访谈中发现，景区充分挖掘自身厚重红色文化资源，取得了一定社会效益和影响力，但结合新的时代背景，其红色研学旅行产品在开发和设计中还存在一些需要深化的问题。

1. 红色研学旅行发展初具规模

黄崖洞现为国家级抗战遗址、全国爱国主义教育示范基地、全国红色旅游经典景区、全国中小学研学实践教育基地。红色研学旅行条件已初具规模。据景区官网统计，基地于 2021 年 5 月 1 日开始试运营，当年接待游客 14.2 万人次，其中研学群体 22720 人次；2022 年接待游客 18.5 万人次，其中研学群体 29600 人次；2023 年截至 10 月份接待游客 30.8 万人次，研学群体 49280 人次，学员分别来自北京、天津、内蒙古、陕西等 13 个省、市、自治区。

2. 红色研学旅行产品日趋丰富

黄崖洞景区突出红色历史文化资源的地域特色和差异性，经过总体整合、统筹规划、反复打磨，突出以实物、实景、实事为载体，积极构建以红色教育为主体，现场教学为特色，案例教学、理论教学、研讨教学、情景教学等多种教学方式有机融合的教学体系。根据实地访谈得知，红色研学产品发展日趋丰富，针对不同性质和年龄段的学员、学生量身定制研学产品，目前已经开设十个模块的课程类型。如表 1 所示。

表1 黄崖洞景区的红色研学产品

课程类型	课程名称	时长
专题课程	《太行精神》在黄崖洞	90分钟
	《抗战精神》在黄崖洞	90分钟
	"人民军工摇篮"——黄崖洞兵工厂	90分钟
	"胜利之战"——黄崖洞保卫战	90分钟
案例课程	黄崖洞兵工厂——管理制度、科技创新、工业发展、太行军工	60分钟
	黄崖洞保卫战	60分钟
现场教育	教育题目："三枪"八路	15分钟
	教育题目：六比一的背后	15分钟
	教育题目：清澈的爱只为中国	15分钟

续表

课程类型	课程名称	时长
国防体验教育	教育科目：中国第一枪	30分钟
展馆教育	黄崖洞兵工厂展览馆	30分钟
体验教育	重走军工故道	30分钟
	军事体验项目	10分钟/项
	飞"崖"走壁送弹药	60分钟
激情教育	唱红歌（2首红歌）	10分钟
情景教育	上党鼓书说唱《黄崖洞故事》	10分钟
情感教育	诗词朗诵《过太行山抒怀》	10分钟
影像教育	《国家荣光——一代名将左权将军》	27分钟
	《军武零距离——曲线打击》	27分钟
	《人民兵工》	21分钟
	《大揭秘——黄崖洞兵工厂》	48分钟
	《国家记忆——黄崖洞兵工厂》	54分钟

（资料来源：黎城太行山黄崖洞旅游发展有限公司提供）

3. 红色研学旅行形成区域联动

依托太行山脉沿线的丰厚红色资源，景区分别和武乡县八路军太行纪念馆、八路军总司令部旧址、左权县麻田八路军总部纪念馆、涉县129师司令部旧址、阳泉百团大战纪念馆、昔阳县大寨展览馆和平顺县西沟展览馆、林州市红旗渠等结为战略联盟，共享联动，设计主题更为鲜明和形式多样的红色研学产品。

4. 红色研学旅行产品实践中存在的问题

在新的时代背景下，青少年的文化自信呼唤红色文化创新性的表达，让红色文化更有温度、更好内化、更易践行，才能有效提升青少年的文化认同。就目前黄崖洞景区推出的产品而言，从对管理及实施人员，体验学员的访谈中主要反映出四个尚需完善和细化的问题,一是红色文化的内涵挖掘和资源整合不够充分,致使产品的联动性和针对性不足。二是教育功能缺失,存在"重旅轻研"的娱乐化倾向。三是研学产品的设计上欠缺提升现场感、情景化、体验度的创新性研发。四是研学活动中安全保障体系和评价反馈体系有待完备。

五、基于"具身认知理论"的黄崖洞红色研学旅行产品设计

(一)设计原则

结合具身认知理论和红色研学旅行各自的核心内涵和特征,产品应遵循以下原则主导设计和开发。

1. 发挥身体认知主观能动性

红色研学旅行是红色文化、旅游与教育、培训融合的结果。红色基因的传承有其独特的机理。传播是传承的前提,传承是传播内化于心、外化于行的结果,其中接受是前提,内化是关键,外化是成效。这一过程按照知(认知)、情(感情)、信(信念)、意(意志)、行(行为)的内在程序循环往复,构成了思想教育的整体演进和持续进行[①]。由此可见具身认知的重要性,首先必须发挥学生学习的主观能动性,注重学生心理和生理的变化与状态以及身体的参与。

2. 注重体验性与情景性的融合

情境是学生在具身学习过程中进行认知活动不可或缺的组成部分,所以学生的认知活动依赖特定的场域。设计多维的教学情境,促进身体的体验认知是具身教学活动的必要原则,这关系到身体与情境的交互效果[②]。

---

① 徐仁立. 文旅融合视阈下的原苏区研学旅行发展新探 [J]. 经济师, 2020 (1): 16-18.
② 刘鹏. 基于具身认知理论的教学活动设计研究 [J]. 中国教育技术装备, 2015 (14): 89-91, 94.

3. 引导身体与情境自然交互

交互性是指将身体与情境二者进行连接。因为交互性设计在身体与自然环境、社会文化情境间起到贯穿的作用，使身体与环境能够共同作用于人类的认知活动。将身体与学习情境真实交互，尽可能地用身、心一体的状态去学习，通过身体体验增进认知，将设计由蓝图变为现实。

（二）活动设计思路

本文基于具身认知理论的指导，并充分结合黄崖洞景区红色研学资源，依据上述原则来设计真正具有实践性身心涉入体验的研学活动，以增强历史感悟、身份认同、爱国情感，并实现内化为践行的研学目标。

1. 依托厚重的红色资源塑造主题，打造高质量研学旅行模块化课程

红色研学产品设计的第一要务就是要深挖红色文化内涵，同时按照多层次、多主题、模块化的目标进行开发。黄崖洞景区拥有丰富的文化资源，研学旅行课程是培育研学者核心素养的重要途径，课程建设首先要梳理嵌入核心红色文化内涵，突出其思想教育价值和功能。研学旅行现阶段的主要群体以学生为主，课程作为综合实践活动课程的一种形态，首先以寓教于乐为目的，同时要体现出培养学生价值体认、问题解决、责任担当等意识和能力方面的作用。与此同时，红色教育基地通常涉及革命传统教育和爱国主义教育，与学校政治、历史等学科的教学有着紧密的关联。作为一门跨学科的实践性课程，研学旅行课程的目标设计，还可借鉴政治学科的素养指向（政治认同、理性精神、法治意识、公共参与）和历史学科的素养指向（唯物史观、时空观念、史料实证、历史解释、家国情怀）[1]。

基于此，针对不同的目标群体要针对性地进行个性和主题的研发，并注重从方案到执行，从设计到落地，从参与到评价的完整链条的质量管理。

---

[1] 中华人民共和国教育部《普通高中思想政治课程标准（2017年版）》[M].北京：人民教育出版社，2020

如针对小学生，应强调红色文化认知和环境体验为研学目标，更多侧重教师的引导，培养学生初步的问题意识和正确的判断能力，以红色故事输入，寓教于乐，陶冶爱国情怀。对于中学生，则需要贴合日常生活，具身参与仪式感强、体验性足的活动，强调并使其接受价值观的建构，消除学生对红色文化的陌生感与距离感，同时引导其进行对照和反思。针对大中专学生，要迎合时代特征，通过实地调研、课题研究、参与课程和活动设计等方式，使其深刻理解红色文化的内涵和意义，培养其综合实践能力与思辨能力，建树国家认同，锻造红色烙印，赓续基因传承。

2. 突出红色研学体验活动的创新和适应性，多主体共建安全保障体系

红色研学旅行是主题鲜明的研究性学习和旅行体验相结合的校外教育活动，它能培养学生具备多元化的能力，如社交能力、适应能力、审美能力等。同时，所谓"吾听吾忘，吾见吾记，吾做吾悟"，只有具身性探究，才能动态性形成记忆。红色记忆虽然作为集体的心智印象，但离不开个体的认知情感与实践参与。红色记忆赓续必须遵循认知走向行为实践的逻辑[①]。

鉴于此，这种新颖的教育形式，更需强调教育情景的转换、学习主题的多元化、参与融入方式的创新。杜绝现在广泛存在的"重游轻学""重旅轻研"等现象和娱乐化倾向。浙江师范大学"传火于薪"团队创立红色剧本杀的形式，用年轻人喜欢的方式设计与推广，在以1935年发生在江山市的红色故事为背景的《江浦秘事》剧本中，参与者沉浸式地体验了一次"穿越时空"的红色研学之旅。这种趣味性和教育性并行，既新鲜又有代入感的研学形式，一经推出，就受到了浙江师范大学师生们的热烈欢迎。

研学旅行聚焦深度体验的同时，安全问题同样重要，它是学校、家长和研学旅行服务商的共同担忧所在，也是各方需要共同解决的重要议题。只有形成"政府—企业—学校—学生—家长"多主体共建的安全保障意识和规

---

① 黄煌华.红色记忆的赓续逻辑：唤起、建构与刻写[J].思想理论教育，2022（4）：78-83.

范，只有构建起"法规条例—标准体系—保险/预案/救援"等跨层级共治的安全保障制度与实施体系，才能为研学旅行筑起坚固的安全防线。从目前情况看，旅游从业企业在多年发展中积淀的旅行服务管理经验与规范化流程，已成为确保研学旅行活动安全的重要支撑与保障[①]。

3. 多维视角提升学生体验的现场感，注重沉浸式红色研学内容设计

相比传统的离身式教育方式，基于具身式认知的研学活动在设计时，要注意多维视角将研学内容通过教学环境情景化与学生的外化行为及身体感官系统的感知体验，逐步内化为学生的个人知识。即利用可感知的环境激发学生的主动性进行意义建构的学习[②]。

产品设计要注重具身式研学内容及活动的注入。首先是红色革命故事的提炼和融入。2015年6月，习近平总书记在贵州遵义视察时作出了"传承红色基因、讲好遵义故事"的重要指示。2019年8月，习近平总书记在甘肃考察，参观中国工农红军西路军纪念馆时，他强调："我们要讲好党的故事，讲好红军的故事，讲好西路军的故事，把红色基因传承好。"红色故事是红色基因传承的重要载体。它是中国共产党人为中华民族和中国人民不懈奋斗的历史记忆。它是亲历者历时性的凝结和爱党爱国情感的投射，具有强烈的感召力和影响力。设计时，革命故事在保证真实性的前提下，要加入艺术创作，情节更加的跌宕起伏，表达深刻意义。同时注重展现形式和传播途径的多样化。

其次是具有仪式感的活动策划。主要是具有代表性的重大节庆活动、纪念活动及日常学习瞻仰活动等仪式系统，具体表现为国庆节、建党节、建军节、升旗仪式、思政主题演讲等纪念活动内容。红色研学旅行本身也可以给

---

① 张杨. 中国研学旅行发展报告2021[EB/OL].（2021-11-08）[2021-11-21]https：//baijiahao.baidu.com/s?id=1717273344840994970&wfr=spider&for=pc

② 蒲珍萍，陈亚翚，焦敏. 基于具身认知理论下的研学活动设计策略研究——以黑井古镇为例[J]. 文山学院学报，2021，34（6）：116-120.

看作是一种仪式，除研学的主题外，具体表现为旅行活动中的吃、住、行、游、购、娱等世俗仪式。如吃杂粮面食，喝小米粥，住窑洞的民俗，走军工故道、飞"崖"走壁送弹药，纪念馆参观，红色文创或纪念产品的购买，观看实景演出。同时融入学唱红歌、讲红色故事、角色扮演等互动体验项目，让学生在沉浸于趣味红色活动的同时爱上红色文化，通过这种典型的"在场"身心体验行为唤起、传递、巩固红色记忆。

再有，结合现代 5G 体验经济特点，线上与线下结合，通过高科技手段，将红色资源情景式"活"化。为丰富游客游览和研学旅行的具身体验，不少红色旅游景区推出夜间演艺，通过灯光、VR、沉浸式剧场等方式让红色故事"活"起来。如在江苏常熟沙家浜风景区，由苏州沙家浜旅游发展有限公司出品的沉浸式戏剧夜游演艺《暗战·沙家浜》，以立体化的观剧模式讲述了发生在沙家浜芦苇荡的抗日爱国故事。沙家浜风景区是全国爱国主义教育示范基地、全国百家红色旅游经典景区。沉浸式夜游演艺《暗战·沙家浜》以横泾老街为背景，以横泾剧场为舞台，带领游客穿越到抗战时期的沙家浜，去偶遇阿庆嫂，看看民国时期沙家浜的婚嫁习俗，感受小桥流水人家的江南水乡，领悟沙家浜所传承的红色精神①。据携程网数据显示，2021 年上半年，红色兼夜游属性的景区平均订单量同比增长 75%。其中常熟沙家浜风景区同比增长 275%。

另外充分利用黄崖洞景区丰富的自然人文资源进行"红色+"的有机整合，开发设计独特的研学产品。"红色+绿色+蓝色"的亲山亲水生态研学，"红色+黄色"的乡村民俗研学，"红色+银色"的工业、科技研学等，让学生沉浸于多元的研学内容之中。

4. 具身认知指导提升学生感悟，建立及时全面的评价反馈

具身认知理论的理念核心是感官参与、身心一致与知行合一，以此设计

---

① 中国青年网.《暗战·沙家浜》行进式夜游+沉浸式戏剧诠释红色文化[EB/OL][2021-04-02]http://fun.youth.cn/gnzx/202104/t20210402_12824732.htm

的研学旅行突出情境性、体验性、探究性，能从内心深处触动参与者，拓展信息记忆的广度和深度，更能贴近当代青年人群体的需求，提升他们主动体悟红色记忆的兴趣。与此同时根据不同学段学生的特点和表现，通过提前设计完成的课程效果跟踪表等方式，及时地给予过程中评价和多元化的事后评价。在评价设计阶段，以合作者的身份引入学生参与规则开发与制定，并尽可能采用表现性评价、协商研讨式评价和档案袋评价等方式让学生参与学习过程的记录[1]。并同步引导学生自我记录、自我反思、自我评价及对研学活动的评价反馈，将需求与建议整体融入研学产品的设计与实施过程，提升产品的效用价值，提高学生对课程学习的掌控度，实现供需价值共创。

六、结语

红色旅游资源是传承和弘扬革命历史、革命传统的物质和文化载体，蕴藏着博大厚重的民族风骨与精神。黄崖洞景区红色文化深厚，自然资源丰富，为红色研学旅行产品的设计和开发打下了坚实基础。本文结合具身认知理论和红色研学旅行各自的核心内涵和特征，分别在模块化课程的打造、体验活动创新和适应性的建构、沉浸式红色研学内容的设计、及时全面评价反馈机制的建立四个板块，为黄崖洞景区创设和优化提升实践性身心涉入体验的研学产品提出了切实的路径和方法，让更多人能深刻认识国家观、民族观、历史观、文化观，铸牢时代精神，传承红色基因。

---

[1] 安桂清，张昱瑾.研学旅行主题课程的设计——以红色教育基地的学习为例[J]上海教师，2021（2）：92-98

红色文化旅游发展借鉴

延安市红色文化旅游融合发展研究①

西安财经大学商学院　张　妍

摘　要：红色文化旅游融合发展是展示革命老区经济社会高质量发展的重要窗口，为铸牢中华民族共同体意识奠定了坚实的基础。研究发现，在国家政策引导、市场供给转型、消费需求变革等多重因素相互作用下，延安市形成"红色＋黄色＋绿色"模式、"红色＋文博"模式、"红色＋街区"模式、"红色＋研学"模式、"红色＋演艺"模式等五大红色文化旅游融合发展模式。研究的政策涵义在于：（1）红色旅游目的地、革命老区等应结合自身红色文化资源优势，加强跨区联动、产业融合、统筹规划、协同管理。（2）讲好革命文物故事、弘扬革命精神，重点在于讲好"人"的故事，探索文物活化利用的有效路径。（3）注重资源整合和场景营造，提升旅游目的地的红色氛围。

关键词：红色旅游；产业融合；延安

党的十八大以来，以习近平同志为主要代表的党中央高度重视红色文化的传承，强调"用好红色资源、赓续红色血脉""要用心用情用力保护好、管理好、运用好红色资源""增强表现力、传播力、影响力，生动传播红色文化"②。"文化是旅游的灵魂，旅游是文化的载体"，文化旅游产业融合发展

---

① 作者简介：张妍，西安财经大学商学院讲师，博士，主要从事乡村旅游与社会创业研究。
② 中华人民共和国中央人民政府.习近平：在庆祝中国共产党成立100周年大会上的讲　话 [EB/OL]. （2021-07-15）[2024-04-04].https：//www.gov.cn/xinwen/2021-07/15/content_5625254.htm.

已成为经济社会发展和综合国力竞争的强大动力和重要支撑。进一步地，红色文化旅游融合发展正逐步成为文旅融合转型升级的热门方向之一。红色文化旅游融合发展，由国家政策引导、市场供给转型、消费需求变革等多重因素相互作用、交织推动，形成了多业态相互促进、协同共生的高质量发展产业格局。

国家政策引领。中共中央办公厅、国务院办公厅持续颁布《2004—2010年全国红色旅游发展规划纲要》《2011—2015年全国红色旅游发展规划纲要》（第二期）、《2016—2020年全国红色旅游发展规划纲要》（第三期），为全国红色旅游发展明确了指导思想、基本原则、发展目标、主要任务及保障措施，对中国红色旅游发展具有重要指导意义和重大现实意义。2021年，国家文化和旅游部发布《"十四五"文化和旅游发展规划》[①]指出，要统筹文化和旅游资源发掘利用，大力发展红色旅游。目前，中国红色旅游已形成了12个"重点红色旅游景区"、30条"红色旅游精品线路"和100个"红色旅游经典景区"的红色旅游发展大格局，产生了巨大的经济效益和社会效益。

市场供给转型。推动革命圣地高质量发展，对培育社会主义核心价值观和实现中华民族伟大复兴的中国梦具有重要意义。革命圣地是指从1921年中国共产党成立至1949年中华人民共和国成立的28年间，在中国革命的关键时刻，在中国共产党的领导下，发生了重大革命历史事件，吸引、培养了大批革命人才，发挥了重要历史作用，具有深远历史意义和重大现实意义的地方[②]。以井冈山、西柏坡、瑞金、延安等为代表的中国革命圣地具有丰富的红色文化资源，亟需进行产业结构调整，加强对优秀红色文化资源的挖掘以及对革命文物的活化。红色文化旅游融合发展为革命圣地高质量发展提供

---

① 中华人民共和国文化和旅游部.文化和旅游部发布《"十四五"文化和旅游发展规划》[EB/OL].（2021-06-04）[2024-04-04].https://zwgk.mct.gov.cn/zfxxgkml/zcfg/zcjd/202106/t20210604_925006.html.

② 苗泽玲."革命圣地"：历史考察、标准建构及其当代意义[D].延安大学，2019.

了可能性方案，成为旅游经济动能转换阶段的重要着力点。

消费需求变革。一方面，随着红色文化资源的挖掘与开发，红色文化的崛起刺激了市场需求。在新消费模式倒逼机制下，企业越来越注重游客体验，持续挖掘市场潜在的消费偏好，丰富消费服务模式，更好地刺激消费需求。另一方面，旅游者消费需求、消费方式、消费理念的变化，进一步诱发了红色旅游消费变革。消费者对于品质、环保、健康等方面的需求不断增加，消费需求体验个性化持续升级。根据《途牛2023年上半年度红色旅游消费报告》数据显示[①]，2023年上半年参与红色旅游的游客中，18-35岁中青年游客已成为红色旅游的消费主力。随着亲子游、研学游等消费需求驱动下，红色旅游目的地游客参观量迎来爆发式增长。

延安是红色革命的发源地之一，以中央革命根据地为核心的延安革命历史，见证了新民主主义革命和社会主义革命的英勇斗争，留下了珍贵的红色革命历史文化遗产。近年来，延安市积极对接党和国家的各项政策，大力推进红色文化旅游融合发展，全面实施"红色旅游兴业"和"文化旅游带动"发展战略，获得显著成效。延安红色旅游在长期融合发展过程中所形成的先进开发经验和特色发展道路，对我国其他红色旅游目的地创新开发、革命老区发挥特色旅游资源优势，具有一定的参考价值。

一、延安市简介及旅游发展概况

（一）自然地理概况

延安市位于陕西省北部，介于东经107°41′—110°31′，北纬35°21′—37°31′之间。地处黄河中游，属黄土高原丘陵沟壑区。北连榆林，南接关中咸阳、铜川、渭南三市，东隔黄河与山西临汾、吕梁相望，

[①] 电商报.途牛旅游网发布《2023年上半年度红色旅游消费报告》[EB/OL].（2023-07-03）[2024-04-04].https：//www.dsb.cn/221520.html.

西邻甘肃庆阳，被誉为"三秦锁钥，五路襟喉"。根据第三次全国国土调查数据显示①，延安市土地总面积为 37031 平方公里，其中耕地 25.35 万公顷，园地 20.91 万公顷，林地 259.54 万公顷，草地 47.74 万公顷，湿地 0.41 万公顷，城镇村及工矿用地 7.2 万公顷，交通运输用地 4.7 万公顷，水域及水利设施用地 2.48 万公顷。属于暖温带半湿润易旱气候区，全年气候变化受制于季风环流。全市年平均气温偏高、降水偏多、光照偏少。城区空气质量优良天数达 329 天，空气质量达标（AQI < 100）天数达 325 天。

（二）社会经济概况

延安市属少数民族散杂区，常住少数民族有回、满、蒙等 27 个民族，其中以回族居多。延安市辖 1 区 12 县、16 个街道办事处、84 个镇、12 个乡。根据《2023 延安统计年鉴》显示②，2023 年年末全市常住人口 226.14 万人，人口自然增长率为 –1.53‰。全年全体居民人均可支配收入 31564 元，增长 6.4%。城镇居民人均可支配收入 43108 元，增长 5.3%；农村居民人均可支配收入 16492 元，增长 8.2%。全市城乡居民收入比为 2.61∶1，较上年缩小 0.07 个百分点。2022 年全年地区生产总值（GDP）2280.24 亿元，按不变价计算比上年增长 1.8%。其中第一产业增加值完成 240.13 亿元，比上年增长 4.5%；第二产业增加值完成 1391.08 亿元，比上年增长 0.1%；第三产业增加值完成 649.03 亿元，比上年增长 3.7%；三次产业结构比为 10.5∶61.0∶28.5。

---

① 延安市自然资源局.延安市第三次全国国土调查主要数据公报[EB/OL].（2022-08-01）[2024-04-06].http：//zrzy.yanan.gov.cn/ywgl/gsggj/15674557733306122225.html.

② 延安市统计局.2023 年延安市国民经济和社会发展统计公报[EB/OL].（2024-04-09）[2024-04-10].http：//tjj.yanan.gov.cn/tjxx/tjsj/ndtj/1777504085675630593.html.

（三）红色文化资源概况

延安目前拥有 445 个革命旧址，中心城区有 168 处，革命纪念馆 30 座，馆藏革命文物 43000 余件。表 1 展示了延安市红色文化资源的具体情况。

表1　延安红色文化资源汇总表①

资源类别	场所类别	具体内容
历史文化遗迹类	领导人旧址	高沟口毛泽东旧居、杨家岭毛泽东旧居、子长县毛泽东旧居、王家湾毛泽东旧居、阳道峁谢子长旧居、枣树坪谢子长旧居等 23 处
	会议旧址	中国共产党六届六中全会旧址、陕甘宁边区参议会礼堂旧址、周家硷会议旧址、太相寺会议旧址、瓦窑堡会议旧址、东村会议旧址、洛川会议旧址等 10 处
	革命旧址	枣园革命旧址、凤凰山革命旧址、王家坪革命旧址、吴起镇革命旧址、杨家岭革命旧址、清凉山革命旧址、南泥湾革命旧址、瓦窑堡革命旧址、延安宝塔山等 11 处
	革命战役遗址	榆林桥战役遗址、青化砭战役遗址、真武洞祝捷大会遗址、劳山战役遗址、松树林战役遗址、蟠龙战役遗址、直罗镇战役遗址、羊马河战役遗址等 13 处
革命文物陈列馆	博物馆、纪念馆	延安革命纪念馆、南泥湾大生产纪念馆、新闻出版革命纪念馆、陕甘宁地区银行纪念馆、延安北京知青博物馆、鲁艺延安革命艺术家博物馆群等 29 座
	革命烈士纪念地	林伯渠题词"化雨春风"石匾、张思德烈士牺牲纪念地、谜语诗配壁画等 5 处

① 李鎏嘉. 延安红色旅游高质量发展研究 [D]. 西安建筑科技大学，2023.

续表

资源类别	场所类别	具体内容
革命文化衍生场所	红色主题书店	延安文艺书店、延安历史文化陈列馆书店、中国红色书店、西北局旧址陈列书店等
	红色主题广场	延安革命纪念广场、延安市人民广场、凤凰广场、南门里广场、抗大广场、边区广场、圣地广场、胜利广场等
	红色文旅综合体	延安圣地河谷文化旅游区、"延安·1938"文化街区、延安红街
红色旅游人文活动	旅游演艺节目	《延安延安》《延安保育院》《延安保卫战》《再回延安》《黄河大合唱》等
	革命战斗精神	延安精神

资料来源：根据参考文献整理而来

（四）旅游发展概况

2004年延安市制定了"能源化工强市、绿色产业富民、红色旅游兴业"三大实施战略，延安市政府积极投入资金，从2004年到2008年就延安旅游产业投资近70亿元。2012年延安市政府提出"统筹城乡，富民强市；引水兴工，产业转型；中疏外扩，上山建城；文化引领，旅游带动"四大发展战略，努力将延安市建设成为全国红色旅游的首选之地、海内外炎黄子孙寻根祭祖之地和陕北黄土风情文化开发的传播基地。2023年延安市共接待旅游人数4198.77万人次，增长1.7倍；实现旅游综合收入330.70亿元，增长2.8倍[1]。国家5A级旅游景区3家、国家4A级旅游景区7家、国家3A级旅游景区47家；星级宾馆40家。

---

[1] 延安市统计局.2023年延安市国民经济和社会发展统计公报[EB/OL].（2024-04-09）[2024-04-10].http://tjj.yanan.gov.cn/tjxx/tjsj/ndtj/1777504085675630593.html.

为推动红色文化旅游融合发展，延安市出台实施十大革命旧址景区改造、黄河文化园、长征女红军苑、东方红广场和大剧院等项目的建设，加快黄帝文化园、黄土风情文化园和壶口瀑布、延川乾坤湾、宜川壶口孟门山等景区的旅游配套设施建设。同时，通过"生态保护为先、统筹治理为要、传承文化为魂、高质量发展为本，以'增绿'为黄河流域生态空间治理之本"，成为黄河流域生态保护和高质量发展先行区域。

二、延安市红色文化旅游融合开发模式

随着经济社会的发展，中国红色旅游的社会性和功能性也在不断增强。总体上看，以红色资源为基底，以传统旅游业态和服务业加之于红色资源所开展的活动具备以下四个属性[①]：思想教育的直接性；内容与形式的时代性；经济政策的扶持性；旅游资源的整合性。延安市红色文化资源丰富，红色文化旅游产业以其多元表征、红色内涵、鲜明特色的特质，形成"红色+黄色+绿色"模式、"红色+文博"模式、"红色+街区"模式、"红色+研学"模式、"红色+演艺"模式等五大红色文化旅游开发模式。

（一）"红色+黄色+绿色"模式

产业融合发展需要充分利用当地的自然资源和人文资源，形成资源整合，使之互相促进、互相发展。延安市作为全国知名革命纪念圣地，其红色旅游资源具有较高的知名度、美誉度和社会影响力，对本地黄色旅游和绿色旅游的发展提供了有效带动。一方面，红色旅游与历史文化交相辉映。延安市黄色旅游资源主要指以黄河壶口瀑布、黄土塬、沟壑、延安五鼓、陕北民歌、剪纸等为代表的"黄土风情文化"。"黄土风情文化"具有深厚的文化底蕴，反映了陕北地区独特的政治、经济、建筑、文化、技术的发展状况，

---

① 钟栎娜，岳超. 中国红色旅游景点开发模式案例[M]. 北京：旅游教育出版社，2022：2.

成为重要旅游吸引物。延安市的"黄土风情文化"为红色文化旅游提供了有益补充，而红色文化旅游对"黄土风情文化"进行了传承与发扬。另一方面，红色旅游与绿色生态并举。延安市绿色旅游资源包括生态林业和绿色旅游产品，建成劳山森林国家公园、南泥湾国家湿地公园、子午岭森林公园、黄龙山森林公园、万花山野生牡丹自然保护区、宜川蟒头山国家森林公园、桥北省级森林公园等生态空间，形成"宝塔山"牌苹果、"八千里"豆腐干、延安红枣、小杂粮等特色农产品。延安市绿色旅游的开发为游客提供了更加多样化的旅游体验，使游客在汲取红色文化力量的同时能够亲近自然，实现优势互补。延安市多色产业发展，以红色文化和黄土文化为灵魂，以旅游为载体，以绿色发展为平台，形成"文化搭台、产业唱戏"的"红黄绿"产业融合发展模式。

（二）"红色+文博"模式

文博旅游，是以文化为核心、以文化遗址或博物馆为载体，充分展示地域文化的一种新兴的旅游方式和旅游产品模式。红色文博旅游，一般以各类博物馆和文化遗址为主要旅游目的地，是一种将红色藏品、文化创意产业、旅游业相融合的红色旅游新型发展路径。其中，红色藏品凝聚着一代人的共同记忆，是历史价值和集体情怀的交融，承载着中国共产党及共和国悠长历史的回溯与传承。由表1可看到，延安市拥有丰富的红色历史文化遗迹，包括革命领导人旧址、会议旧址、革命旧址和革命战役遗址。革命文物陈列馆主要包括博物馆、纪念馆、革命烈士纪念馆等。延安市"红色+文博"模式主要表现在以下三方面：①故事活化。为推动党史学习教育深入开展，延安革命纪念馆从36000件文物藏品中遴选出100件珍贵革命文物，深入挖掘其背后的精神和故事，通过"讲解员讲述+场馆实拍+历史影像资料"的方式制作百集《延安·延安》系列红色故事短视频，对游客进行展播。延安革命纪念馆以游客喜爱和易于接受的方式进行宣传语推广，使文物资料成为鲜活生动的直观教材。②内容创新。讲解员是博物馆与游客沟通的重要桥梁，延安革命纪念馆定期开展报告会、读书会等，深入解读革命文献和史实。如邀请研究"延安精神"的专家学者、老红军、老八路军等组成宣讲团，广泛征集和研究延安革命历史的文物和史料，丰富文物史料内容。③技术应用。如延安革命纪念馆借助数字技术对直罗镇战役、延安城墙等进行场景复原和情景模拟体验，综合了声、光、电等科技手段，带给游客沉浸式体验。

（三）"红色+街区"模式

街区作为开放的公共空间，是组成城市的基本单元，也是观察城市的重要切入点。随着旅游业的快速发展和居民休闲需求的提升，融合"商业街区""休闲街区""历史文化街区"等思想的旅游休闲街区应运而生。红色旅游街区是指将红色文化嵌入旅游休闲街区，注重红色文化消费场景的打造，强调"生活化""个性化""体验化"特征，吸引更多消费者停留并产生消费实践①（陈波和涂晓晗，2023）。延安市红色旅游街区主要体现在红色主题广场和红色文旅综合体两方面。如延安革命纪念广场、南门里广场和抗大广场等，以精美的主题雕塑、独特的建筑风格、醒目的红色标语彰显出城市的红色文化底色。红色文旅综合体指嵌入红色文化基因的大型商业文旅项目，使游客在旅游消费的同时传承红色经典。延安红色文化，吸引工商资本建成延安圣地河谷文化旅游区、"延安·1938"文化街区、延安红街三个旅游休闲街区。以延安红街为例，由万达集团投资建设的以红色精神为内核，集休闲、旅游、教育、非遗等多功能于一体的大型红色主题街区。延安红街由红色主题街区、窑洞主题酒店群和延湖三部分组成。延安红街整体采用延安时期建筑风格，包括主题街区、红色讲堂、沉浸演艺、射击乐园、长征步道、

---

① 陈波，涂晓晗.旅游休闲街区消费场景的模式类型与文旅融合策略[J].南京社会科学，2023（8）：134-145，166.

窑洞酒店、特色非遗、红培基地等主要内容，被授予"延安市非物质文化遗产传承基地"，并被纳入延安红色旅游精品线路。此外，红街采用村企合作模式，推出"风景如画""工农小兵""百姓粮红军餐"3个系列投入市场，拓宽了村民增收渠道。

（四）"红色+研学"模式

研学即研究性学习，研学旅游继承和发展了中国传统游学"读万卷书，行万里路"的教育理念和人文精神，成为素质教育的一种新兴形式。2013年国务院办公厅颁布《国民旅游休闲纲要（2013—2020年）》[1]，这是中国首次以政府官方文件的形式使用"研学旅行"的概念。2016年教育部等11部门印发《关于推进中小学生研学旅行的意见》[2]，将研学旅行提升至更加重要的位置，推动研学旅行的快速发展。红色研学旅游模式，是指教育部门和学校有计划地组织安排，通过集体旅行、集体食宿方式开展的关于红色文化和红色精神传承的研究性学习和旅行体验相结合的校外教育活动。2017年9月26日，陕西省中小学延安红色文化研学旅行活动仪式在延安市延川县梁家河村举行，开启了新时代延安研学旅行新篇章。延安市政府、中小学、研学活动机构等组织开发了"寻根探源""追寻先烈足迹""赓续红色血脉""励志奋进""自然生态""乡村振兴和农耕文化体验"等多种主题研学课程。"红色资源的一砖一瓦皆是教材"。同学们通过在革命圣地追寻红色足迹，参观体验老一辈无产阶级革命家艰苦的生活工作环境，拓宽了学生们的视野，提高了学生们的社会责任感和爱国主义情感。

---

[1] 中华人民共和国中央人民政府.国务院办公厅关于印发国民旅游休闲纲要（2013-2020年）的通知：国办发〔2013〕10号[EB/OL].（2013-02-18）[2024-04-12].https：//www.gov.cn/zwgk/2013-02/18/content_2333544.htm.

[2] 中华人民共和国教育部.读万卷书也要行万里路——教育部等11部门印发《关于推进中小学生研学旅行的意见》[EB/OL].（2016-12-19）[2024-04-12]. http：//www.moe.gov.cn/jyb_xwfb/gzdt_gzdt/s5987/201612/t20161219_292360.html.

(五)"红色+演艺"模式

红色文化旅游演艺是一种创意文化旅游产品,它以地域红色文化为核心表演内容,以游客为主要观众,是能够对当地旅游业发展带来积极影响的演出活动。在以"沉浸传播""体验经济"为特征的第三媒介时代,旅游演艺借助声光电、虚拟现实等技术,通过构建故事、营造场景、设计互动等方式,增强游客的沉浸式体验。目前已开发《延安延安》《延安保育院》《再回延安》《延安保卫战》《黄河大合唱》《延安记忆》等多台红色文化旅游演艺项目。以大型实景演出《延安保卫战》为例,2009年底,延安市委、市政府特邀全国顶级导演,北京奥运会副总导演、上海世博会艺术总监、广州亚运会总导演陈维亚,倾力重新打造国内独一无二的宏篇巨作《延安保卫战》。实景演出地理位置距离枣园革命旧址500米处,动用了200多支当年战争使用的真枪、六门大炮以及装甲车,每场演出使用子弹800多发、炮弹80多发,参演演员300多人,凭借真实的表演再现了1947年保卫延安的恢宏画卷。演出现场,游客们可以穿上军装、拿起钢枪参与保卫延安;在欢庆胜利时,大家也可以加入欢庆胜利的队伍中,伴着节奏扭起秧歌唱起民歌,促进游客的红色旅游体验由静态向动态转变。《延安保卫战》实景演出可以让游客更加全面、更加真实地了解延安,也带领延安旅游从过去传统静态的故居、遗址游进入参与式立体游时代,改变了延安红色旅游的格局,同时成为对外宣传延安红色文化的一个重要窗口。

三、红色文化旅游融合发展经验与启示

延安市依托红色文化资源,坚持以文塑旅、以旅彰文,推动文化产业和旅游产业深度融合发展。深入挖掘红色历史文化遗迹、歌名文物陈列馆、歌名文化衍生场所及红色旅游人文活动四类红色旅游资源,开发"红色+黄色+绿色"模式、"红色+文博"模式、"红色+街区"模式、"红色+研

学"模式、"红色+演艺"模式等五大红色文化旅游模式,构建高质量发展新格局。虽然延安市在地理位置、资源禀赋、产业基础等方面与我国大部分红色旅游目的地发展情况不尽相同,但是其发展经验对我国红色文化旅游融合发展,助力中国式现代化战略的实施具有一定的借鉴意义。纵观其红色文化旅游融合发展历程,将从以下几方面总结启示:

(一)全域联动,多元并举

2015年,国家旅游局在《关于开展"国家全域旅游示范区"创建工作的通知》中提出"全域旅游"概念,倡导旅游业逐渐由景区、景点旅游向全域旅游过渡。全域旅游,是一种产业融合、社会共建共享的新的发展理念和模式。延安市实施"能源化工强市、绿色产业富民、红色旅游兴业"三大战略,在区域范围内融合发展红色文化、旅游资源、生态环境、工业能源、基础设施、关联产业等,对推动区域高质量发展取得新成效。目前,初步形成以城区为主的红色旅游核心带,以黄帝、黄河、黄土风情文化旅游区,绿色生态旅游区,"中国红谷"丹霞地貌地质遗迹旅游区的"一核五区"全域旅游发展布局。红色旅游目的地、革命老区等应结合自身红色文化资源优势,加强跨区联动、产业融合、统筹规划、协同管理。如联合本市、本省、跨省区域,形成"红色经典之旅""革命足迹之旅"等特色线路。加强"红色+农业""红色+工业"等"红色+"产业融合发展,进一步弘扬革命精神。构建健全完善的协同管理制度,形成多行业、多部门协同合作、共同发展和管理的协同治理格局,为红色旅游健康稳定发展提供系统的外部支持。

(二)文物活化,讲好故事

红色旅游目的地具有丰富的革命文物资源,利用5G、虚拟现实、人工智能、区块链等技术活化革命文物,助力革命文物的保护和革命精神的传承。革命文物主要是指1921年中国共产党成立前后到1949年新中国诞生这一历史进程中形成并保存下来的重要实物见证，包括各类与革命运动、重大革命历史事件或者英烈人物有关的重要史迹、实物、代表性建筑等。讲好革命文物故事、弘扬革命精神，重点在于讲好"人"的故事，不断挖掘革命文物背后的历史事件，以故事化讲述、影音化呈现等方式进行创新性表达，达到微观叙事表达宏达主题的效果。延安革命纪念馆制作《延安·延安》系列红色故事短视频，真正做到让革命文物"发声"，让历史资料"说话"。同时，《延安保卫战》等大型实景演出，以舞台化方式传播正能量和主旋律，增强了游客的互动与体验，已成为延安红色旅游新名片。

（三）资源整合，场景营造

延安市形成"红色＋黄色＋绿色"旅游开发模式，将红色文化、黄土风情、绿色生态串联起来，形成资源整合。随着旅游目的地知名度不断提升和规模不断扩大，必然面临资源整合重组。将区域内小、散、杂的旅游资源进行整合，形成旅游目的地整体规划和优势互补。红色旅游目的地游客动机多以参观、学习、凭吊、游览为主，旅游吸引物多以静态方式呈现，缺乏交互的生动性与形象性。《延安保育院》等实景演出应运而生，以实景再现的形式展现了延安的革命斗争史。同时，延安市休闲生态林业的发展，为红色旅游提供了健康的底色。红色旅游资源"静态"展示与"动态"互动，"红色"与"绿色"互补，形成资源整合，以更加多样化的方式吸引全国乃至全世界的游客。此外，延安红街注重场景营造，提升了旅游目的地的红色氛围。延安红街建设了长征主题步道，再现了瑞金出征、遵义会议、飞夺泸定桥、过雪山、大会师等革命场景，为旅游者带来时空穿越感，延续了延安革命文物景观的完整性，形成更加完整的叙事故事线。

江西省红色军旅研学发展研究[①]

江西师范大学历史文化与旅游学院 刘爱华 王佳微

摘　要：在"大思政课"建设语境下，江西省利用自身厚重的红色资源，积极推动红色研学活动，经过多年的发展，已经逐步形成较为成熟、规范的军旅研学模式，推动其由参观型向实践型转化，在推动大中小学校学生接受系统的红色教育的同时，也对学生在凝练心智、锻造意志、增强体质及地区经济社会发展等方面有较好助力。当然，江西省红色军旅研学模式还存在红色资源联动少，价值利用较为薄弱，科技创新支撑不足，"红色"经济发展水平不高等问题。因此，江西省应立足省情，提炼特色，通过整合红色资源，优化军旅研学路线，充分利用融媒体传播，打造军旅研学名片等措施，进一步推进江西省红色军旅研学发展，以培养更多可担当民族复兴大任的时代新人。

关键词：大思政课；红色研学；军旅研学模式；科技创新；服务意识

中共中央、国务院印发的《中国教育现代化2035》指出："发展中国特色世界先进水平的优质教育。全面落实立德树人根本任务，广泛开展理想信念教育，厚植爱国主义情怀，加强品德修养，增长知识见识，培养奋斗精神，不断提高学生思想水平、政治觉悟、道德品质、文化素养。"[②] 在当前国

[①] 作者简介：刘爱华，江西师范大学历史文化与旅游学院教授，博士，硕士生导师；王佳微，江西师范大学历史文化与旅游学院2023级文化产业管理班本科生。

[②] 中共中央、国务院印发《中国教育现代化2035》[EB/OL].（2019-02-23）[2024-02-28]. 中国政府网.https://www.gov.cn/zhengce/2019-02/23/content_5367987.htm.

际形势动荡加剧，危机冲突此起彼伏的大变局下，理想信念教育尤为重要，践行社会主义核心价值观，厚植爱国主义情怀、家国情怀，离不开我们最大的底色、特色——红色文化。江西省作为中国革命的摇篮、共和国的摇篮、人民军队的摇篮，红色资源丰硕，在长期红色研学旅游活动中，逐步形成了较为成熟、规范的军旅研学模式。

一、"红色"富矿——军旅研学的温床

"我们要铭记革命历史、传承革命传统，并用以教育广大干部群众，教育一代又一代青少年"[①]。党的十八大以来，习近平总书记在湖南、贵州、福建等地考察调研时多次到访革命历史相关纪念场所，反复强调"要用好红色资源，传承好红色基因"[②]。要更好地传承红色基因，就需要推动"大思政课"建设，让学生在红色研学实践中深入体验红色文化，接受生动的爱国主义教育，增强家国情怀和文化认同。2023年6月27日，《中国青年报》一篇文章《融入红色资源，推进新时代"大思政课"建设》对红色资源的内蕴价值进行了剖析："红色资源包括革命遗物和遗址等物质资源、革命传统和文化等精神资源，承载着中国共产党的红色基因、红色传统和红色使命。要准确把握红色资源融入新时代'大思政课'的丰富内容，充分挖掘、运用好有形的物质资源和无形的精神财富。"[③] 当前，我国正处于世界百年未有之大变局、世界经济动荡调整加剧的历史进程中，重视红色文化，充分挖掘、利用好红色资源不仅是中国共产党的传统和特色，也是推进我国经济社会持续健康发展的方向盘和压舱石。

---

① 习近平. 论党的青年工作 [M]. 北京：中央文献出版社，2022：100.

② 习近平. 用好红色资源，传承好红色基因 把红色江山世世代代传下去 [EB/OL]. （2021-05-15）[2024-02-29]. 求是网. http://www.qstheory.cn/dukan/qs/2021-05/15/c_1127446859.htm.

③ 许玉久，赵彩萍. 融入红色资源 推进新时代"大思政课"建设 [N]. 中国青年报，2023-06-27（9）.

  江西省红色资源丰富，数量全、类型多、质量高，革命文物数量及价值位于全国前列，是一个宝藏丰饶、底蕴厚重且具有无限潜力的红色"富矿"。截至2022年，江西省不可移动文物共2960处，其中，全国重点文物保护单位42处193个点，省级文物保护单位432处772个点，市级文物保护单位69处，县级文物保护单位644处，一般文物点1768处；另外，"国保""省保"已经得到有效保护的897个点，正在保护的68个点。江西省96家国有单位收藏可移动革命文物38167件/套。江西省拥有革命题材的专题博物馆、纪念馆30家，其中，一级博物馆4家、二级博物馆6家、三级博物馆10家。江西省核对普查登记的红色标语共计10747条，其中，重要红色标语5123条（一类1197条、二类1554条、三类2372条），一般红色标语5624条。[①] 这些丰饶、厚重的红色资源，成为江西省自有的底色和特色，为其发展储备了殷实的"家底"，也成为其红色研学的重要文化资源和现实条件。军旅研学，作为红色研学的一种类型，是其发展与进阶，赋予其更加鲜明的红色特征、实践特征、时代特征，更能适应当前的红色研学需要。通过军旅研学活动，研学者在"拟境"中体验军旅生活，磨砺顽强意志，回顾红军历史，践行国防教育，从而进一步增强爱国情怀和家国情怀，增强红色文化认同。一言以蔽之，江西省丰富的红色资源给军旅研学的发展提供了有形的红色物质资源和无形的红色精神财富。

  当然，深挖红色资源，推进军旅研学，也是一种重要的人才培养模式，有助于培养一批心系祖国、胸怀大志、脚踏实地、有担当有作为的新一代青年，以更好地承担中华民族伟大复兴的伟业和使命。《新时代爱国主义教育实施纲要》提出："着眼培养担当民族复兴大任的时代新人，始终高扬爱国

[①] 肖刚，邹勇文，胡海胜，等.江西省红色旅游发展报告[C]//王金伟.红色旅游蓝皮书：中国红色旅游发展报告（2022）.北京：社会科学文献出版社，2023：252.

主义旗帜，着力培养爱国之情、砥砺强国之志、实践报国之行。"[①] 我们现正处于以中国式现代化推进中华民族伟大复兴的新征程中，保护好、利用好江西红色资源，讲好江西红色故事，推动江西红色文旅深度融合，助力江西革命老区高质量发展，已成为当前江西经济社会发展的重要任务和时代需求，作为红色研学发展新阶段的红色军旅研学模式具有广阔的发展前景、强劲的发展动力，推动其快速发展无疑将为未来江西经济社会发展赋予更多新活力和新能量。

二、江西省红色研学发展概况

研学旅行——一种有别于普通休闲旅游的改变传统课堂听讲教学的新教学模式，近十来年在全国各地广泛流行，甚至被纳入不少地区大中小学教育体系，逐渐成为我国"培养担当民族复兴大任的时代新人"的教育任务中不可或缺的一环。

中华人民共和国国家旅游局于2016年12月中下旬发布的《LB/T 054-2016 研学旅行服务规范》对研学旅行做出了权威定义：研学旅行（study travel），是以中小学生为主体对象，以集体旅行生活为载体，以提升学生素质为教学目的，依托旅行吸引物等社会资源，进行体验式教育和研究性学习的一种教育旅游活动。[②] 由此，"研学旅行"在大众视野之中逐年地崭露头角，逐渐被引入更多校园的教育体系之中。

[①] 中华人民共和国中央人民政府. 中共中央 国务院印发《新时代爱国主义教育实施纲要》[EB/OL].（2019-11-12）[2024-02-28]. 中国政府网.https：//www.gov.cn/zhengce/202203/content_3635424.htm.

[②] 科技教育司.旅游行业标准 LB/T 054-2016 研学旅行服务规范[EB/OL].（2016-12-19）[2024-02-28]. 中华人民共和国文化和旅游部.https：//zwgk.mct.gov.cn/zfxxgkml/hybz/202112/t20211231_930207.html.

（一）初步发展阶段

据《教育部等11部门关于推进中小学生研学旅行的意见》，江西省教育厅结合本省实际于2017年11月下旬发布了《关于推进全省中小学生研学旅行的实施意见》，为江西省研学旅行及其相关工作指明了发展方向，并制定了发展计划。文件明确提出了江西省研学旅行工作目标：结合我省特有的红色、绿色、古色文化，开发一批研学旅行活动的地方课程、校本课程；建设一批具有示范带动作用的省、市、县级研学旅行基地，打造一批具有影响力的省、市、县级研学旅行精品线路，让学生在研学旅行中传承红色基因、培养生态文明意识、弘扬优秀赣鄱文化。[①] 根据建设目标，2018年江西省公示了全省首批64处中小学研学实践教育基地名单，开始启动全省研学旅行建设工作。笔者根据"红色""绿色""古色""科技""教育综合"等五大类型对其进行了大致分类（见图1），其中"红色"类15个，如革命烈士纪念馆、安源路矿工人纪念馆、方志敏烈士陵园等，占23%；"绿色"类15个，如江西省鄱阳湖生态经济区规划馆、九连山保护区研学实践教育基地、百事通生态农业科技示范园等，占23%；"古色"类17个，如庐山白鹿洞书院、南昌市滕王阁景区、文天祥纪念馆等，占27%；"科技"类12个，如江西省科学技术馆、江西直升机科技馆、江西省测绘技术装备厅等，占19%；"教育综合"类5个，如南昌技师学院中小学生研学实践教育基地、景德镇陶瓷大学、江西旅游商贸职业学院研学实践教育基地等，占8%。从图中可见，红色资源仅次于古色资源，与绿色资源并列，成为江西省重要的文化底色和特色。

---

① 关于推进全省中小学生研学旅行的实施意见[EB/OL].（2017-11-21）[2024-02-28].江西省人民政府.https：//www.jiangxi.gov.cn/art/2017/7/13/art_5016_293033.html.

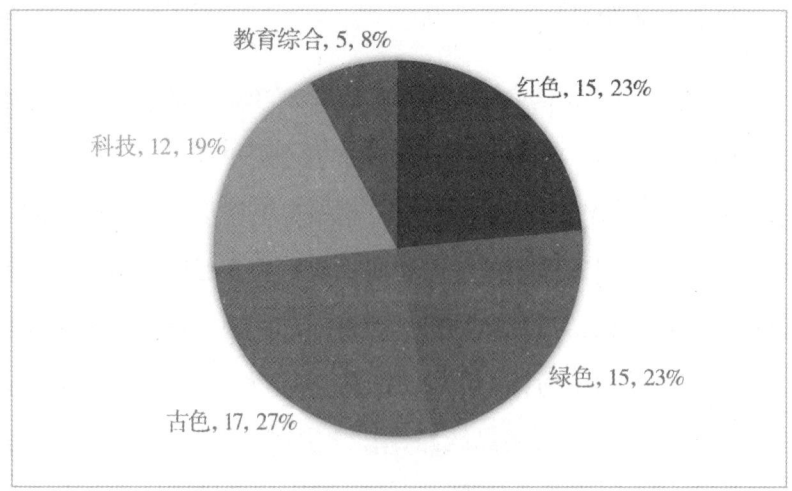

图1 江西省首批研学实践教育基地五类基地占比图
（图片来源：根据江西省首批研学实践基地数据制作）

该阶段，江西省不仅注意均衡利用全省特有的红色、绿色、古色文化资源，还向广大研学旅行者展示了部分工业、农业、商业科技发展成果。当然，整体而言，此阶段虽然推动了研学基地建设，但问题也很明显：各研学基地呈现"独美"的点状分布建设状态，研学内容较为空洞；展馆、园区等参观类基地居多，研学活动形式较单一。

（二）系统规范阶段

2021年7月28日，江西省《中小学研学旅行》系列标准发布，该标准着眼于基地（营地）认定、课程设置规范、组织实施规范和评价规范四个部分，全面规划了江西省中小学研学基地发展，具有很强的指导性、参考性和可操作性，推动了其工作的进一步系统化、规范化。该阶段，江西省红色研学课题令人瞩目，"红色文化""红色旅游"等名词与"红色研学"逐渐进入学界及大众视野。发布会上，江西省市场监督管理局标准化处副处长占文军谈到：本系列标准中最大的特色就是将江西的红色文化与研学旅行相结合。① 无独有偶，2022年江西省教育厅发布了《关于鼓励各级各类学校在省内开展研学旅行活动的通知（赣教基办函〔2022〕35号）》，其中明确提到要"利用革命纪念地、伟人故里、烈士陵园、长征纪念地、军事博物馆等打造红色之美主题研学线路"②。物华天宝，人杰地灵，在革命战争年代，江西人民在中国共产党的领导下，历经炮火浴血而生，江西这块地方、这座红色"矿山"拥有得天独厚的丰富红色资源。江西省关于红色研学的政策性推动，为红色研学基地建设、红色研学路线规划、红色研学内容拓展及红色研学价值深挖提供了充分条件、厚重底蕴和光明前景。

该阶段，红色研学逐步推进，稳中向好，发展态势喜人，可总结为以下三点：

1. 红色研学的教育性进一步凸显，研学模式由参观型向实践型转变

继往开来——2021年1月21日，江西省第二批中小学生研学实践教育基地名单公示，50个基地入选，其中包括南昌市小平小道陈云旧居陈列馆、江西省军盾国防教育中心等，"红色"特征得到进一步凸显。南昌市小平小道陈云旧居陈列馆等借助历史伟人风范，着眼国防教育课题，依托现有红色资源，创新研学活动形式，不仅开展了《精神的力量——小平小道》《信仰的力量——从邓小平的传奇人生感悟中国共产党人的初心》微党课互动课堂，还向广大游客公益播放电影《邓小平小道》，让游客能够沉浸式感受到一代伟人邓小平"人生沉浮坚守信仰"的伟大爱国情怀③。眼看，耳听，足

---

① 江西省《中小学研学旅行》标准 [EB/OL].（2021-07-30）[2024-02-29]. 江西省市场监督管理局（知识产权局）.http：//amr.jiangxi.gov.cn/art/2021/7/30/art_22468_3499010.html.

② 江西省教育厅. 关于鼓励各级各类学校在省内开展研学旅行活动的通知 [EB/OL].（2022-11-22）[2024-02-29]. 江西教育网 .http：//jyt.jiangxi.gov.cn/art/2022/11/22/art_25646_4239300.html.

③ 欧阳雨婷，吴潇远，刘彤. 深挖红色资源 厚植爱国情怀 [EB/OL].（2023-07-22）[2024-03-01]. 南昌新闻网 .https：//www.ncnews.com.cn/xwzx/ncxw/jrnc/202307/t20230722_1990509.html.

走——这三点使得小平小道有别于一般"红色"陈列馆的参观型俗套,催化了爱国情怀与国防教育之根在全龄段学子的心中扎稳、扎深。江西省军盾国防教育中心则依托"一馆二园三区四基地"的物质资源,集研学实践、军事训练、素质拓展、课程研发等多功能为一体,打造学军、学农、学工的"三学基地"名片,极大丰富了研学旅行内容,研学实践性、研究性特征明显。

2. 红色研学基地互通串联,研学范围延伸,由"点"及"线",营造红色研学旅行精品路线

该阶段,江西省文化和旅游厅参考本省资源实际打造了多条江西省研学旅游精品线路,其中,全长约834公里的"传承红色基因,赓续红色血脉"红色基因研学游是红色研学路线的代表①。按照该路线,研学者率先从南昌市铭记"打响武装反抗国民党反动派的第一枪"的八一起义纪念馆出发,接受恢弘历史的洗礼,回忆共产党发展壮大的磅礴历程,途径萍乡安源路矿工人运动纪念馆、永新三湾改编旧址和井冈山,深入观察与体会工农革命之不易,紧接着参观兴国·苏区干部好作风纪念馆、

图2　"红色基因游"路线图
(图片来源:根据高德地图制作)

于都·长征第一渡口,最后抵达"红色故都"瑞金,深度认知伟大长征精神、传续伟大精神谱系。红色研学精品路线的规划,使得原先各自"独美"的红色研学实践教育基地合理串"点"联"线",相互借鉴,一"线"共进。

---

① 江西省旅游线路之研学旅游精品线路[EB/OL].(2022-11-16)[2024-02-16].中国青年网.https://tour.youth.cn/xw/202211/t20221116_14134247.htm.

3. 红色研学基地内部逐渐发展完善，研学内容拓展，由"点"及"面"，打响研学基地名号

"井冈山"作为中国第一个农村革命根据地所在地，被誉为"中国革命的摇篮"，其所承载的厚重革命历史让其自身的红色价值在红色研学做大做强的语境下熠熠生辉。井冈山红色资源丰富，革命旧居、旧址和文物，革命历史遗迹、遗物陈列馆和革命历史人物纪念馆等静态性红色资源遍布全境。据统计，截至2017年，井冈山迄今保存下来的100多处革命旧址遗迹，其中有21处被列为中国重点文物保护单位，6处被列为省级重点文物保护单位，35处被列为市级重点文物保护单位。[1]现如今，井冈山已形成"红色、军事、农耕、国学"四合一文化体系，构筑"现场教学、体验教学、情景教学、访谈教学、红色歌曲教学、专题教学"六大教学模式，拓展故事、舞台剧、采茶戏等多种研学内容，制定一天至五天不等的研学日程计划，联动研学范围内医疗保障机构与安全应急机构，开展政治性"红培教育"，对接全龄段研学者。《红色旅游蓝皮书：中国红色旅游发展报告（2022）》的指数报告对全国各省（区、市）红色旅游发展指数及全国18个红色旅游重点城市红色旅游发展指数进行了统计，其中《中国红色旅游发展指数报告》显示江西省红色旅游发展总指数位居全国第十位，其中红色旅游资源发展指标、旅游发展生态环境指标、红色旅游发展基础三个指标分别位列全国第五位、第七位和第十位。[2]井冈山市作为红色旅游重点城市，其旅游发展生态环境指标、红色旅游发展资源指标分别排名第一位和第六位；[3]其中《中国红色旅游网络热度报告》显示井冈山市红色旅游网络热度综合值0.337883061，

---

[1] 李艳红.井冈山：红色热土 壮丽河山[EB/OL].（2017-05-10）[2024-02-16].半月谈网.http://www.banyuetan.org/chcontent/hswh/hsjs/201754/226357.shtml.

[2] 王金伟，曹淑婷，刘旸，等.中国红色旅游发展指数报告[C]// 王金伟.红色旅游蓝皮书：中国红色旅游发展报告（2022）.北京：社会科学文献出版社，2023：25-28.

[3] 王金伟，曹淑婷，刘旸，等.中国红色旅游发展指数报告[C]// 王金伟.红色旅游蓝皮书：中国红色旅游发展报告（2022）.北京：社会科学文献出版社，2023：35.

排名第五位。① 以上数据表明江西省及井冈山市红色旅游发展指数整体较好，江西省红色研学旅行发展形势亦不错，已在国内"吸睛出圈"。

（三）军旅研学模式阶段

1. 军旅研学现状

经系统规范后江西省红色研学旅行发展紧扣时代命题，联系新时代"大思政课"建设实际，红色军旅研学模式成为研学新航标。

2022年7月，我国教育部等十部发文《全面推进"大思政课"建设的工作方案（教社科〔2022〕3号）》，强调要善用社会大课堂，积极建设"大思政课"实践教学基地；大中小学要主动对接各级各类实践教学基地，开发现场教学专题，开展实践教学。② 在"大思政"课题下，红色革命文化"炙手可热"，红色研学推陈出新，军旅研学模式成为红色研学的"尖兵"和"重头戏"。2023年4月14日，江西省教育厅发布了第三批研学实践教育基地名单，新余市兵锋国防教育基地、兴国红领巾少年军校研学实践教育基地、井冈山沃土胜境研学实践教育基地等发展军旅研学模式的实践教育基地赫然在列（见表1）。表格直观反映出：以军旅研学模式为发展方向的红色研学实践教育基地得到快速发展，占第三批省级红色研学基地半数以上，军旅研学模式成为红色研学实践教育基地发展建设的新风尚。

---

① 王金伟，张宏，周志华.中国红色旅游网络热度报告[C]// 王金伟.红色旅游蓝皮书：中国红色旅游发展报告（2022）.北京：社会科学文献出版社，2023：49.

② 教育部等十部门关于印发《全面推进"大思政课"建设的工作方案》的通知[EB/OL].（2022-07-25）[2024-03-01].中国政府网.https：//www.gov.cn/zhengce/zhengceku/2022-08/24/content_5706623.htm.

表1 江西省第三批红色研学类实践教育基地名单

军旅研学模式基地	非军旅研学模式基地
柴桑区老屋农庄岷山红色文化园研学实践教育基地	安源红领巾少儿研学实践教育基地
新余市兵锋国防教育基地	赣州方特东方欲晓研学实践教育基地
瑞金红源记忆研学实践基地	万载县仙源湘鄂赣红色研学实践教育基地
兴国红领巾少年军校研学实践教育基地	井冈山市青少年求实研学实践教育基地
井冈山沃土胜境研学实践教育基地	永新县大井冈研学实践教育基地
井冈山红圣研学实践教育基地	

（信息来源：江西省各研学实践教育基地官网）

相关研学实践教育基地建设是基础，与时代命题相扣的元素融合则为军旅研学模式的发展提供方向与保障。当下，军旅研学发展与乡村振兴的时代课题紧密结合，如井冈山市葛田乡古田村、拿山镇长路村等地方村落，依托、改造现有培训资源与地方住宅开展红色培训、打造特色民宿，牵联湘赣研学之路的同时丰富了原有研学内容[①]；柴桑区老屋农庄岷山红色文化园研学实践教育基地依托军旅研学，打造"红色名村"，在村党支部建设、村级集体经济收入、乡风文明制度、村容村貌等方面的建设上均与红色资源结合，得到了显著改善。习近平总书记在党的十九大报告中提出"农业农村农民问题是关系国计民生的根本性问题，必须始终把解决好'三农'问题作为全党工作的重中之重，实施乡村振兴战略"[②]。红色军旅研学模式的发展给研学基地周边村落带来"村企民"合作共赢的局面，为乡村振兴描绘了浓墨重彩的一笔。此外，该阶段下，红色军旅高质量发展也与科技创新环环相扣。《红色旅游蓝皮书：中国红色旅游发展报告（2022）》指出：要加大数

---

① 李璐，何青，王进文.穿行湘赣边 | 井冈山：发展红色研学 打造没有围墙的"红色学院"[EB/OL].（2021-06-21）[2024-03-01].湖南频道.https://hn.rednet.cn/content/2021/06/21/9570045.html.

② 习近平.高举中国特色社会主义伟大旗帜 为全面建设社会主义现代化国家而团结奋斗——在中国共产党第二十次全国代表大会上的报告[EB/OL].（2022-10-25）[2024-03-01].中国政府网.https://www.gov.cn/xinwen/2022-10/25/content_5721685.htm.

字红色新型基础设施建设,支持以5G、云计算、物联网、北斗导航、虚拟现实、AI、VR、区块链等为代表的新型红色文旅基础设施建设,推动红色旧址、纪念设施数字化升级改造。①诚然,"科学技术是第一生产力"同样适用于红色军旅研学领域,2023年2月16日,井冈山红色文化教研基地有限责任公司承接了由1100余人组成的大型红色教育培训团队,应用AR视效等技术手段向其陈展,丰富改善了单一的研学参观体验;同年3月23日,井冈山市委红色教育基地运用全息成像技术向研学者呈现了一堂《永恒的信仰——跨越时空的对话》沉浸式互动教学课程。②科技手段与军旅研学模式相结合实现技术与模式双创新,既是"套牢"全省大中小研学客群的"密码锁",亦是吸引省外红色文化研学客群的"迎客松"。运用科学技术还原时代风貌、伟人风骨,才能更完整地呈现研学异于传统课堂教学的魅力,更有效地实现研学者经此一游的研究性目的。

2. 军旅研学现实意义

军旅研学作为新阶段的一种红色研学旅行方式,更加强调研学的参与性、体验性、互动性、教育性,适应了"大思政课"的发展需求,具有突出的现实意义。

(1)促进国防教育与爱国主义教育紧密结合,有利于红色基因传承。军旅研学注重"复原"军旅场景,让学生"体验"革命先烈经历的困难,从而与历史、革命先烈形成共鸣,增强国防教育效果,弘扬爱国主义精神,增强家国情怀,更好传承红色基因,践行社会主义核心价值观,担负中华民族伟大复兴使命。

(2)红色军旅凝练心智、锻造意志、增强体质,有利于学生综合能力培

---

① 肖刚,邹勇文,胡海胜,等.江西省红色旅游发展报告[C]// 王金伟.红色旅游蓝皮书:中国红色旅游发展报告(2022).北京:社会科学文献出版社,2023:258.

② 江西井冈山:拓宽红培教育路径[EB/OL].(2023-04-19)[2024-03-01]..https://www.163.com/dy/article/I2NCCT550553D3JS.html.

养与提升。军旅研学模式作为一种军旅生活的"模拟化",对研学者即学生的行为要求较高,有助于增强学生身体素质,培养其吃苦耐劳精神,磨炼其意志品质。

(3)发挥红色资源经济效益,推动其与经济社会融合发展、互促互就。红色资源不仅具有社会效益,可以激发学生的爱国热情,增强民族文化认同,还具有较好的经济效益,加强红色资源的整合,优化军旅研学线路,积极利用先进成果,促进其与经济社会发展的关联互动,促进两者融合发展,有助于区域经济社会发展。

三、江西省军旅研学模式现存问题

(一)红色资源联动少,价值利用较为薄弱

据江西省文化和旅游厅数据显示,截至2020年年底,全省共有不可移动革命文物2 960处,可移动革命文物43 650件(套),其中珍贵文物9 759件(套);拥有全国爱国主义教育示范基地20处,国家级抗战纪念设施、遗址6处,已备案的革命专题博物馆、纪念馆30家,其中国家等级博物馆20家。在中央宣传部、国家文物局等四部委公布的革命文物保护利用片区分县名单中,江西省有11市87县(市、区)分两批列入9个片区,是全国入选数量最多的省份[①],每一件革命文物、每一处革命场馆、每一句革命历史讲解都能直观地与研学者的心灵对话,引导研学者回顾与思考中国艰苦卓绝的革命岁月。但相对而言,军旅研学整体效益不明显,红色资源联动少,难以形成具有吸引力、感染力、品牌力的军旅研学线路或品牌。即便是动态性的军旅研学活动,也多以煮南瓜粥、模拟枪械射击、军训等常规活动为主,体验性有所强化但创新性、教育性、思想性远远不足,红色资源利用较

---

① 闫红菊.江西省红色旅游景区网络外宣现状调查探究[J].旅游纵览,2023(17):156-158.

为薄弱。

（二）科技创新支撑不足，"红色"经济发展水平不高

据《红色旅游蓝皮书：中国红色旅游发展报告（2022）》显示（见表2），江西省红色旅游发展基础指标排名全国第十名，前九名依次为山东省、江苏省、河南省、广东省、四川省、陕西省、浙江省、河北省、贵州省。江西省的红色旅游发展资源指标甚至排名全国第五位，但在创新支撑指标上，排名则较为靠后。这个指标反映了江西省红色旅游发展的创新能力比较落后。创新能力的匮乏导致研学基地的服务水平、服务能力滞后，吸睛度也不够，从而在客流量的比拼上竞争力亦显不足。这也成为江西省未能上榜2022年我国红色旅游经济发展水平排名前十五的重要原因之一。

表2 各省（区、市）红色旅游发展具体指数排名

省（区、市）	旅游经济发展水平		红色旅游发展基础		红色旅游发展资源		旅游发展创新支撑		旅游发展生态环境	
	指数	排名	指数	排名	指数	排名	指数	排名	指数	排名
湖南省	15.90	10	59.79	12	100.00	1	39.10	14	57.75	10
福建省	41.23	5	56.44	14	99.65	2	39.35	13	76.71	2
江西省	7.17	23	72.17	10	68.69	5	33.87	15	63.47	7

（数据来源：摘录王金伟主编《红色旅游蓝皮书：中国红色旅游发展报告（2022）》，社会科学文献出版社2023年版部分数据而制作）

湘赣闽旅游区是我国十二个重点红色旅游区之一，历经革命年代的炮火洗礼，具有红色资源圣地的美名。然而剖析湘、赣、闽三地的红色旅游发展状况可知，江西省的红色旅游经济发展水平与发展创新支撑远远弱于湖南、福建两省，这无疑与江西省"红色摇篮"之盛名不相称。就湘赣闽旅游区而言，科技创新的落后，也使江西省在红色文化资源的创新利用与发展、红色研学客群短期吸引及长期深耕，以及本省红色文旅产业的知名度、美誉度等相关领域受到一定的影响，甚至可能影响江西省红色文化事业与红色文化产

业的长远发展。

（三）各地红色资源分布不一，军旅研学发展态势不均衡

前文已述，井冈山市的军旅研学状况形势较好，军旅研学模式成为其旅游研学的重要特色和品牌。当然，由于各地红色资源分布不一，军旅研学模式并不具备普适性。如南昌市，作为江西省省会，市区多分布革命人物、革命物件或革命事件的纪念馆、陈列馆、革命遗址及相关建筑等静态红色资源，故南昌市发展红色研学多数为参观型，难以向实践型的军旅研学模式转变。

表3 江西省南昌市三批省级红色研学类实践教育基地名单

首批	江西省博物馆、江西省革命烈士纪念馆、方志敏烈士陵园、江西省档案馆、江西省方志馆
第二批	江西省图书馆、江西省美术馆、南昌市小平小道陈云旧居陈列馆、南昌新四军军部旧址陈列馆
第三批	无

（信息来源：根据江西省文化和旅游厅官网相关资料整合而成）

（四）红色文化传播形式老套，军旅研学社会影响力尚弱

一般理念上，研学旅行离不开政府的大力支持、推进，其宣传推介也更多依赖于官方网站、投稿或各大新闻网站等官方渠道，而融媒体时代的今天，大众所关注的信息却往往由各大短视频平台根据用户个人偏好和视频热度推送。在这样的背景下，如何更好利用大数据、融媒体就成为各省旅游研学传播的重要选择和发力渠道，遗憾的是，江西省军旅研学的"吸睛指数"并不高。笔者通过登录抖音、西瓜视频、bilibili等当下主流视频平台搜索"江西省研学""井冈山研学"等类似字样时，虽发现了不少相关视频与官方账号，但普遍存在视频浏览量低（个位数遍及、最多也仅达到几十万）、官方账号关注人数少、视频宣传仍基于官方介绍层面等共性现象，导致江西

省各级研学基地在"各显神通"的融媒体传播竞争中被"深埋"或长期"潜伏",缺乏活力与生机,社会影响力较弱。

四、关于江西省军旅研学模式发展的几点建议

江西省军旅研学模式起步较早,模式较为成熟、规范,尽管与红色旅游发达省份相比,仍有一定距离,但有效整合、利用其红色资源,提炼其特色禀赋,抓住"大思政课"发展机遇,推动其军旅研学模式健康、快速发展,仍是切实可行的。

(一)整合红色资源,优化军旅研学路线

针对江西省各地市红色资源类型不均衡现象,自然可以根据自身资源禀赋、特色,推动各自红色研学旅行发展,但孤立发展对于全省红色研学旅行来说,不利于其整体效益、影响力,因此,笔者认为,就江西省军旅研学模式整体发展而言,整合红色资源,优化研学路线尤为显得重要。政府要持续关注基地立项与精品路线规划,确立参观型与实践型研学基地融合编排,持续性输出政策导向。为实现"聚零为整",不妨跳出注重单个军旅研学基地发展的思维,将驻军营区、国防教育基地、抗战历史遗迹、参观纪念场馆等多种类型的研学活动场所整合起来,优化编制成精品路线,形成全省军旅研学资源区块链,打造多体验综合研学路线,平衡军旅研学的教育性、体验性、研究性及娱乐性。

(二)增加政府经济投入,支撑研学基地发展

在全国首部以革命文物为主题的省级地方性法规《江西省革命文物保护条例》的新闻发布会上,江西省人大常委会法工委副主任刘永亮指出:"与新时代革命文物保护要求相比,我省革命文物保护工作还存在不足,大量革命旧址历经风雨侵蚀、自然损毁,保护状况不容乐观,急需修缮;不少馆藏

革命文物由于保存设施简陋、保存条件差,急需修复。"① 革命文物作为红色基因赓续的物质载体,其精神文化、社会教育价值更为突出,其经济效益相对较弱,因而其主要保护经费理应由政府承担。此外,军旅研学模式强调研学者的体验性,随着更多红色研学实践教育基地朝军旅研学模式转变和发展,研学基地科技设备的更新、军旅项目的开展与相关场景建设等也需要政府的拨款投入,以更好提升红色教育的效果。《红色旅游蓝皮书:中国红色旅游发展报告(2022)》对各省(区、市)红色旅游发展指数进行了分析,江西省红色旅游发展总指数为37.55,超过我国各省整体平均指数33.79,排名全国第十位②,这个成绩就全国范围来说还算不错,但与江西省红色资源数量、在革命战争年代的地位仍不相称。因此,经济支撑不缩水,是江西省红色研学乃至军旅研学模式持续发展、优化升级的重要支撑和发展基础。

(三)加强研学服务意识,注重客群反馈建议

研学旅行是大中小学教育体系里不可或缺的一环,省内学生群体是一省研学旅行的主要客群。目前,江西省不少知名军旅研学实践教育基地已意识到深耕长期客群的重要性。瑞金红源记忆研学实践基地于2019年10月便开始对外营业,如今该基地根据学生的年龄特征、学段要求编制《研学手册》,明确了不同年龄段研学者的研学内容和目标,同时,还编制了多条研学线路供大中小学的研学者自主选择。江西省赣州市的兴国红领巾少年军校研学实践教育基地提出了研学实践的"四化"要求,即"常态化、本土化、全员化、规范化",原则上要求各中小学每学期至少组织1次县内研学实践

---

① 《江西省革命文物保护条例》新闻发布会在南昌举行[EB/OL]. (2021-12-29)[2024-03-02]. 江西省人民政府.https://www.jiangxi.gov.cn/art/2021/12/29/art_5862_3808504.html.

② 王金伟,曹淑婷,刘旸,丁宁.中国红色旅游发展指数报告[C]// 王金伟.红色旅游蓝皮书:中国红色旅游发展报告(2022).北京:社会科学文献出版社,2023:25.

活动研学旅行，充分利用了县内研学客群资源。加强客群服务意识，联系长期研学客群，在保证研学基地自身维系营业的同时还能够打通市场信息"孤岛"，发挥互联互通效应，更直接地把握研学市场需求，助推本省各级军旅研学基地创新发展。

（四）充分利用融媒体传播，打造军旅研学名片

2023年8月19日，一场盛大的观影典礼在江西湖口举行；2024年1月13日，该片——《江豚风时舞》在南昌举办首映礼。《江豚风时舞》由江西文演影视传媒有限公司、深圳市环球数码影视文化有限公司，江西省湖口县石钟山文化旅游发展集团有限公司、佛山环球数码媒体有限公司、保利影业投资有限公司、北京环鹰时代文化传媒有限公司、九江长投影业有限公司联合出品，是国内第一部以长江生态为主题、以长江江豚为主角的动漫电影，对长江江豚保护这个重要环保议题做了重要的宣传作用。该电影是江西省既聚焦年轻群体关注热点又具有官方宣传内蕴的全新宣传形式的首次尝试，虽然在故事推进、人物感情变化和成长、关键情节推动等方面存在问题，但其主创在制作中对科普细节和现实问题的关注江西省利用时兴热点转化宣传方式的行为仍然可喜。同样地，军旅研学模式的"出圈"亦是红色研学旅行当下的时兴热点，因此，创新思维，移花接木，有效利用网络平台与媒体技术设计本省军旅研学动漫形象，编制国风、Q版等吸睛风格的宣传动画或与网络平台大流量旅游博主联动，打通初期传播壁垒，都是打造江西省军旅研学名片的可资借鉴的优质渠道。

（五）举办相关红色竞赛，挖掘高校学生力量

2019年2月，中共中央、国务院印发《中国教育现代化2035》，聚焦教育发展的突出问题和薄弱环节，立足当前，着眼长远，重点部署了面向教育现代化的十大战略任务，其中提到要"提升一流人才培养与创新能力""加

强创新人才特别是拔尖创新人才的培养"。[①] 高校学生是社会力量的储备军，面向全省或全国开展军旅研学相关竞赛能够在贯彻落实我国现代化教育战略的同时调动高校学生群体的力量。红色军旅模式的推广、发展，人才是关键，而人才之重则在高校，因此，江西省红色军旅研学应重视大学生群体，积极发挥青年群体的聪明才智，"夫参署者，集众思，广忠益也"[②]，通过举办相关红色竞赛等活动，促进大学生感受、思考红色文化，深化红色文化认知，创新设计红色文创产品，融入红色文化实践之旅，推动创新人才培养与红色军旅研学融合发展。

[①] 中共中央、国务院印发《中国教育现代化 2035》[EB/OL].（2019-02-23）[2024-03-02]. 中国政府网 .https : // www.gov.cn/zhengce/2019-02/23/content_5367987.htm?eqid=d7b0ad2f00014a7a0000000664564133.

[②] 陈寿 . 三国志·下 [M]. 裴松之，注 . 天津：天津古籍出版社，2009：559.

基于红色资源视角的石家庄红色城市品牌打造研究①

石家庄学院　陆相林

摘　要：红色资源近年来受到党和国家的高度重视。厘清红色资源的概念、分类，继之开展系统调查与科学评价，对于打造红色品牌，实现经济高质量发展极为必要。本研究在明晰红色资源概念、红色资源分类的基础上，分析了石家庄市打造红色城市品牌的良好基础，从红色资源系统调查、红色资源评价指标体系构建、红色城市品牌构建策略三个方面提出红色城市品牌打造的建议。

关键词：红色资源；红色城市品牌；石家庄市

一、引言

红色资源集中体现了中国共产党领导下的中国人民英勇的革命精神和激昂的建设豪情，在精神引领、教育激励、文化砥砺等方面都具有十分重要的价值，是我党领导全国人民开创复兴伟业的精神源泉。习近平总书记高度重视红色资源的科学保护和有效运用[②③]，指出红色资源是我党艰苦卓绝奋

---

① 作者简介：陆相林，博士，石家庄学院教授，硕士生导师，主要从事区域经济研究。
② 习近平. 用好红色资源，传承好红色基因，把红色江山世世代代传下去 [J]. 求是，2021（10）：4-10.
③ 习近平. 用好红色资源赓续红色血脉努力创造无愧于历史和人民的新业绩 [J]. 求是，2021（19）：4-9.

斗历程的充分见证和最宝贵的精神财富，多次强调要利用好红色资源、发扬好红色传统、传承好红色基因[1]，形成了新时代红色资源保护管理的理论框架[2]。

河北省"十四五"规划提出通过"大力弘扬西柏坡精神""发展红色旅游""促进文化和旅游融合发展"等措施，实现"建设建成文化强省"目标。河北省是红色资源大省，做好红色资源的规划引领、整合红色资源、挖掘内涵、打造特色品牌对于河北省实现文化强省目标极为重要。因此，本文在明晰红色资源概念、红色资源分类的基础上，分析了石家庄市打造红色城市品牌的资源现状，从红色资源系统调查、红色资源评价指标体系构建、红色城市品牌构建策略三个方面，提出打造石家庄红色城市品牌的建议，成果对于石家庄国际化、现代化美丽城市建设和河北省文化强省建设有一定借鉴意义。

二、国内外研究综述

红色资源相关研究集中于红色资源概念界定、分类和运用途径等方面。

（一）红色资源的概念界定

有关何为红色资源，主要观点包括主体范围观、时间范围观、载体观和习近平红色资源观等。

（1）红色资源的主体范围观认为，红色资源应分为广义与狭义两个视角加以探讨。广义上的红色资源是指一切顺应历史大势、凝结爱国主义精神、记述革命活动的人文实体及内蕴精神[3]；狭义上的红色资源是指在中国共产

---

[1] 曹智，李大伟. 贯彻全军政治工作会议精神 扎实推进依法治军从严治军[N]. 人民日报，2014-12-16（1）.

[2] 冯雅，吴寒，李刚. 论习近平红色资源观[J]. 图书馆论坛，2022，42（1）：1-12.

[3] 谭冬发，吴小斌. "红色资源"与扶贫开发[J]. 老区建设，2002（7）：44-45.

党领导下的革命、建设和改革实践活动中所形成的人文实体及内蕴精神[1]，该视角突出强调了共产党领导这一主体范围。

（2）红色资源的时间范围观认为，"红色资源"的时间范围经历了仅包含革命战争时期[2]——新民主主义革命至改革开放之间[3]——新民主主义革命至社会主义现代化建设时期[4]三个阶段的演变。

（3）红色资源的载体观体现了学者对于红色资源载体的认识差异，郭晓平[5]认为精神内涵是红色资源的核心载体；李实[6]则认为，红色资源的载体是红色精神和红色实体的统一；徐艳萍[7]认为，红色资源载体表现为革命斗争遗址（遗存）、革命与建设纪念场馆标志物、革命与建设事迹、革命历史和革命精神等。

（4）冯雅等人[8]对习近平关于红色资源的讲话进行了系统梳理，提出了"习近平红色资源观"概念，从红色资源价值观、红色资源保护观、红色资源运用观等方面加以阐释，并从时代背景、思想来源、实践经验、个人红色情怀与工作经历等视角分析其生成发展的逻辑与依据。

综上所述，本研究认为，红色资源表现出物质和精神双重综合属性，是中国共产党领导全国各族人民在革命、建设和改革实践活动中所形成的井冈山精神、延安精神、西柏坡精神等红色精神载体，以及反映各种红色精神的

---

[1] 李贤海，李文瑞. 对"红色资源"概念界定的思考 [J]. 井冈山大学学报（社会科学版），2011，32（3）：19-22，57.

[2] 李康平. 红色资源研究与高校思想政治教育 [J]. 高校理论战线，2007（6）：43-45.

[3] 朱小理，胡松，杨宇光."红色资源"概念的界定 [J]. 井冈山大学学报（社会科学版），2010，31（5）：16-20.

[4] 肖发生. 定位与提升："红色资源"的再认识 [J]. 井冈山学院学报，2009，30（1）：19-23，27.

[5] 郭晓平."红色资源"的主体是精神 [J]. 中华魂，2005（2）：58-59.

[6] 李实. 准确认识"红色资源"的丰富内涵 [J]. 政工学刊，2005（12）：23.

[7] 徐艳萍. 利用红色资源加强青少年革命传统教育 [J]. 当代青年研究，2008（5）：23-26.

[8] 冯雅，吴寒，李刚. 论习近平红色资源观 [J]. 图书馆论坛，2022，42（1）：1-12.

革命斗争遗址（遗存）、革命与建设纪念场馆标志物、革命与建设事迹等物质载体。

(二) 红色资源分类

学者多从红色文化资源分类[①②]或者红色旅游资源分类视角[③]展开，当前尚无直接对红色资源分类展开研究的成果。综合前人观点，本研究提出如下三种红色资源的分类方式。

1. 基于国家旅游资源分类标准的红色资源分类

在我国国家标准《旅游资源分类、调查与评价》（GB/T18972-2003）中，没有直接与红色资源分类相关的条目。因此，本文结合旅游资源分类的国家标准，以及红色资源分类实情，总结得到基于国家旅游资源分类标准的红色资源分类，如表1所示。

表1 基于国家旅游资源分类标准的红色资源分类

一级指标	二级指标	基本类型
遗址遗迹红色资源	社会经济文化活动遗址遗迹	历史事件发生地
		军事遗址与战场
建筑与设施红色资源	综合人文旅游地	名人故居与历史纪念建筑
	居住地与社区	陵区陵园
	归葬地	墓（群）
人文活动红色资源	人事记录	人物事件

2. 基于红色产品开发类型的红色资源分类

基于红色产品开发类型将红色资源分为6类，如表2所示：

---

① 李凌云，兰颖松，张克坚，等. 河北省红色文化生态体系研究——以石家庄市为例[J]. 河北省社会主义学院学报，2010（1）：56-60.

② 罗永忠. 石家庄红色文化资源挖掘、整合和传播路径探析[J]. 传媒论坛，2021，4（24）：131-132.

③ 方世敏，邓丽娟. 红色旅游资源分类及其评价[J]. 旅游研究，2013，5（1）：36-40.

表2　基于红色产品开发类型的红色资源分类

类型	类型描述	表现形式及示例
革命英雄故里	伟人（英雄）出生、生活成长地（或祖籍所在地）	伟人（英雄）故居、活动旧址、遗迹（遗物）以及其他与非物质口头讲述等，如毛泽东、李大钊等伟人（英雄）故居旧居等
革命事件（活动）旧址	革命战争、历史事件、重要革命机构及活动旧址、遗存等	石家庄市的陈庄歼灭战旧址、西柏坡中共中央旧址、中共中央七届二中全会会址等
烈士陵园/墓碑（群）	为纪念革命烈士而修建的陵园、陵墓、纪念碑（群）等	华北军区烈士陵园、晋冀鲁豫烈士陵园等
综合性的革命历史纪念馆	为纪念某段重要历史，基于原有红色资源进一步拓展建设的综合性纪念馆及收藏物、纪念碑等	西柏坡纪念馆、前南峪抗大陈列馆、白求恩柯棣华纪念馆、沕沕水发电厂、石家庄解放纪念碑等
重大标志性建设成就建筑	为纪念我国重大建设成就建造的标志性建筑物、博物馆等	正定国家乒乓球训练基地、塞罕坝机械林场、河北省博物馆等
红色口头与非物质文化遗产	有关革命历史或事件的故事讲述（记述）、红色文艺（传说）等，表现出极强的感召力和时代精神	英雄王二小、小兵张嘎等

3. 依据红色资源所处历史时期进行划分

依据红色资源所处历史时期，划分为：革命战争时期（1921年—1949年）、革命战争时期（1921年—1949年）、社会主义建设时期（1949年—1978年）、改革开放时期（1978年至今）的红色资源。

（三）红色资源的运用途径

运用途径方面，刘海洋等人[①]将红色旅游开发模式划分为景区联动开发

---

① 刘海洋，明镜.红色旅游：概念、发展历程及开发模式[J].湖南商学院学报，2010，17（1）：66-71.

模式、社区参与模式和体验教育模式；黄莉等人[①]构建了基于G1-熵权法的地域性红色文化旅游资源评价指标体系；张迪等人[②]关注了红色资源的传播，并以内蒙古为例加以实证；张艳红等人[③]探索了东北地区红色资源信息库建设问题；刘亚青等人[④]总结了淮海大战纪念馆的经验模式，包括：档案研究与开发，发展格局成体系、具规模、富特色、有影响的"一会两中心"研究平台建设，打造爱国主义教育、党性教育、红色教育大本营品牌；王洪春，等人[⑤]则提出，红色资源开发利用必须坚持教育本位；李凌云等人[⑥]从红色文化生态体系视角梳理了石家庄市典型红色资源；罗永忠[⑦]对石家庄红色资源挖掘、整合和传播路径进行了初步探讨。

整体而言红色资源研究在理论层面已经取得了较为丰硕的成果，但在系统梳理红色资源谱系，突出应用、打造地方特色，实现红色资源优势向红色地方品牌过渡、向红色经济社会高质量发展转换方面的相关研究相对欠缺。

[①] 黄莉，邓诗靖，周芷秀，等.基于G1-熵权法的地域性红色文化旅游资源评价指标体系构建[J].宁德师范学院学报（哲学社会科学版），2021（4）：42-50.

[②] 张迪，崔燕.红色文化旅游资源的挖掘与传播——基于内蒙古红色资源的解读[J].社会科学家，2020（7）：63-68.

[③] 张艳红，路兴昌，温世博，等.东北地区红色资源信息库建设中的思政元素与应用[J].南京师大学报（自然科学版），2021，44（S1）：108-114.

[④] 刘亚青，程伟.激活红色资源打造红色名片[J].中国档案，2019（6）：36-37.

[⑤] 王洪春，徐群，赵东来.红色资源开发利用必须坚持教育本位——对几种不良现象的剖析[J].毛泽东邓小平理论研究，2021（11）：25-30，108.

[⑥] 李凌云，兰颖松，张克坚，等.河北省红色文化生态体系研究——以石家庄市为例[J].河北省社会主义学院学报，2010（1）：56-60.

[⑦] 罗永忠.石家庄红色文化资源挖掘、整合和传播路径探析[J].传媒论坛，2021，4（24）：131-132.

三、石家庄市红色资源现状分析

（一）石家庄主要红色资源数量及在河北省中的地位

河北省曾是晋察冀革命根据地的重要组成部分，石家庄市作为晋察冀边区的一部分，被学术界公认为是中国近代革命史的天然博物馆，党中央在此召开了七届二中全会，指挥了闻名中外的三大战役。河北有30处红色景区列入全国红色经典景区名录，占比全国10%。然而，根据近些年的红色资源统计显示（见表3和图1）：石家庄市红色资源数量尽管位居全省前三，但并未位居第一位，与排名第一的保定差8个百分点，与排名第二的唐山也相差3个百分点，并未体现石家庄市作为历史上重要革命城市的真实实力，石家庄市红色资源发掘任重道远。

表3 河北省红色资源数量统计（截至2021年1月）

城市	红色资源数量	红色资源数量占比（/%）	排名
保定	40	20	1
唐山	30	15	2
石家庄	24	12	3
邯郸	20	10	4
沧州	18	9	5
张家口	17	9	6
秦皇岛	16	8	7
承德	13	7	8
邢台	11	6	9
衡水	6	3	10
廊坊	4	2	11

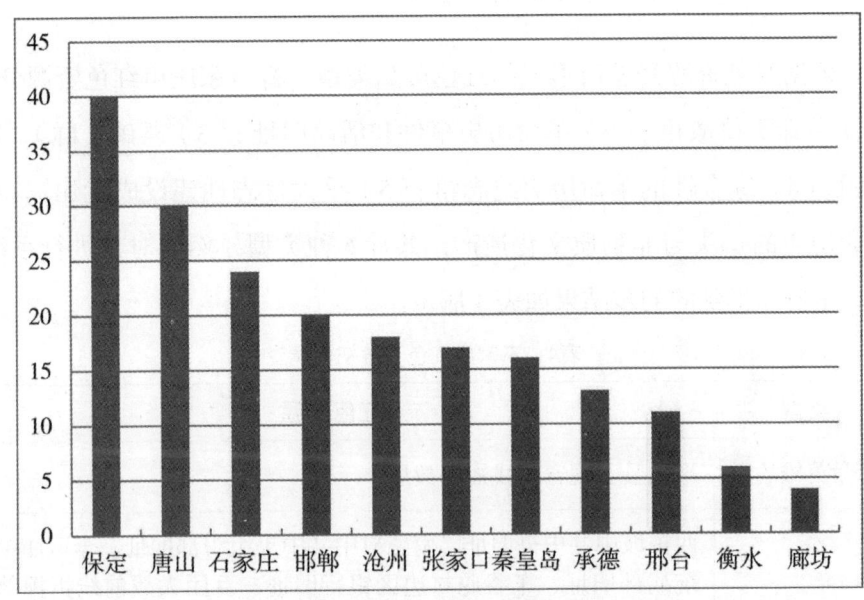

图1 河北省各市红色资源数量排名柱状图

（二）石家庄红色资源开发利用存在的突出问题

虽然石家庄红色资源丰富，且在开发利用方面做出了一定努力，但也存在部分问题：高质量红色资源发掘不充分、不系统，现有成果集中于核心红色资源如西柏坡，对其他核心红色资源如华北烈士陵园等发掘不够；重视革命时期红色资源，忽视其他时期的红色资源（如共和国建设时期的正定红色资源）；关注红色文化分析，却忽视从市场导向视角切入，鲜见基于西柏坡、正定等核心资源塑造石家庄红色城市形象的整合研究。

四、石家庄红色城市品牌打造思路

石家庄市红色城市品牌打造应从以下三个方面做出努力，分别为：石家庄红色资源系统调查、红色资源评价指标体系构建、石家庄红色城市品牌构建策略。

（一）石家庄红色资源系统调查

依据红色资源开发所形成的红色产品类型，将石家庄市红色资源分为：（1）革命英雄故里；（2）革命历史事件和活动旧址；（3）墓碑（群）/烈士陵园；（4）综合性的革命历史纪念馆；（5）重大标志性建设成就建筑；（6）革命历史的口头与非物质文化遗产，共计6种类型，然后对其进行系统调查。本研究得到的初步结果如表4所示。

表4　石家庄红色资源初步调查

类型	红色资源
革命英雄故里	平山县上观音堂戎冠秀故居
革命历史事件和活动旧址	西柏坡中共中央旧址、南庄村中共中央组织部旧址、李家庄中央统战部旧址、车谷砣村边区银行旧址、百团大战前线指挥部旧址、深泽县赵八永济桥、赵县豆腐庄惨案纪、井陉矿区中央人民广播电台旧址、正定高平地道战遗址、华北联合大学（华北大学）旧址、新华通讯社旧址、平山县里庄人民日报社旧址、平山县晋察冀画报社旧址、平山县晋察冀日报社旧址、井陉矿区陕北新华广播电台旧址、华北人民政府旧址、赞皇县黄北坪太行一分区司令部旧址、合河口常峪晋察冀兵工厂、晋察冀边区机关、医院及部分将领住所、中国人民银行成立旧址纪念馆、平山县沕沕水发电厂旧址、"白毛女故乡"天桂山
墓碑（群）/烈士陵园	孙毅将军骨灰撒放处纪念碑、革命烈士纪念馆、井陉挂云山烈士纪念碑、小里岩百团大战纪念碑林、华北军区烈士陵园、抗日无名烈士碑、河北省英烈纪念园、陈庄歼灭战纪念碑、辛集市烈士陵园
综合性的革命历史纪念馆	西柏坡纪念馆、曹火星纪念馆、塔元庄村史馆、村史馆、灵寿县陈庄歼灭战陈列馆、抗大二分校纪念馆、井陉县洪河槽百团大战纪念馆、百团大战美穗子获救井陉都城友好纪念馆、藁城区梅花惨案纪念馆、宋家庄抗战遗址纪念馆、井陉矿区万人坑纪念馆、平山团诞生地纪念碑、石家庄七一学校校史馆、拦道石中共中央北方分局历史陈列馆、陈庄歼灭战纪念馆、石家庄劳工集中营蒙难同胞纪念碑

续表

类型	红色资源
重大标志性建设成就建筑	河北博物院、正定古城、荣国府、正定国家乒乓球训练基地、塔元庄、同福乡村振兴六位一体展厅、塔元庄同福智慧农场、滹沱河生态走廊、石家庄解放纪念碑、塔元庄村委会文化长廊、晋州市周家庄、东方巨龟苑
革命历史的口头与非物质文化遗产	西柏坡镇北庄村"团结就是力量"讲述、曹火星纪念馆"没有共产党就没有新中国"讲述、下盘松村戎冠秀故事讲述、洪子店村"平山团"故事讲述、晋州市周家庄"我国最后的人民公社"讲述、天桂山"白毛女故事讲述"

（二）石家庄红色资源评价指标体系构建

设计红色资源评价指标体系以及评分标准，如表5所示。指标体系分为"一级指标""二级指标"和"三级指标"三个层次，"一级指标"包括"红色资源自身评价""红色资源环境评价"和"红色资源区位评价"三个维度。其中"红色资源自身评价"包括"思想政治教育价值""历史文化价值""经济价值"3个评价方面，共包含9项三级评价指标；"红色资源环境评价"包括"自然生态环境质量""服务配套设施情况"等6项三级评价指标；"红色资源区位评价"包括2项三级评价指标。计算评价得分时，红色资源自身评价、红色资源环境评价、红色资源区位评价三个一级指标总分值为100分，各项3级评价指标评分见表5第三列，评价中分为4个等级，各等级赋分说明见表5最后一列。

依据红色资源评价总得分，将红色资源划分为5级，分别为五级红色资源（综合评价得分 ≥ 85分），四级红色资源（70 ≤ 综合评价得分 <85），三级红色资源（65< 综合评价得分 ≤ 70），二级红色旅游资源（50< 综合评价得分 ≤ 65）和一级红色旅游资源（35< 综合评价得分 ≤ 50），综合评价得分越高，红色资源的等级和质量越高。

表5 红色资源评价指标体系与赋分标准

一级指标	二级指标及分值	三级指标及分值	三级指标说明	评价等级（分为四级）
红色资源自身评价	思想政治教育价值（20）	政治价值（10）	对巩固我党执政地位的作用	Ⅰ（8~10）、Ⅱ（5~7）、Ⅲ（3~4）、Ⅳ（1~2）
		教育价值（10）	宣扬社会主义核心价值观的价值	Ⅰ（8~10）、Ⅱ（5~7）、Ⅲ（3~4）、Ⅳ（1~2）
	历史文化价值（25）	历史地位（10）	主要衡量其在中国及世界历史上的地位和影响及其历史研究价值	Ⅰ（8~10）、Ⅱ（5~7）、Ⅲ（3~4）、Ⅳ（1~2）
		影响程度（5）	革命文化及精神对当时中国及世界的影响	Ⅰ（4~5）、Ⅱ（3）、Ⅲ（2）、Ⅳ（1）
		资源完整性（5）	资源的原真性、完整性及革命遗迹及文物的保存完整程度	Ⅰ（4~5）、Ⅱ（3）、Ⅲ（2）、Ⅳ（1）
		文物收藏（5）	文物等级	Ⅰ（4~5）、Ⅱ（3）、Ⅲ（2）、Ⅳ（1）
	经济价值（15）	经济效益（5）	红色资源开发所产生的经济效益	Ⅰ（4~5）、Ⅱ（3）、Ⅲ（2）、Ⅳ（1）
		市场规模（5）	年接待访客数量	Ⅰ（4~5）、Ⅱ（3）、Ⅲ（2）、Ⅳ（1）
		品牌价值（5）	品牌影响力、知名程度	Ⅰ（4~5）、Ⅱ（3）、Ⅲ（2）、Ⅳ（1）
红色资源环境评价	自然环境（15）	自然生态环境质量（5）	红色资源所在地自然生态环境条件状况	Ⅰ（4~5）、Ⅱ（3）、Ⅲ（2）、Ⅳ（1）
		适游期或使用范围（5）	适游时间长短及适宜的游客群体的多少	Ⅰ（4~5）、Ⅱ（3）、Ⅲ（2）、Ⅳ（1）
		资源丰度与组合状况（5）	资源的规模及与其他类型资源的组合情况	Ⅰ（4~5）、Ⅱ（3）、Ⅲ（2）、Ⅳ（1）

续表

一级指标	二级指标及分值	三级指标及分值	三级指标说明	评价等级（分为四级）
红色资源环境评价	人文环境（15）	居民对当地红色资源自豪程度及满意度（5）	当地人民对红色资源及运用的自豪感和满足感	Ⅰ（4~5）、Ⅱ（3）、Ⅲ（2）、Ⅳ（1）
		服务配套设施情况（5）	红色资源所在地基础设施、服务设施等条件状况	Ⅰ（4~5）、Ⅱ（3）、Ⅲ（2）、Ⅳ（1）
		环保与安全措施（5）	环境保护与安全保障措施情况	Ⅰ（4~5）、Ⅱ（3）、Ⅲ（2）、Ⅳ（1）
红色资源区位评价	可及性（5）	至客源地的交通便捷性（5）	至客源地的交通条件及距离	Ⅰ（4~5）、Ⅱ（3）、Ⅲ（2）、Ⅳ（1）
	与其他红色资源所在地关系（5）	与附近其他红色资源的差异性（5）	与附近其他红色资源的类型、交通距离差异	Ⅰ（4~5）、Ⅱ（3）、Ⅲ（2）、Ⅳ（1）

（三）石家庄红色城市品牌构建策略

主要围绕以下思路，如图2所示：

1. 党政引导，赓续传承

充分发挥党政机关对红色资源保护利用的引领作用，不断开拓思路，持续创新；加大财政投入，创新体制机制，构建红色资源有效保护利用体系，持续完善红色资源档案体系；明确红色资源各保护主体关系，理顺红色资源上级主管部门—管理方—社区—居民等利益相关者关系，建立红色资源保护传承和利用的工作协调机制；成立红色资源工作协调办公室，统筹规划、协调指导和督促检查；实现红色资源利用与现代数字科技的深度融合，实现红色资源展示的信息化、场景化、沉浸化；丰富红色口头与非物质文化遗产讲解内容与表现形式（如引入快板、歌曲等），打造以专职讲解、亲历者、志愿者等为班底的多元化高素质讲解团队，提升红色资源利用中思想政治教育

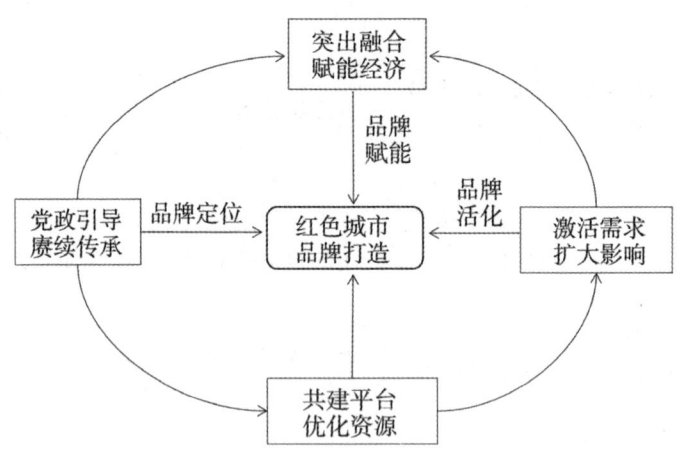

图2　石家庄红色城市品牌打造思路图

内容的感染力和历史文化价值的吸引力；整合红色资源相关人才队伍，选取优质合作方，打造红色经典系列出版物、舞台产品、文创商品等，构建多维度红色资源综合利用产品体系。

2. 共建平台，优化资源

积极推动"一库、两会、四中心"平台建设。"一库"即建立石家庄市红色资源数据库，"两会"即成立西柏坡红色文化研究会、石家庄研学旅行教育分会，"四中心"即设立石家庄红色口述史研究中心、石家庄红色文化研究中心、石家庄文旅融合研究中心，升格西柏坡文化研究中心（石家庄学院）级别至省级乃至国家级。

基于所构建的红色资源评价指标体系，对石家庄市红色资源开展分布状况调查、科学评价、质量等级评定和规划开发前景预估；实施分类开发、差异施策，综合运用挂牌保护、立碑说明、原貌恢复、修缮维护等多种保护利用方式，打造思政教育功能突出、红色历史内涵丰富、休闲游览环境优质、区位条件优越、经济带动作用显著的爱国主义教育基地、红色旅游示范镇、红色旅游示范村（庄）等精品红色资源；同时，实施红色资源定期排查机制，进一步加强对红色非遗资源（如口述史料、口述档案等）的征集整理、深度发掘和集中展示。

3. 激活需求，扩大影响

面向日益多元化的民众精神需求，以深挖红色历史、彰显思政教育、融入红色元素、传承红色基因为基调，开发民众喜闻乐见的红色产品；基于石家庄市核心红色资源——西柏坡、正定，以需求为导向，做好以市场为导向的石家庄红色城市品牌形象调查和石家庄市红色城市品牌塑造工作；做好石家庄市红色资源开发规划，申报或获评若干项国家级红色产品开发项目；主动对接国际、国家、地方等各级主要宣传媒体，持续做好"革命圣地——西柏坡""'知之深、爱之切'——正定"等红色品牌宣传，提高石家庄市在全国乃至全世界的红色品牌知名度。

4. 突出融合，赋能经济

发挥红色资源对区域经济的核心推动作用，积极打造泛红色资源高效利用生态圈；放宽旅游市场准入，鼓励各类市场主体参与红色资源开发经营，建设一批红色经典主题餐厅和红色农家院；围绕乡村振兴战略，培育发展红色村镇，探索"红色资源+N"融合发展路径，建立"公司+集体+农户"多元化利益链接机制，实现"红色资源+乡村旅游+特色产业"融合发展；鼓励红色资源品牌创建，推出多主题红色资源精品，提升红色资源产品开发附加值，促进红色经济全面发展。

五、结语

利用好红色资源、发扬好红色传统、传承好红色基因，形成新时代红色资源保护管理的理论框架极为重要。本文界定了红色资源概念的为：红色资源是我党领导全国各族人民在革命、建设和改革实践活动中所形成的井冈山、延安、西柏坡等红色精神载体，以及反映各种红色精神的革命斗争遗址（遗存）、革命与建设纪念场馆与标志物、革命与建设事迹等物质载体。提出三种红色资源的分类方式，分别为：基于国家旅游资源分类、基于产品开发类型分类、依据历史时期进行分类。指出石家庄红色资源虽然极为丰富，但也存在"高质量红色资源发掘不充分、不系统；只关注核心红色资源（如西柏坡），对其他红色资源（如华北烈士陵园）发掘不够；重视革命时期红色资源，忽视其他时期的红色资源（如建设时期的正定红色资源）；关注红色文化分析，却忽视从市场导向视角切入；基于西柏坡、正定等核心资源塑造石家庄红色城市形象的整合研究极少"等不足。提出石家庄市红色城市品牌打造应从"石家庄红色资源系统调查""红色资源评价指标体系构建""石家庄红色城市品牌构建策略"三个方面做出努力。

后记

本书是山西大学旅游研究中心（以下简称"中心"）联合省内外学者开展红色文化旅游研究的阶段性成果。山西开展红色文化旅游具有丰富的红色文化资源优势，包括见证革命历史和建设成就的红色遗址、红色纪念馆、红色文化街区、红色纪念碑、红色文化节庆等。红色文化旅游推动了革命老区的经济发展，提高了当地民众的收入，同时也坚定了广大群众的革命信念，赓续红色血脉，传承红色基因。山西红色文化旅游融合发展是山西旅游业发展的一个战略方向，也是全社会思想政治教育的重要抓手。本书的研究将有力促进红色文化旅游资源开发、红色文化旅游空间布局优化、红色文化旅游目的地建设、红色文化旅游体验提升。

在今后的相关研究中，中心将在以往的研究基础上，进一步促进红色文化与旅游业相结合，促进文化传承和经济发展。首先关注山西红色文化旅游品牌建设，以经典线路和品牌目的地丰富红色文化旅游体验，提升山西省红色文化形象魅力。挖掘红色资源，丰富文化内涵，细化山西红色文化旅游景区景点案例研究，彰显山西红色文化旅游的建设成就，向全省推广应用，打造山西全域红色旅游的供给体系。其次是创新旅游业态，提升游客体验，在红色文化旅游融合发展的过程中，注重旅游业态的创新。开发多样化的红色文化旅游产品，如红色主题线路、红色研学旅行、红色文化创意产品等，满足游客的不同需求。同时，运用现代科技手段，如虚拟现实、增强现实等，提升游客的参与度和体验度。通过创新旅游业态，提高红色文化旅游的吸引力和影响力。最后是加强区域合作，促进共同发展，与周边省份、城市等开展合作，共同打造红色文化旅游品牌，推动红色文化旅游产业的协同发展。

积极开拓周边市场,使游客在红色旅游的过程中,可以选择不同的入晋线路。加强与旅游企业、文化机构的合作,共同开发红色文化旅游产品,提高产品质量和服务水平。广泛开展红色旅游文化活动,如拓展训练、文化交流等,以丰富游客的旅游体验。

  本书在编写过程中,得到了山西省教育厅科技处、山西大学社科处的大力支持与帮助,使得中心团队联合省内外相关学者,能够顺利、持续、深入地进行调查研究,在此表示衷心的感谢。同时感谢山西大学历史文化学院全体师生,他们在全书的编撰过程中提供了丰富的史料、写作素材和参考资料。最后,感谢山西人民出版社对本书出版的大力支持。